TRIBUNAL DE CONTAS DA UNIÃO E A NOVA LEI DE LICITAÇÕES E CONTRATOS

Uma nova proposta de controle em matéria de licitações e contratações públicas

Coleção Jacoby Fernandes de Direito Público v. 21

Ana Luiza Jacoby Fernandes

TRIBUNAL DE CONTAS DA UNIÃO E A NOVA LEI DE LICITAÇÕES E CONTRATOS

Uma nova proposta de controle em matéria de licitações e contratações públicas

Prefácio: Ministro Antonio Anastasia

Apresentação: Márcio Cammarosano – Presidente do Instituto CEDDE – Centro de Estudos de Direito e Desenvolvimento do Estado

Belo Horizonte

2024

© 2024 Editora Fórum

Coordenação Editorial (projeto editorial/revisão): Lili Vieira.
Colaboração editorial: Daiana Líbia
Capa: Walter Santos

Dados Internacionais de Catalogação na Publicação (CIP)

J16t   Jacoby Fernandes, Ana Luiza

Tribunal de Contas da União e a Nova Lei de Licitações e Contratos. Uma nova proposta de controle em matéria de licitações e contratações públicas / Ana Luiza Jacoby Fernandes. Belo Horizonte: Fórum, 2024. (Coleção Jacoby Fernandes de Direito Público, v. 21).

241 p. 17x24cm
(Coleção Jacoby Fernandes de Direito Público, v. 21)
ISBN da Coleção: 978-85-7700-070-8
ISBN 978-65-5518-607-9

1. Regime jurídico. 2. Recursos públicos. 3. Controle. 4. Licitação. 5. Contratações públicas. 6. Lei nº 13.655/2018. 7. Lei nº 14.133/2021. 8. Segurança jurídica. 9. Administração Pública. I. Título.

CDD: 342
CDU: 342

Ficha catalográfica elaborada por Lissandra Ruas Lima – CRB/6 – 2851

Informação bibliográfica deste livro, conforme a NBR 6023:2018 da Associação Brasileira de Normas Técnicas (ABNT):

JACOBY FERNANDES, Ana Luiza. *Tribunal de Contas da União e a Nova Lei de Licitações e Contrato. Uma nova proposta de controle em matéria de licitações e contratações públicas.* Belo Horizonte: Fórum, 2024. 241 p. ISBN 978-65-5518-607-9. (Coleção Jacoby Fernandes de Direito Público, v. 21).

Proibida a reprodução total ou parcial desta obra, por qualquer meio eletrônico, inclusive por processos xerográficos, sem autorização expressa do editor, em especial das notas e índice de assuntos.

AGRADECIMENTOS

Meus agradecimentos especiais são a duas pessoas:

Ao meu caríssimo orientador e professor Márcio Cammarosano que com uma gentileza e cordialidade ímpar me deu o privilégio de orientar-me sempre atento, disposto e dedicado a corrigir meus erros e a transmitir seus ensinamentos. A sua dedicação à academia, vitalidade e bom humor são admiráveis e seus elogios, certamente muito generosos à esta jovem, que dá seus primeiros passos nos estudos aprofundados do direto administrativo.

O segundo é dedicado ao meu pai, Jorge Ulisses Jacoby Fernandes, que me apoia incondicionalmente pelos caminhos que percorro; credito a ele também, o desenvolvimento dos estudos sobre controle externo no Brasil em que há mais de trinta anos se propôs a descobrir e aperfeiçoar as competências dos Tribunais de Contas. Como gosta de contar, quando viu o edital para o estranho cargo de Procurador de Contas do TCDF há exatos trinta e dois anos, nem ele mesmo sabia do que se tratava aquele cargo; citando célebre frase de Eça de Queirós em seu romance "Os Maias": "Que diabo, se faz no tribunal de contas? perguntou Carlos. Joga-se? Cavaquea-se? - Faz-se um bocado de tudo, para matar tempo... Até contas!". De lá para cá, foram mais de vinte livros escritos e 8.000 horas de cursos proferidos sobre o tema e temas conexos. Sua disposição, seguindo os caminhos do meu orientador, é invejável e sua capacidade para transmitir seus conhecimentos, perene. Por razões biológicas, mas especialmente, por seu incentivo, sem a participação dele não estaria aqui hoje concluindo minha dissertação.

Muito obrigada.

SUMÁRIO

AGRADECIMENTOS 5
PREFÁCIO 9
APRESENTAÇÃO 13
INTRODUÇÃO 15
CAPÍTULO 1 19
EVOLUÇÃO HISTÓRICA DO CONTROLE E O TCU 19
   1.1. Dos recursos públicos e a necessidade do controle 19
   1.2. Da concepção de órgãos de controle 21
   1.3. Controle na Constituição Federal 1988 26
        1.3.1. Da separação de poderes e o exercício das funções estatais 26
        1.3.2. Da função administrativa na Constituição Federal 31
        1.3.3. Da função do controle sobre a função administrativa 35
   1.4. O Tribunal de Contas da União na Constituição Federal de 1988 38
        1.4.1. Da natureza das funções do TCU 43
        1.4.1.1. Posição pela função administrativa 44
        1.4.1.2. Posição pela função jurisdicional 45
        1.4.1.3. Posição pela função autônoma de controle 48
CAPÍTULO 2 53
REGIME JURÍDICO DO CONTROLE DAS CONTRATAÇÕES PÚBLICAS 53
   2.1. Constituição Federal 55
   2.2. Lei de Introdução às Normas do Direito Brasileiro - LINDB 58
   2.3. Lei de Licitações e Contratações Administrativas 61
        a) Controle preventivo e linhas de defesa 63
        b) Forma de exercer a fiscalização dos atos 65
        c) Critérios a serem observados na fiscalização de controle e poder de cautela 66
        d) Caráter pedagógico do controle x capacitação 67
   2.4. Leis que regulam o processo de controle das contratações públicas 69
        2.4.1. Lei orgânica do TCU 72
        2.4.2. Regimento interno 73
        2.4.3. Código de Processo Civil 76
        2.4.4. Lei nº 9.784/1999 que regula o processo administrativo 79
   2.5. Normas infralegais 81
        2.5.1. Normas infralegais em matéria de licitações e contratações públicas 83
        2.5.2. Poder regulamentar do TCU 85
        2.5.2.1. Sujeição de terceiros às normas infralegais expedidas pelo TCU 88
        2.5.2.2. As manifestações do Tribunal de Contas da União e seu efeito vinculante 91
CAPÍTULO 3 95

CONTROLE EXERCIDO PELO TRIBUNAL DE CONTAS NAS CONTRATAÇÕES PÚBLICAS SOB O ASPECTO INSTRUMENTAL E TEMPORAL 95
   3.1. Controle preventivo e prévio na Lei nº 14.133/2021 98
        3.1.1. Do controle prévio exercido pelo Tribunal de Contas da União 101
        3.1.2. Do controle preventivo exercido pelo TCU 105
   3.2. Controle no curso do procedimento licitatório 110
        3.2.1. Das auditorias e inspeções 111
        3.2.2. Da representação e denúncia perante o TCU 114
   3.3. Controle posterior 118
        3.3.1. Do julgamento de contas 119
        3.3.2. Da Tomada de Contas Especial 121
   3.4. O espaço de atuação do Tribunal de Contas da União em matéria de contratações públicas 122
        3.4.1. Controle de legalidade em matéria de licitações e contratos 124
        3.4.1.1. Controle de legalidade e constitucionalidade de normas 127
        3.4.2. Controle de legitimidade e atuação sob atos discricionários 132
        3.4.3. Controle sobre o parâmetro da economicidade e a Lei nº 14.133/2021 144

CAPÍTULO 4 151
PODERES DO TCU EM MATÉRIA DE CONTRATAÇÕES PÚBLICAS 151
   4.1. Análise da gravidade do ato praticado 155
        4.1.1. Impropriedades formais 156
        4.1.2. Da verificação e sustação de ato ilegal 157
        4.1.3. Da sustação de contratos e a Lei nº 14.133/2021 165
   4.2. Afastamento temporário e indisponibilidade de bens do agente público 170
   4.3. Do poder sancionador do Tribunal de Contas da União 178
   4.4. Da jurisdição do TCU sob sujeitos privados 188
        4.4.1. Sanção e medidas cautelares em face do particular 196

CONCLUSÕES 201
ÍNDICE DE ASSUNTOS 211

PREFÁCIO

Aceitei com muito prazer o convite para escrever o prefácio da presente obra, oriunda da dissertação de mestrado da talentosa Ana Luiza Queiroz Melo Jacoby Fernandes.

Desde o início, percebi que o trabalho não seria comum. A banca examinadora da Pontifícia Universidade Católica de São Paulo contou com a presença de referências acadêmicas renomadas no campo do Direito Administrativo, como os professores e amigos Márcio Cammarosano e Flávio Unes, e a professora Christianne de Carvalho Stroppa, autoridade no tema das contratações públicas, por quem nutro grande respeito.

Embora a missão da autora não fosse fácil — dissertar sobre contratações públicas e sua relação com a atividade de controle, e ser avaliada por um seleto grupo de especialistas — quem acompanha a ainda jovem, mas já brilhante carreira de Ana Luiza Queiroz Melo Jacoby Fernandes sabe que o desafio estava ao seu alcance.

Em um primeiro momento, a autora descreve a evolução da atividade de controle e demonstra que, paradoxalmente, a fiscalização mais rigorosa gerou um efeito contraditório para a Administração. Ao invés de resultar em contratações mais eficientes, teve como consequência o fato de que muitos gestores passaram a focar sua atuação no atendimento de exigências dos Tribunais de Contas, com medo de punições. O apego ao formalismo e o apagão das canetas se estabeleceram como regra, colocando as necessidades da coletividade em segundo plano nas contratações. O congelamento das atividades se proliferou, seja por iniciativa do órgão de controle, suspendendo procedimentos e paralisando obras, seja por inação do administrador, que passou a aguardar determinações definitivas das Cortes de Contas e do Poder Judiciário sobre quando e como agir.

Em um segundo momento, a autora cuida de analisar a elaboração de dois recentes diplomas legais, a Lei nº 13.655, de 2018, e a Lei nº 14.133, de 2021, ambos os quais tive a honra de participar do processo legislativo respectivamente como autor da proposição original e como relator final do projeto no Senado. A chamada de Lei da Segurança Jurídica e a Nova Lei de Licitações e Contratos

Administrativos se inserem em um conjunto de reformas legislativas, promovidas pelo Congresso Nacional nas 55ª e 56ª legislaturas, cujo objetivo central foi aprimorar as atividades administrativas e de controle. A preocupação do Parlamento era evitar a inação administrativa decorrente de um excesso desmedido de fiscalização em relação às legítimas escolhas do gestor, como bem diagnosticado pela autora. Assim, identificou-se a necessidade de reestabelecer, pela via legislativa, a primazia da discricionariedade atinente ao Poder Executivo, de modo a incentivar o desempenho dos gestores, já que são as figuras que realmente conhecem a situação fática que justifica a contratação pública. No mesmo sentido, essas novas leis se ocupam parcialmente de direcionar a atividade dos Tribunais de Contas, restaurando a noção de que a repressão deve se dar em face de irregularidades qualificadas (ilegalidades e improbidades) e não de meras questões formais.

Finalmente, em um terceiro momento, a autora avalia os parâmetros para a atuação do Tribunal de Contas da União na fiscalização das contratações públicas. Este tem sido um dos principais desafios do TCU desde que lhe foi atribuída a função de fiscalizar e julgar a eficiência das políticas públicas. Por um lado, é positiva a possibilidade de a análise de uma contratação pautar-se pela verificação do alcance dos objetivos da política pública que a exigiu. Por outro, e mais próximo da realidade, as falhas nos desenhos das políticas governamentais impedem que a maioria das avaliações seja feita por critérios qualitativos, caindo-se na opacidade da análise quantitativa puramente matemática.

A solução – e a meu ver estamos caminhando para isso – encontra-se no meio: é preciso que o Tribunal se valha com parcimônia das auditorias operacionais e as utilize tanto como forma de avaliação da efetividade dos gastos públicos com base nos resultados, quanto como instrumento de contribuição para o aprimoramento de uma gestão coordenada da Administração Pública.

Dentro dessa linha de raciocínio, destaco a reflexão proposta pela autora a respeito da distinção entre controle prévio e controle preventivo exercido pelo TCU no âmbito federal. Enquanto aquele não mais se insere no ordenamento jurídico nacional, este passou aos holofotes com a nova sistemática de controle das contratações públicas. O Congresso Nacional atribuiu aos Tribunais de Contas certo papel pedagógico, com objetivo de modificar o viés punitivo, focando-se numa atuação propositiva dos órgãos de controle para a melhoria da gestão pública, a efetivação das políticas públicas e a prevenção de ilegalidades.

Exemplo de normatização desses ideais é o art. 173 da Nova Lei de Licitações e Contratos Administrativos que prescreve ao sistema de controle externo o dever de promover eventos de capacitação dos agentes responsáveis pelas contratações públicas.

Contudo, é preciso ressaltar que a implementação dessas medidas depende de uma mudança cultural no âmbito da Administração Pública, que deve estar disposta a capacitar seus quadros e a aperfeiçoar constantemente seus processos de gestão. Além disso, é necessário que os Tribunais de Contas estejam preparados para atuar de forma educativa, contribuindo para a melhoria da gestão pública e a efetivação das políticas públicas.

Sem me alongar ainda mais, constatei que tenho em Ana Luiza Queiroz Melo Jacoby Fernandes uma importante aliada na luta por uma atividade de controle mais equilibrada, que considere tanto a autonomia dos gestores públicos quanto a avaliação rigorosa da economicidade. Com uma abordagem crítica e reflexiva, a autora apresenta argumentos consistentes e embasados que apontam para a necessidade de se buscar um equilíbrio entre a discricionariedade e a fiscalização efetiva dos recursos públicos.

Desejo a todos uma boa leitura e que as valiosas contribuições da autora para o campo das contratações públicas no Brasil possam ser benéficas para os leitores.

Belo Horizonte, abril de 2023

Antonio Augusto Junho Anastasia

APRESENTAÇÃO

Ana Luiza Queiroz Melo Jacoby Fernandes presenteia o mundo jurídico com a presente obra, que corresponde à sua dissertação de mestrado, aprovada na Pontífica Universidade Católica de São Paulo por Banca que tive a honra de presidir.

Integraram referida Banca também os ilustres professores Flávio Unes e Christianne de Carvalho Stroppa, o que só faz comprovar a qualidade da obra que estou a apresentar.

Discorrer a respeito de contratações públicas, com proficiência, especialmente com o advento da Lei 14.133/2021, não é tarefa para principiantes.

Não obstante muito jovem, a Autora já se apresenta experimentada na matéria em razão de estudos desenvolvidos e atuação profissional, como advogada e expositora.

Suas qualidades, aprimoradas ao ensejo de estudos pós-graduados, estão refletidas neste livro que, não se limitando a discorrer a respeito de controle de licitações e contratações públicas, inova no trato da matéria.

Nesse sentido, defende a autonomia da função de controle, exercitada pelo Tribunal de Contas, inconfundível com a administrativa, judicial e legislativa, a partir mesmo das novas disposições da Lei de Introdução às Normas do Direito Brasileiro.

Encarece a necessidade de, no exercício de funções de controle, atentar-se para imperativos de segurança jurídica, especialmente em favor dos agentes públicos, de sorte a se reverter o quadro sugestivamente referido pela doutrina como "apagão das canetas".

Distingue a autora o controle prévio do controle preventivo, este sim, a ser exercido pelo Tribunal de Contas, como o controle posterior, compreensivo de atuação repressiva quando for o caso.

Encarece a necessária preservação das zonas de discricionariedade da Administração Pública, merecedora de adequada deferência.

Chama a atenção para os influxos do pragmatismo, do consequencialismos no exercício de funções públicas, com vistas à realização do que seja de interesse público.

Em resumo, a partir de premissas teóricas bem formuladas, Ana Luiza Jacoby Fernandes examina importantíssimos aspectos do regime jurídico das contratações públicas e do exercício, pelo Tribunal de Contas, de suas relevantíssimas competências.

Sua contribuição relevante ao estudo dos temas de que trata nos faz recomendar, entusiasticamente, a leitura por todos desta obra que tenho o privilégio de apresentar.

São Paulo, 2023

Márcio Cammarosano

INTRODUÇÃO

O estudo acerca de um tema jurídico, que se pretende prático, deve iniciar-se pela verificação de sua conformidade com o ordenamento legal. No presente caso, impõe-se examinar o fundamento constitucional que dá suporte ao arcabouço da organização do aparato estatal e a forma como este se relaciona com indivíduos e coletividade, preservando ou não direitos e garantias fundamentais.

Nossa Constituição analítica estabelece uma série de funções de responsabilidade do Estado divididas, em linhas gerais, pelos poderes estabelecidos. Há uma função, no entanto, inerente a todos os órgãos da Administração Pública: a função administrativa que, em maior ou menor escala, abrange as contratações públicas, seja para a manutenção do aparato estatal, seja para prover bens e serviços para a coletividade.

O mercado de compras governamentais corresponde, em média, a 12% do Produto Interno Bruto (PIB) brasileiro[1]. No âmbito do direito administrativo, isto é, o ramo do direito que se ocupa das relações internas e externas da Administração Pública, o tema compras públicas tem-se hipertrofiado e aumentado em complexidade.

É essencial para um Estado Democrático que essa função também seja submetida a mecanismos e instituições que permitam o exercício de uma atividade de controle do poder estatal. Na célebre frase de Montesquieu, "Para que não se possa abusar do poder é preciso que, pela disposição das coisas, o poder freie o poder[2]".

Como não se concebe Estado sem controle, é certo que o controle também se submete a limites e regras. À medida que avançamos no processo de democratização, também devem de forma proporcional, avançar os mecanismos de controle. Assim, no âmbito dos gastos públicos, quanto mais avançada e plural

---

[1] GROSSMAN, Luís Osvaldo; LOBO, Ana Paula. Compras públicas são 12% do PIB e tecnologia ocupa fatia cada vez maior. **Convergência Digital**, 19 jun. 2020. Disponível em:
<https://www.convergenciadigital.com.br/cgi/cgilua.exe/sys/start.htm?UserActiveTemplate=site&infoid=53981&sid=10&tpl=printview>. Acesso em: 12 mar. 2021.
[2] MONTESQUIEU, Charles-Louis de Secondat. **Do espírito das leis**. Tradução: Pedro Vieira Mota. 9ª edição. São Paulo: Editora Saraiva, 2008. p. 118. O original em Francês tem o seguinte teor: "*Pour qu"on ne puisse abuser du pouvoir, il faut que, par le disposition des choses, le pouvoir arrête le pouvoir.*"in MONTESQUIEU, De lesprit des lois, p. 293.

é uma sociedade, mais necessário é o controle sobre as ações da Administração Pública pelos representantes do povo.

Ocorre que encontrar o perfeito equilíbrio entre o controle e a autonomia para a gestão dos recursos públicos é tarefa complexa; se sem controle há caos, o controle em excesso gera medo, reprime e engessa[3].

O tema proposto para nosso estudo concentra-se, portanto, em dois subtemas de grande relevância para o Estado Democrático de Direito: as contratações públicas e o controle exercido sobre as mesmas. Em voga, porque o nosso recente Estado Democrático de Direito[4] se encontra em célere mudança em relação à estrutura Administrativa Pública e, também, na forma como esta realiza suas aquisições. Prova disso é a edição da ainda mais recente nova Lei de Licitações e Contratos[5].

Cada vez mais complexas, as compras públicas são procedimentalizadas por meio de instrumentos que exigem elevado conhecimento técnico, que visem tornar mais eficaz as aquisições sem se opor à necessidade de transparência e isonomia. Da mesma forma, amparado pela Constituição, o exercício do controle das compras públicas tem-se aprimorado e, na atualidade, ocupa relevante posição protagonista no desenvolvimento dessa atividade, atribuindo-se a si próprio o conceito de auxiliar na busca por eficácia e eficiência na gestão.

Como processo evolutivo, que em grande medida é positivo, também tem seus aspectos negativos e um certo caráter contraditório: quanto mais se avança na produção de normas disciplinadoras da ação da Administração, mais se aprofunda a precarização da segurança jurídica. A incerteza jurídica é a porta de entrada das violações aos direitos, o que pode pôr em risco os ganhos da estabilidade econômica e de direitos e garantias individuais enraizados em nossa Constituição e construídos ao penoso ardor de nossa sociedade. Necessário, pois, colocar em primazia a segurança jurídica e previsibilidade, tanto na ação administrativa quanto em seu controle.

Demonstrando preocupações com essas questões, o poder legislativo tem editado leis que visam assegurar a proteção aos agentes públicos e que buscam uma relação mais dialógica e menos impositiva com aqueles que são contratados

---

[3] Sobre o tema, recomenda-se a leitura do artigo "O risco de 'infantilizar' a gestão pública", de autoria do Ministro Bruno Dantas, publicado no jornal O Globo. Disponível em: https://oglobo.globo.com/opiniao/o-risco-de-infantilizar-gestao-publica-22258401. Acesso em: 28 mar. 2021.

[4] A democracia brasileira é considerada recente quando comparada a países como Estados Unidos e França, que instituírem esse regime nos séculos XVIII e XIX, respectivamente.

[5] A Lei nº 14.133 foi sancionada em 01 de abril de 2021.

pela Administração, a exemplo da Lei nº 13.655, de 2018, que alterou substancialmente a Lei de Introdução às Normas do Direito Brasileiro. É nesse cenário que analisaremos o atual papel do controle externo nas contratações públicas.

Este trabalho se divide em quatro capítulos. O primeiro deles pretende, a propósito da introdução, mostrar os elementos que evidenciam a necessidade do controle partindo da análise histórica do controle nos gastos públicos, perpassando pela sua acepção natural, a criação de órgãos de controle e como o papel do controle foi disposto na Constituição Federal de 1988, em especial, em relação às contratações públicas, para que se possa compatibilizar o princípio do equilíbrio constitucional da independência e harmonia dos poderes com a autonomia necessária para que o controle possa ser exercido. Adentra-se também, para uma melhor compreensão do tema, na natureza jurídica do órgão responsável pelo controle externo em âmbito federal, o Tribunal de Contas da União.

O segundo capítulo se concentra no regime jurídico do controle das contratações públicas, isto é, como o ordenamento jurídico brasileiro aborda o tema, dando especial ênfase à Lei nº 14.133/2021 e às inovações da LINDB. É de primeira ordem para quem, nas ciências jurídicas, decide se debruçar sobre um assunto compreender como é posto em nosso ordenamento. Construída essa base conceitual, passa-se analisar como opera-se o controle exercido pelo Tribunal de Contas da União sobre as contratações públicas sob o aspecto temporal e sob os meios postos para que o Tribunal aja, isto é, os processos de controle externo no âmbito das contratações.

Assim situado o tema, alcançamos o cerne dos estudos aqui propostos com a clareza necessária para sua análise: quais são os parâmetros para a atuação do Tribunal de Contas da União de fiscalizar licitações e contratações públicas e o que efetivamente compete ao Tribunal fazer acerca dessa matéria, isto é, os poderes e limites da função de controle externo à luz do ordenamento jurídico e em especial como a nova Lei de Licitações – Lei nº 14.133/2021 demanda uma nova atuação para a Corte de Contas.

Portanto, objetiva-se verificar o processo de controle externo sobre as contratações públicas frente ao papel atribuído pela Constituição Federal ao TCU e como os novos normativos, em especial a LINDB e a Lei nº 14.133/2021 propiciam maior autonomia administrativa e segurança jurídica e afetam diretamente as competências do TCU nesta matéria. Episódios ocorridos são apresentados para melhor compreensão do tema.

CAPÍTULO 1

EVOLUÇÃO HISTÓRICA DO CONTROLE E O TCU

> *Uma sociedade sadia e progressista exige tanto controle central como iniciativa individual e de grupo: sem controle há anarquia, e sem iniciativa há estagnação.*[6]

1.1. Dos recursos públicos e a necessidade do controle

A noção de controle, concebido como a comprovação, fiscalização, mando, ordem[7], remonta ao antigo império egípcio. Luiz Bernardo Dias Costa[8], ao tratar da concepção histórica de controle externo, remete sua origem ao Egito, por volta de 3.200 a.C., durante o império do Faraó Menés I. Nesse período havia uma espécie de servidor público, denominado escribas. Diante de uma política de intensa cobrança de impostos, associada à realização de uma série de investimentos do "Estado", tal como abertura de canais de irrigação, construção de represas, templos, palácios e pirâmides, eles que eram os responsáveis em fiscalizar o cumprimento dessas atividades, além de supervisionar a Administração Pública e arrecadar os tributos.

Segundo o mesmo autor, no entanto, é na Grécia que a concepção de controle ganha forma. Isso advém do próprio conceito de *res pública*[9], como consta na teoria de Aristóteles[10]. Trata-se de elemento importante no que tange à construção de limites, pois se constitui em nome referente àquele que governa para a utilidade pública. Para Lucivaldo Vasconcelos Barros é na Grécia que o

---

[6] RUSSELL, Bertrand. **A autoridade e o indivíduo**, São Paulo: Editora Nacional, 1956, p. 101.

[7] BUENO, Francisco da Silveira. **Grande dicionário Etimológico Prosódico da Língua Portuguesa**. Vol. 2. São Paulo: Saraiva, 1968, p. 810.

[8] COSTA, Luís Bernardo Dias. **O tribunal de contas no estado contemporâneo**. 2005. 139 p. Dissertação (mestrado em Direito Econômico e Social). Pontifícia Universidade Católica, Curitiba, 2005. Disponível em: <http://www.biblioteca.pucpr.br/tede/tde_busca/arquivo.php?codArquivo=248> Acesso em: 18 abr. 2021.

[9] Na definição do Novo Dicionário Aurélio, o termo significa organização política de um Estado com vistas a servir à coisa pública, ao interesse comum.

[10] ARISTÓTELES. **A Política**. Trad. Roberto Leal Ferreira, São Paulo: Martins Fontes, 2002, p.54

controle dos gastos públicos é evidenciado de forma mais organizada, profissional e estruturada[11].

Diogo Freitas do Amaral[12] destaca que já se falava, inclusive, em prestação de contas nesse período, pois os magistrados, no término das suas funções, que normalmente duravam apenas um ano, para evitar abusos, tinham de prestar contas às *logistai*, comissões de verificação que elaboravam relatórios sobre a gestão que fiscalizaram.

No Império Romano, também são encontrados vestígios de preocupação com a coisa pública, uma vez que, conforme destaca Luiz Bernardo Dias Costa[13], há registros de que o Senado, com o auxílio dos questores, promovia a fiscalização dos recursos do tesouro. A partir do Império de Augusto, e com o legado jurídico e organizativo da Igreja Católica, nasce e aperfeiçoa-se extraordinariamente a estruturação administrativa do mundo europeu ocidental, conforme nos ensina Antonio Fernández,[14] determinando o surgimento de um conjunto de funcionários remunerados e profissionalizados, sendo importantes figuras a do pretor, ao receber diversas funções administrativas, delegadas pelo Imperador, e dos questores, que possuíam funções de administração e custódia do erário.

Infere-se que o controle da Administração Pública e das contas públicas, seja interno ou externo, e mesmo que de forma rudimentar, é exercido desde os primórdios da Antiguidade, dos faraós do Egito, passando por um intricado sistema grego,[15] fazendo-se presente na Idade Média e Moderna, numa crescente evolução e expansão ao longo da história. Jacoby Fernandes, em obra de referência sobre o tema, também evidencia que o controle sempre ocupou relevante papel

---

[11] BARROS, Lucivaldo Vasconcelos. **TCU: Presença na história nacional**. In: Brasil. Tribunal de Contas da União. Prêmio Serzedello Corrêa 1998: Monografias Vencedoras. Brasília: TCU, Instituto Serzedello Corrêa, 1999, p. 221-280.

[12] AMARAL, Diogo Freitas do. **Curso de Direito Administrativo**. 5ª ed. Portugal: Almedina, 2015, p.55.

[13] COSTA, Luís Bernardo Dias. **O tribunal de contas no estado contemporâneo**. 2005. 139 p. Dissertação (mestrado em Direito Econômico e Social). Pontifícia Universidade Católica, Curitiba, 2005. Disponível em: http://www.biblioteca.pucpr.br/tede/tde_busca/arquivo.php?codArquivo=248 Acesso em: 18 abr. 2021.

[14] BUJÁN Y FERNÁNDEZ, Antonio Fernández de. **Derecho Público Romano**. 6ª ed. Madrid: Civitas, 2002, p. 117.

[15] BUJÁN Y FERNÁNDEZ, Antonio Fernández de. **Derecho Público Romano**. 6ª ed. Madrid: Civitas, 2002, p. 117.

na história: "Controlar é uma função inerente ao poder e à administração, motivo porque ocupa tanto ramos da filosofia e da política quanto os mais técnicos compêndios e manuais que estudam o comportamento humano[16]".

Verifica-se que o controle sempre esteve associado ao poder e presente na atuação administrativa do Estado, isto é, mesmo que ausente um organismo especial com essa finalidade, especialmente sob o aspecto financeiro, sempre se entendeu necessário realizar a fiscalização e controlar os gastos públicos.

Para Diogo de Figueiredo Moreira Neto[17], é a consagração do princípio do controle administrativo uma das mais importantes funções no âmbito da Administração Pública. Na mesma senda, Carvalho Filho define como princípio fundamental da Administração Pública o controle, que se trata de um "conjunto de mecanismos jurídicos e administrativos por meio dos quais se exerce o poder de fiscalização e de revisão da atividade administrativa em qualquer das esferas de Poder"[18].

1.2. Da concepção de órgãos de controle

Dando um salto histórico, passamos a analisar o surgimento do controle no Brasil e a criação de órgãos de controle que se assemelham à realidade atual do ordenamento jurídico brasileiro. Creditam-se à colonização do Brasil por Portugal os primeiros vestígios de controle, pois a coroa portuguesa necessitava manter o

---

[16] O autor explica que é digno de nota, nesse sentido, que Karl Loewenstein, o festejado mestre da Universidade de Munique, em sua magistral *Teoria da Constituição*, incluía a função de controle dentre as mais relevantes na visão pós-moderna da Teoria do Estado de fins do século passado. Chega a asseverar que, na realidade política, o interjogo e a interação entre o Governo e o Parlamento constituem o miolo do processo de poder. A história do Estado Constitucional, desde suas origens, busca a fórmula mágica para o estabelecimento de um equilíbrio ideal entre governo e parlamento, e que assegure o mais possível a independência do último e elimine o mais possível a influência dos detentores do Poder Executivo sobre o exercício das funções de representação popular das Casas Legislativas. CASTRO, Carlos Roberto Siqueira. A atuação do Tribunal de Contas em face da separação de poderes do Estado. Texto da conferência proferida em 22 de outubro de 1997 por ocasião do XIX Congresso dos Tribunais de Contas do Brasil, realizado no Rio de Janeiro. **Revista do Tribunal de Contas do Estado do Rio de Janeiro**. Rio de Janeiro, ano 18, n. 38, p. 44, out./dez. 1997 apud JACOBY FERNANDES, Jorge Ulisses. **Tribunais de Contas do Brasil: jurisdição e competência**. 4ª ed. Belo Horizonte: Fórum, 2016, p. 33.
[17] AMARAL, Diogo Freitas do. **Curso de Direito Administrativo**. 16ª ed. RJ: Forense, 2017, p. 57.
[18] CARVALHO FILHO, José dos Santos. **Manual de Direito Administrativo**. 29ª ed. São Paulo: Editora Atlas, 2015, p. 929.

controle do uso dos recursos da colônia[19]. Severo Peixe[20] nos ensina que, em 1808, foi implantado o Erário Régio, órgão responsável pela segurança dos tesouros reais, e instituído o Conselho da Fazenda, que possuía a função de acompanhar e controlar os gastos públicos e todos os dados relativos ao patrimônio e aos fundos públicos.

Com a Proclamação da Independência do Brasil e a transformação do Erário Régio em Tesouro Nacional pela Constituição de 1824, previu-se então os primeiros orçamentos e balanços gerais totalmente desvinculados da Coroa Portuguesa. Por essa Constituição, cabia à Fazenda Nacional administrar a arrecadação e contabilidade, bem como apresentar à Câmara dos Deputados o balanço geral de despesas e receitas do Tesouro Nacional[21]. A essa época, já era a Assembleia Geral – órgão do Poder Legislativo, responsável pelas despesas públicas[22].

Desde o início do império passou-se a defender a criação de um órgão específico, técnico e formal de controle. Foram várias tentativas, a partir daí, de se criar um Tribunal de Contas, como explica José Afonso da Silva:

---

[19] Marcos Valério Araújo explica que foram criadas as juntas das fazendas das capitanias hereditárias exigindo a prestação de contas anual por parte dos provedores das capitânias hereditárias e aplicação de penalidades em casos de falta. Ainda, criou-se a Junta do Rio de Janeiro, jurisdicionada a Portugal, disciplinando o tombamento de bens públicos, à arrecadação de dízimos e o registro da receita e da despesa in ARAÚJO, Marcos Valério. **Tribunal de Contas: o controle de governo democrático – histórico e perspectivas.** Brasília: TCU, 1993.

[20] PEIXE, Severo. **Finanças públicas – controladoria governamental.** Curitiba: Juruá, 2005, p. 18.

[21] O Capítulo III, da Constituição de 1824, dispunha sobre a Fazenda Nacional como se segue:
Art. 170. A Receita, e despesa da Fazenda Nacional será encarregada a um Tribunal, debaixo de nome de 'Thesouro Nacional" aonde em diversas Estações, devidamente estabelecidas por Lei, se regulará a sua administração, arrecadação e contabilidade, em reciproca correspondência com as Thesourarias, e Autoridades das Províncias do Império.
Art. 171. Todas as contribuições directas, a excepção daquellas, que estiverem applicadas aos juros, e amortisação da Dívida Pública, serão annualmente estabelecidas pela Assembléa Geral, mas continuarão, até que se publique a sua derrogação, ou sejam substituídas por outras.
Art. 172. O Ministro de Estado da Fazenda, havendo recebido dos outros Ministros os orçamentos relativos ás despesas das suas Repartições, apresentará na Câmara dos Deputados annualmente, logo que esta estiver reunida, um Balanço geral da receita e despeza do Thesouro Nacional do anno antecedente, e igualmente o orçamento geral de todas as despezas públicas do anno futuro, e da importância de todas as contribuições, e rendas públicas (Constituição Política do Império do Brasil)

[22] Art. 15. E' da attribuição da Assembléa Geral: [...]X. Fixar annualmente as despezas publicas, e repartir a contribuição directa.

A tentativa de instituir Tribunal de Contas, no Brasil, por primeira vez foi ideia dos Senadores do Império, Visconde de Barbacena e José Inácio Borges, em 1826. Em 1845, novo projeto no mesmo sentido fora apresentado ao parlamento por Manoel Alves Branco. Se bem que a ideia volvesse com Pimenta Bueno, Silveira Martins, Visconde de Ouro Preto e Joao Alfredo, o Império não possuiu o seu Tribunal de Contas[23].

Segundo Alejarra[24], as discussões em torno da criação de um Tribunal de Contas duraram quase um século, polarizadas entre aqueles que defendiam a sua necessidade, para quem as contas públicas deviam ser examinadas por um órgão independente, e aqueles que o combatiam, por entenderem que as contas públicas podiam continuar sendo controladas pelas mesmas instituições que as realizavam.

Pimenta Bueno, o mais autorizado intérprete da Constituição Imperial, advogara a criação da Corte de Contas em nosso país, conforme se constata em sua consagrada obra *Direito Público Brasileiro e Análise da Constituição do Império*, in verbis:

> É de summa necessidade a creação de um tribunal de contas, devidamente organisado, que examine e compare a fidelidade das despezas com os creditos votados, as receitas com as leis do imposto, que perscrute e siga pelo testemunho de documentos authenticos em todos os seus movimentos a applicação e emprego dos valores do Estado, e que emfim possa assegurar a realidade e legalidade das contas. Sem esse poderoso auxiliar nada conseguirao as camaras....(sic)[25]

A proposta de criação do Tribunal de Contas, para Luiz Henrique Lima, é equiparada à abolição da escravatura em matéria de debates, sendo uma das mais

---

[23] SILVA, José Afonso da. **Curso de direito constitucional positivo**. 34ª ed. Ver. atual. São Paulo: Malheiros, 2011, p. 754.
[24] ALEJARRA, Luís Eduardo Oliveira. A criação do Tribunal de Contas na história constitucional brasileira. **Jus.com.br**, abr. 2014. Disponível em: <https://jus.com.br/artigos/27898/a-criacao-do-tribunal-de-contas-na-historiaconstitucional-brasileira>. Acesso em: 18 abr. 2021.
[25] PIMENTA BUENO, José A. Direito Público Brazileiro e Analyse da Constituição do Império, v. l,. Rio de Janeiro, 1857, p. 90.

polêmicas da história do parlamento brasileiro, tendo atravessado todo o Império e somente obtido êxito após a Proclamação da República.[26]

É com o nascimento do Estado Constitucional de Direito e a adoção do princípio da separação de poderes que se credita uma nova dimensão ao conceito de fiscalização financeira e contábil ao controle da Administração Pública com a criação de um órgão autônomo dotado de competência específica para realizar essas atividades. Foi ainda no Governo Provisório, por iniciativa do então Ministro da Fazenda, Rui Barbosa, que se logrou êxito na criação do Tribunal de Contas da União, por meio do Decreto n.º 966-A, de 07 de novembro de 1890.

Vale mencionar a transcrição da exposição de motivos da criação do Tribunal de Contas:

> "Não basta julgar a administração, denunciar o excesso cometido, colher a exorbitância, ou a prevaricação, para as punir, circunscrita a estes limites, essa função tutelar dos dinheiros públicos será muitas vezes inútil, por omissa, tardia ou impotente. Convém levantar, entre o Poder que autoriza periodicamente a despesa e o Poder que quotidianamente a executa, um mediador independente, auxiliar de um e de outro, que, comunicando com o Legislativo, e intervindo na Administração, seja não só o vigia, como a mão forte da primeira sobre a segunda, obstando a perpetração das infrações orçamentárias, por um veto oportuno nos atos do Executivo, que direta ou indireta, próxima ou remotamente, discrepem da linha geral das leis de finanças."[27]

E a Constituição Republicana de 1891 foi a primeira Constituição a mencionar expressamente o Tribunal de Contas no Brasil, *in verbis*: "Art. 89: É instituído um Tribunal de Contas para liquidar as contas da receita e despesa e verificar a sua legalidade, antes de serem prestadas ao Congresso".

O desembargador Thompson Flores[28] nos ensina que, escolhida a primeira composição do Tribunal de Contas, o Ministro da Fazenda, à época, Serzedello Corrêa, promoveu a instalação do Tribunal de Contas em 17 de janeiro de 1893,

---

[26] LIMA, Luiz Henrique. **Controle externo:** Teoria e Jurisprudência para os Tribunais de Contas. 6ª ed. Rio de Janeiro: Forense. São Paulo: Método, 2015, p. 14.
[27] Rui Barbosa Exposição de Motivos Decreto 966-A, de 7/11/1890.
[28] THOMPSON FLORES, Carlos Eduardo. O tribunal de contas e o poder judiciário. **R. Dir. Adm.**, Rio de Janeiro, 238, out/dez. 2004, p. 268.

felicitando o país e a República pelo estabelecimento de uma instituição "que será a garantia de boa administração e o maior embaraço que poderão encontrar os governos para a prática de abusos no que diz respeito a dinheiros públicos".

A partir dessa Constituição, todas as demais previram a existência de uma Corte de Contas, ampliando suas funções, na sua grande maioria. Sobre a expansão das competências do Tribunal de Contas da União, Aroeira Salles[29], em relevante estudo sobre o tema, evidencia que foram sendo incrementadas no decorrer das constituições, a exemplo das seguintes:

a) inicialmente adstritas à liquidação das contas da receita e da despesa, bem como à verificação de legalidade das mesmas, antes de serem prestadas ao Congresso (1891);

b) passando pelo acompanhamento da execução orçamentária, o julgamento das contas dos responsáveis por dinheiros ou bens públicos e a emissão de parecer prévio sobre as contas de governo do Presidente da República (1934);

c) incluindo-se, posteriormente, o exame de legalidade de contratos públicos (1937);

d) a fiscalização financeira da União foi atribuída ao Congresso Nacional, com o auxílio do Tribunal de Contas da União, sendo, portanto, alocado o TCU no Poder Legislativo, além da inclusão do julgamento de legalidade dos atos de aposentadorias, reformas e pensões e, ainda, retornado à atribuição de emissão de parecer prévio às contas de governo do Presidente da República (1946);

e) acrescendo-se, depois, os sistemas de controle interno e externo da Administração Pública e a ação fiscalizadora da Corte de ofício ou por provocação do Ministério Público, das auditorias financeiras e orçamentárias, e dos demais órgãos auxiliares e retirando o controle prévio (1967);

f) atribuições que foram mantidas com o advento da EC 01/1969; retraindo-se, a posteriori, de "julgamento" para "apreciação" de legalidade dos atos de pessoal (EC 07/1977); e

---

[29] SALLES, Alexandre Aroeira. **O processo nos Tribunais de Contas:** contraditório, ampla defesa e a necessária reforma da Lei Orgânica do TCU. Belo Horizonte: Ed. Fórum, 2018, p.21.

g) finalmente com a Constituição de 1988, vigente atualmente, foram incluídas a fiscalização operacional e patrimonial, os parâmetros da legitimidade e economicidade no âmbito da fiscalização pelo Tribunal e o poder sancionador.

Perceba que o sentido atual da expressão controle extrapolou o mero registro visto nos primórdios de sua concepção, ultrapassando as lindes da administração fiscal, seu local de nascimento, e o universo amplo das relações entre os poderes do Estado para alcançar a atuação rotineira da Administração Pública. Passou a significar a manifestação formal do controlador sobre a conformidade da atividade e, ainda, a expedição de uma medida decorrente desse juízo que acarreta efeitos (positivos ou negativos) sobre a eficácia da própria atividade (sanção).

O controle adquire, nesse cenário, o poder de interferir na atividade da pessoa controlada, ao exigir a correção das ações que não estão de acordo com o padrão de conformidade exigido ou impedir que elas produzam seus efeitos. Não é por outra razão que Odete Medauar assinala que "o poder de impor um ato ou uma medida vinculada ao juízo formado acerca do ato controlado constitui a chave para qualificar uma atividade como de controle"[30].

Destaca-se que as referências às constituições anteriores são feitas apenas para reflexão da evolução do papel do controle. Feito esse breve apanhado histórico, passamos a nos concentrar e analisar como a Constituição vigente aborda o tema.

1.3. Controle na Constituição Federal 1988

Para abordar como o controle está disposto na Constituição, é mister apresentar como a organização do aparato estatal está estruturada, bem como a função administrativa e, assim, como o controle externo age sobre esta última.

1.3.1. Da separação de poderes e o exercício das funções estatais

Nossa vigente Constituição organizou os Poderes da República Federativa do Brasil, em seu Título IV[31], dividindo-os em poderes legislativos, judiciário e

---

[30] MEDAUAR, Odete. **Direito administrativo moderno**. 10 ed. São Paulo: RT, 2006, p. 392.
[31] BRASIL. **Constituição (1988).** Constituição da República Federativa do Brasil de 1988. Brasília, DF: Presidência da República.

executivo. Advém da teoria dos três poderes de Montesquieu[32], inspirado em Locke[33], a ideia de dividir os poderes como forma de criar o controle de freios e contrapesos[34]. Por essa teoria, os Poderes Executivo, Legislativo e Judiciário devem ter suas atribuições divididas, para que cada poder limite e impeça o abuso dos outros.

Além dos três poderes, pela estrutura disposta na Constituição, alguns órgãos foram postos de forma a não se enquadrar na tradicional divisão tripartite; são órgãos autônomos que não estão alocados hierarquicamente em nenhum dos poderes, sendo pertencentes à União. É o caso do Tribunal de Contas da União, do Ministério Público e das Defensorias Públicas. Tais instituições não são pessoas jurídicas, mas integram a estrutura da Administração Direta da respectiva entidade federativa.

Vale ressaltar que o poder do Estado é uno e indivisível e advém do povo[35]. O que há, na verdade, é a distribuição de funções estatais precípuas entre poderes independentes e harmônicos[36]. Por isso é que, tradicionalmente, se divide as funções de forma que, preponderantemente, o Poder Legislativo detém a função legislativa, Judiciário, função jurisdicional e Executivo, a função administrativa.

---

[32] Charles Louis de Secondat, o barão de Montesquieu, ao escrever, em 1748, *Do Espírito das Leis*, previu o equilíbrio entre os Poderes e não a separação ou divisão dos mesmos como é tradicionalmente colocada pela academia. In: MONTESQUIEU, Charles Luis de Secondat. **O Espírito das leis.** Tradução Cristina Murachco. São Paulo: Martins Fontes, 2005.

[33] Na teoria de John Locke de divisão de poderes, há uma relação de subordinação dos demais poderes ao poder legislativo. In: LOCKE, John. **Segundo Tratado do Governo Civil**. 1ª ed. São Paulo: Edipro, 2014.

[34] Montesquieu explica que cada poder é autônomo e deve exercer determinada função, porém, este poder deve ser controlado pelos outros poderes. Verifica-se, ainda, que, mediante esse sistema, um Poder do Estado está apto a conter os abusos do outro de forma que se equilibrem. O contrapeso está no fato que todos os poderes possuem funções distintas, são harmônicos e independentes. In: MONTESQUIEU, Charles Luis de Secondat. **O Espírito das leis.** Tradução Cristina Murachco. São Paulo: Martins Fontes, 2005.

[35] Nas palavras de Dalmo de Abreu Dallari: "embora seja clássica a expressão separação de poderes, que alguns autores desvirtuam para divisão de poderes, é ponto pacífico que o poder do Estado é uno e indivisível". DALLARI, Dalmo de Abreu. **Elementos da teoria Geral do Estado**. 32ª ed. Saraiva. 2013, p. 214. No mesmo sentido: AGRA, Walber de Moura, **Curso de Direito Constitucional**. 8ª ed. Rio de Janeiro: Forense, p. 128.

[36] BRASIL. **Constituição (1988).** Constituição da República Federativa do Brasil de 1988. Brasília, DF: Presidência da República. Art. 2º São Poderes da União, independentes e harmônicos entre si, o Legislativo, o Executivo e o Judiciário.

Os três poderes e os órgãos autônomos, em regra, também desempenham função administrativa.

Ocorre que essas funções não são próprias de cada poder; pelo contrário, são exercidas ainda que a título "excepcional" por todos os poderes[37]. Isto é, em que pese a escolha constitucional pela divisão tripartida dos poderes, as funções exercidas por esses não são exclusivas, *v.g.* a função legislativa que é precipuamente do Poder Legislativo, pode ser compreendida como de natureza legislativa também, a função do executivo de adotar medidas provisórias com força de lei e em menor proporção, o Judiciário de elaborar regimento interno de seus tribunais.

Além disso, como nos ensina Ricardo Marcondes[38], as funções estatais guardam em si os seguintes elementos comuns: a busca pelo interesse público, a imposição de um dever de cumprimento dos princípios constitucionais, a edição de normas jurídicas e de atos jurídicos.

Na visão de Paulo Modesto[39], dividir poderes por funções é uma expressão equívoca, que serve somente para assinalar o caráter necessariamente dogmático de toda classificação das funções do Estado, fazendo contraponto com a separação ou divisão de poderes, esta sim designativa de uma ordenação positiva expressa e evidente no texto constitucional. A separação ou divisão de funções, na visão do referido autor, está vinculada à possibilidade de identificação de regimes jurídicos próprios para cada uma das funções públicas. Essa tarefa é (ou deve ser) cumprida pela ciência do direito. Isto é, dividir por funções as atividades do Estado convém para facilitar a compreensão do regime jurídico aplicável. Essas funções representam as diferentes formas de exercer a atividade estatal.

Cumpre destacar também, que essa divisão por três funções não é uníssona no meio jurídico. Mais recentemente, parte da doutrina tem defendido a tese de que dividir por três as funções do Estado é considerado um tanto ultrapassada e

---

[37] Esse conceito não é uníssono, já que uma ampla gama de doutrinadores entende que o executivo não possui função jurisdicional.

[38] MARTINS, Ricardo Marcondes. Teoria dos princípios e função jurisdicional. **Revista de Investigações Constitucionais.** Universidade Federal do Paraná, mai./ago. 2018. Disponível em: <https://doi.org/10.5380/rinc.v5i2.56183>. Acesso em: 25 mai. 2021.

[39] MODESTO, Paulo. A função administrativa. **Revista Eletrônica de Direito do Estado**, Salvador, n. 5, jan./fev./mar. 2006, p. 96.

em descompasso com um Estado que a cada dia amplia suas funções para recepcionar suas crescentes demandas[40].

Refutando essa teoria, Kelsen[41] defendia que as três funções do Estado, na verdade, são meros momentos sucessivos de um único e contínuo processo. O que a teoria tradicional assinala como três poderes ou funções distintas do Estado para o autor não é mais do que "a forma jurídico-positiva de certos apoios relativos do processo de criação jurídica particularmente importantes sob o ponto de vista político".

A esse respeito, Celso Antônio Bandeira de Mello[42] menciona também a tendência de outros pensadores, como Francis-Paul Bénoit, que, ao invés de reduzir, pluralizam o número de funções estatais, sustentando que não há somente duas ou três delas, mas diversas, que variam conforme se tenha em vista o "Estado-nação" (o conjunto dos órgãos estatais competentes para elaborar seu próprio direito interno) ou o "Estado-coletividade" (o conjunto dos órgãos estatais responsáveis por aplicar o direito interno criado).

No mesmo sentido, José Luiz Quadros de Magalhães[43] assevera que, com a evolução do Estado moderno, percebe-se que a ideia de tripartição de poderes se tornou insuficiente para dar conta das necessidades de controle democrático do exercício do poder, sendo necessário superar a teoria dos três poderes para se chegar a uma organização de órgãos autônomos reunidos em mais funções do que as originais. Defende também que, devido à heterogeneidade da função administrativa e à complexidade das funções exercidas por órgãos autônomos – que não são alocados em um dos três poderes, deveria ser atribuída a estes uma nomenclatura específica para a função desempenhada, e propõe que a função do controle exercido pelo Tribunal de Contas da União seja apartada.

---

[40] MAGALHÃES, José Luiz Quadros de. A teoria da separação de poderes e a divisão das funções autônomas no Estado contemporâneo – o Tribunal de Contas como integrantes de um poder autônomo de fiscalização. **Revista do Tribunal de Contas do Estado de Minas Gerais**, v. 71, n. 2, ano XXVII, abr./mai./jun. 2009, p. 95.
[41] KELSEN, Hans. **Teoria Pura do Direito**. Porto, ed. 1939, p. 69-70.
[42] BANDEIRA DE MELLO, Celso Antônio. "Poder" regulamentar ante o Princípio da Legalidade. **Revista Trimestral de Direito Público** – RTDP, ano 8, n. 64, jan./mar. 2016, p. 145-152.
[43] MAGALHÃES, José Luiz Quadros de. A teoria da separação de poderes e a divisão das funções autônomas no Estado contemporâneo – o Tribunal de Contas como integrantes de um poder autônomo de fiscalização. **Revista do Tribunal de Contas do Estado de Minas Gerais**, v. 71, n. 2, ano XXVII, abr./mai./jun. 2009, p. 95.

O renomado doutrinador Diogo de Figueiredo Moreira Neto advoga que o Tribunal de Contas da União, assim como outros órgãos de controle como a Controladoria Geral da União e o Ministério Público, são atores que desempenham funções que denomina como "neutrais". Corporificam o controle social dos atos públicos, embora também componham o Estado, ao mesmo tempo em que auxiliam os demais poderes no exercício de suas funções típicas – ou tradicionais. E esclarece o autor o que denomina de "funções neutrais independentes":

> [...]encontram-se estampadas na descrição dessas funções, as inovações mais significativas quanto à importante distinção apresentada entre as tradicionais funções públicas do Estado e as novas funções públicas no Estado – estas, com seus exemplos cuidadosamente institucionalizados de categorias constitucionais de funções neutrais independentes – diretamente voltadas ao conceito de realização da justiça na sociedade: não mais, como então se a concebia, ou seja, um conceito essencialmente vinculado à legalidade, senão que, nestes tempos de pós-modernidade, ampliado à legitimidade e à licitude, em suma: referidas ao conceito síntese de juridicidade[44].

Nesse entender, as funções "neutrais" são constitucionalmente independentes e referem-se à fiscalização contábil, financeira e orçamentária, voltadas explicitamente à tutela da legalidade, da legitimidade e da economicidade da gestão administrativa, e, implicitamente, também à tutela da impessoalidade, moralidade, publicidade e eficiência da gestão pública, categorizadas como atividades de zeladoria e de controle, cometidas ao Tribunal de Contas da União.

Compreender esse debate é relevante para entender a natureza e complexidade das funções exercidas pelo controle. Como visto alhures, a essência do controle exercido neste estudo é a fiscalização dos gastos públicos que, por conseguinte, envolve todo o aparato estatal para a persecução de suas funções. Feitos esses breves esclarecimentos, a estrutura organizacional foi abordada pela Constituição de forma acurada e aos órgãos ou entidades da Administração

---

[44] MOREIRA NETO, Diogo de Figueiredo. Funções essenciais à justiça e contra-poderes. **Revista da Revista da AGU**. Brasília, ano X, n. 27, jan./mar. 2011

Pública foi dada autonomia gerencial, orçamentária e financeira para que possam desempenhar suas funções e gerir suas atividades [45].

Independentemente da teoria utilizada – se existem três, mais ou menos funções, parece uníssono que, em matéria de contratações públicas por força do inc. XXI, do art. 37 da Constituição Federal, se trata de uma função inerente à organização administrativa de cada poder ou órgão autônomo. Essa compreensão é relevante para verificar o regime jurídico aplicado e, também, auxiliar na verificação da natureza jurídica do órgão responsável pelo controle externo e das funções exercidas por este, temas que abordaremos a seguir.

1.3.2. Da função administrativa na Constituição Federal

A divisão por função não se trata de opção constitucional; o legislador constituinte cuidou de dividir por poderes as atribuições e não por funções. Trata-se de construção, com vistas a identificar o ordenamento jurídico aplicável, uma vez que a Constituição Federal dedicou um capítulo específico "VII" para a denominada Administração Pública, a qual se submete a princípios específicos[46] e a disposições específicas acerca de sua estrutura – organizacional e de pessoal. Previu ainda no inc. XXI do art. 37 que:

> [...] ressalvados os casos especificados na legislação, as obras, serviços, compras e alienações serão contratados mediante processo de licitação pública que assegure igualdade de condições a todos os concorrentes, com cláusulas que estabeleçam obrigações de pagamento, mantidas as condições efetivas da proposta, nos termos da lei, o qual somente permitirá as exigências de qualificação técnica e econômica indispensáveis à garantia do cumprimento das obrigações.

É, portanto, por meio do processo de licitação pública que as contratações públicas são realizadas, no exercício da função administrativa.

---

[45] BRASIL. **Constituição (1988).** Constituição da República Federativa do Brasil de 1988. Brasília, DF: Presidência da República. Art. 37. §8º.
[46] BRASIL. **Constituição (1988).** Constituição da República Federativa do Brasil de 1988. Brasília, DF: Presidência da República. Art. 37. A administração pública direta e indireta de qualquer dos Poderes da União, dos Estados, do Distrito Federal e dos Municípios obedecerá aos princípios de legalidade, impessoalidade, moralidade, publicidade e eficiência e, também, ao seguinte:[...].

Administrar não é exercício privativo do Executivo, sendo considerada exceção quando feita pelos demais poderes, como é o caso dos poderes legislativo e judiciário. Ainda que posto como "exceção", os poderes Judiciário e Legislativo exercem a função administrativa comumente, desde que, no exercício da sua autoadministração e, o Executivo, nas demais matérias. Vale lembrar também, que os órgãos autônomos exercem a função administrativa na medida em que também possuem autonomia gerencial e financeira. Além disso, as demais funções exercidas por estes órgãos pela corrente tradicional, conforme exposto alhures, são alocadas como função administrativa.

Nesta concepção, identificar a função administrativa pelo critério residual[47] parece ser a mais didática; é a ideia de que, onde não há criação de direito novo ou solução de conflitos de interesses na via própria (judicial), a função exercida, sob o aspecto material, é a administrativa. Ou nas palavras de Cretella Júnior: "A Administração Pública seria toda a atividade do Estado que não seja legislar ou julgar"[48].

Convém realçar, aliás, que, por sua amplitude, a função administrativa abrange atribuições relevantes de instituições estatais. É o caso, por exemplo, do Ministério Público e da Defensoria Pública. Conquanto tenham sede constitucional e desempenhem papel estratégico no sistema das garantias coletivas, a doutrina majoritária enquadra sua função como função administrativa, já que seus agentes não legislam nem prestam jurisdição.

Acerca do conceito de função, Celso Antônio Bandeira de Mello nos ensina que "tem-se função apenas quando alguém está assujeitado ao dever de buscar, no interesse de outrem, o atendimento de certa finalidade". Esclarece ainda que a função administrativa é marcada pela conjugação de dois princípios caracterizadores do regime jurídico administrativo, quais sejam: o princípio da

---

[47] Diogo de Figueiredo Moreira Neto leciona que, na prática, a função administrativa tem sido considerada de caráter residual, sendo, pois, aquela que não representa a formulação da regra legal nem a composição de lides in concreto, no entanto, nenhum critério é suficiente, se tomado isoladamente. Devem eles combinar-se para suscitar o preciso contorno da função administrativa. In: MOREIRA NETO, Diogo Figueiredo. **Curso de direito administrativo**. 16ª ed. RJ: Forense, 2017, p. 20. O critério negativo é utilizado também por doutrinadores de renome como o Professor Ricardo Marcondes, José Cretella Junior, Otto Mayer e por Tito Prates Fonseca.
[48] CRETELLA JR., José. **Manual de Direito Administrativo**. 7ª ed. RJ: Forense, 2000, p. 17.

supremacia do interesse público e o princípio da indisponibilidade do interesse público[49]. Na visão do renomado Cirne Lima:

> [...] satisfação precípua da necessidade e do interesse público constitui o cerne eidético da função administrativa. Ao concretizá-la, o Estado - ou o particular que em seu nome, por qualquer figura de direito, atue - não está praticando atos de dono, que, como tal, gozaria do atributo da disponibilidade, em razão do qual poderia, inclusive, despir-se da função[50].

Ao realizar efetivamente tais deveres, por si ou por terceiros, está o Estado empenhado numa relação de Administração. E, como tal, sujeito – bem como assim também sujeitos os particulares que façam suas vezes – a todo um plexo de mecanismos de controle.

É precisamente por não ser senhor absoluto que a característica fundamental da função administrativa é a sua absoluta submissão à lei. Alexandre Mazza[51] leciona que o princípio da legalidade consagra a subordinação da atividade administrativa aos ditames legais. Trata-se de uma importante garantia do Estado de Direito: a Administração Pública só pode fazer o que o povo autoriza, por meio de leis promulgadas por seus representantes eleitos. É o caráter infralegal da função administrativa.

Ocorre que, como o legislador não pode prever todas as particularidades do caso concreto, é conferida uma margem de discricionariedade, cabendo à Administração no exercício da função administrativa a possibilidade de se ter mais de uma alternativa de escolha, para determinado caso concreto, respeitados os limites legais. Na discricionariedade, o agente público deve escolher a alternativa que, segundo suas convicções, melhor realiza o interesse público.

Nesse sentido, Hely Lopes Meirelles afirma que "discricionariedade é a liberdade de ação administrativa, dentro dos limites permitidos em lei"[52]. Com maior profundidade, Reinaldo Couto explica:

---

[49] BANDEIRA DE MELLO, Celso Antônio. **Curso de direito administrativo**. 34ª ed. São Paulo: Malheiros, 2019.
[50] CIRNE LIMA, Ruy. **Princípios de direito administrativo**. 7ª. ed. São Paulo: Malheiros, 2007.
[51] MAZZA, Alexandre. **Manual de direito administrativo**. São Paulo: Saraiva, 2015, p. 101.
[52] MEIRELLES, Hely Lopes. **Direito Administrativo Brasileiro**. 44ª ed. São Paulo, Malheiros, 2020.

Ciente da sua incapacidade e da necessidade de ação do agente público, o legislador estabelece, em determinados casos, uma pauta aberta com mais de uma solução. Ressalte-se, por oportuno, que essa margem de liberdade não tem como objetivo outorgar poder ilimitado ao Administrador Público, mas tem como escopo melhor atender ao interesse público. Não há qualquer margem para a arbitrariedade, pois a liberdade de escolha outorgada pela lei tem que observar a conveniência e a oportunidade para a satisfação das finalidades públicas e não dos interesses pessoais daqueles que detêm tal poder-dever.[53]

Perceba que a escolha se dá em decorrência da convicção subjetiva de que, dentre as alternativas admitidas, a eleita é a melhor para a realização do interesse público; não se fundamenta numa escolha livre, arbitrária, baseada, enfim, no livre-arbítrio. Precisamente por isso, observou Caio Tácito, que a "competência discricionária não é um cheque em branco"[54,55].

Acerca do controle sobre os atos praticados no exercício da função administrativa, por força do artigo 5º, inciso XXXV, da Constituição Federal Brasileira, o Poder Judiciário deverá apreciar qualquer lesão ou ameaça a direito, mesmo que o autor da lesão seja o poder público. Neste sentido, Di Pietro[56] leciona que, embora o controle seja possível, deve respeitar a discricionariedade administrativa nos limites em que ela foi assegurada à Administração Pública pelo legislador. O Judiciário pode, portanto, apreciar os aspectos da legalidade e verificar se a Administração não ultrapassou os limites da discricionariedade;

---

[53] COUTO, Reinaldo. **Curso de Direito Administrativo**. 3.ª ed. São Paulo: Saraiva Educação, 2019, p. 310.
[54] TÁCITO, Caio. O abuso de poder administrativo no Brasil. In: TÁCITO, Caio. **Temas de direito público:** estudos e pareceres, v. 1. Rio de Janeiro: Renovar, 1997, p. 52.
[55] Uma das consequências dessa compreensão é aquela refletida por Eduardo García de Enterría e Ramón-Tomás Fernández, quando afirmam que a vinculação da Administração Pública ao direito – e não a mero cumprimento de aspecto formal contido na lei – faz com que não exista nenhum espaço livre para a administração agir com espécie de poder ajurídico. In: GARCÍA DE ENTERRÍA, Eduardo; FERNANDÉZ, Tomás-Ramón. **Curso de derecho administrativo**, Pamplona. España: Editorial Civitas t. I, pp. 497-499.
[56] O STJ já se posicionou nesse sentido, observe: I. A atuação do Poder Judiciário no controle dos atos administrativos limita-se aos aspectos da legalidade e moralidade, obstaculizado o adentrar do âmbito do mérito administrativo, da sua conveniência e oportunidade. II. Se o Tribunal a quo, com base na análise do acervo probatório produzido nos autos, reconheceu que a remoção do servidor ocorreu como represália, com desvio de finalidade, infirmar tal entendimento ensejaria o reexame de provas, o que encontra óbice no verbete da Súmula nº 07 deste Tribunal. Recurso não conhecido. STJ, REsp nº 616.771/CE 2003/0222.386-4, 5.ª T., rel. Min. Felix Fischer, j. 19.05.2005

neste último caso, pode o Judiciário invalidar o ato quando a autoridade administrativa ultrapassou o espaço livre deixado pela lei, caso em que invadiu o campo da legalidade[57].

É nesta compreensão que o art. 2º da CF estabelece que os Poderes da União – o Legislativo, o Executivo e o Judiciário – são independentes e harmônicos entre si, mas é certo que a administração necessita de controle, o qual foi objeto de preocupação do legislador constituinte, conforme abordaremos a seguir.

1.3.3. Da função do controle sobre a função administrativa

O exercício do controle é extremamente relevante para a verificação e conformação à legalidade do ato prático pela Administração Pública, bem como para verificar se o fim almejado, qual seja, o interesse público, foi adequadamente atendido. Celso Antônio Bandeira de Mello[58] nos ensina que, no Estado de Direito, a Administração Pública assujeita-se a múltiplos controles, no afã de impedir-se que desgarre de seus objetivos, que desatenda as balizas legais e ofenda interesses públicos ou dos particulares. Tais controles envolvem quer aspectos de conveniência e oportunidade quer aspectos de legitimidade.

Assim, a Constituição Federal concebeu diversos mecanismos para mantê-la dentro das balizas a que está assujeitada. Tanto são impostos controles que ela própria deve exercitar, em sua intimidade, para obstar ou corrigir comportamentos indevidos praticados nos diversos escalões administrativos de sua estrutura orgânica, como controles no exercício de sua relação com os demais. Desta forma, a Constituição outorgou o exercício de controle a diversos atores, sendo que o termo "controle" aparece mais de quarenta vezes no texto constitucional. Para fins didáticos, propomos a divisão em cinco tipos de controle da função administrativa:

a) **controle social:** é o controle participativo confiado aos cidadãos por meio de diversos mecanismos (ação popular, voto, representação) que permitem que a população e a sociedade civil organizada possam controlar,

---

[57] DI PIETRO, Maria Sylvia Zanella. **Direito Administrativo**. 33ª ed. São Paulo: Atlas, 2020, p. 229.
[58] BANDEIRA DE MELLO, Celso Antônio. **Curso de direito administrativo**. 34ª ed. São Paulo: Malheiros, 2019, p. 987.

acompanhar os atos administrativos e denunciar a ocorrência de ilícitos – art. 74 e p.ú. do art. 193[59];

b) **controle interno**: é exercido pelos próprios órgãos sobre suas atividades, com vistas a, dentre outros, comprovar a legalidade e avaliar os resultados, quanto à eficácia e eficiência, da gestão orçamentária, financeira e patrimonial, bem como da aplicação de recursos públicos por entidades de direito privado e, também, apoiar o controle externo – art. 74, CF[60];

c) controle externo:

    c.1.) para realizar a fiscalização contábil, financeira, orçamentária, operacional e patrimonial: é exercido pelo Poder Legislativo com o auxílio do Tribunal de Contas da União – art. 70, CF[61]; e

    c.2.) da atividade policial: exercido pelo Ministério Público – art. 129, inc. VII; d) **controle judicial**[62]: é exercido pelo Poder

---

[59] Sobre o tema, o ex-ministro do STF Carlos Ayres de Britto assevera que a Constituição aparelha a pessoa privada para imiscuir-se nos negócios do Estado para dar satisfações a reclamos no universo social por inteiro quanto para dar satisfações a reclamos que só repercutem no universo particular do sindicante. In: BRITTO, Carlos Ayres. Distinção entre 'Controle Social do Poder' e 'Participação Popular'. **Revista de Direito Administrativo**. Rio de Janeiro: Renovar, n. 189, p. 115, 1992.

[60] Sobre o tema, o ex-Ministro do TCU Adhemar Paladini Ghisi explica que o Controle Interno abarca todas as formas de controle, preventivo ou detectivo, existentes em determinada organização - pública ou privada - sejam de natureza financeira, contábil, técnica ou mesmo operacional. Os controles internos são implantados pela própria gerência de cada área no curso de suas rotinas e atividades, buscando evitar que sejam cometidos erros na execução. Não é demais assinalar que nenhuma organização subsiste sem a existência de mínimos controles internos. In: GHISI, Adhemar Paladini. O Tribunal de Contas e o sistema de controle interno. Conferência realizada em Maputo, 1997 apud JACOBY FERNANDES, Jorge Ulisses. **Tribunais de Contas do Brasil:** jurisdição e competência. 4. ed. rev. atual. e ampl. Belo Horizonte: Fórum, 2016, p. 141.

[61] Jacoby Fernandes conceitua controle externo como o "conjunto de ações de controle desenvolvidas por uma estrutura organizacional, com procedimentos, atividades e recursos próprios, não integrados na estrutura controlada, visando à fiscalização, verificação e correção de atos". In: JACOBY FERNANDES, Jorge Ulisses. **Tribunais de Contas do Brasil:** jurisdição e competência. 4. ed. rev. atual. e ampl. Belo Horizonte: Fórum, 2016, p. 121.

[62] Celso Antônio Bandeira de Mello nos ensina que controle externo ocorre quando o órgão fiscalizador se situa em Administração diversa daquela de onde a conduta administrativa se originou, o que coloca o controle judicial como controle externo também, no entanto, a expressão controle

Judiciário e controla a constitucionalidade, legalidade e, em alguns casos, a legitimidade dos atos administrativos, como ocorre com a ação popular e a ação de improbidade, bem como a lesão ou ameaça de direitos fundamentais – art. 5º, inciso XXXV; e) **controle sobre o comércio exterior**: exercido pelo Ministério da Fazenda sobre atos administrativos – art. 237, CF.

No âmbito do controle interno, descrito na alínea "b" na esfera do Poder Executivo Federal, merece realce o Ministério da Transparência, Fiscalização e Controle, que foi criado em 12 de maio de 2016, pela Medida Provisória nº 726/2016. As competências da extinta Controladoria-Geral da União – CGU foram transferidas pelo mesmo diploma para esse Ministério.

Percebe-se que a Constituição concebeu diversas formas de controle que, inclusive e, não raras vezes, recaem sobre o mesmo ato, *v.g.* um conluio entre licitantes pode ser verificado por meio de uma denúncia ou ação popular (controle social), por meio do controle interno do órgão ao controle externo (art. 74 §1º) ou por meio de denúncia ou ação civil pública pelo Ministério Público ao Poder Judiciário, e ainda cabe ao CADE, autarquia integrante do Ministério da Justiça, decidir sobre a existência de infração à ordem econômica e aplicar penalidades[63].

O que diferencia a condução da questão é a forma de controle exercida, isto é, a função que cada controle exerce sobre o ato. A Constituição Federal vigente atribuiu o controle externo ao Congresso Nacional, órgão do Legislativo, com o auxílio do Tribunal de Contas da União – TCU[64], de competências específicas incluindo os critérios da legitimidade e da economicidade para a fiscalização contábil, financeira, orçamentária, operacional e patrimonial, isto é, especificamente sobre o item c.1. apresentado acima. Assim, o controle externo possui seu próprio órgão com poderes que lhe são delegados pela Constituição, e distingue-se tanto do controlador interno, como também do controlador judicial e do controlador social. Sendo condição do regime democrático, deve, cada vez

---

judicial, para diferenciá-lo dos demais controles exercidos, é a majoritariamente utilizada. Na terminologia adotada pela Constituição, apenas este último é que recebe a denominação jurídico-constitucional de controle externo.

[63] Na forma do art. 9, inc. II da Lei nº 12.529, de 30 de novembro de 2011.
[64] BRASIL. **Constituição (1988).** Constituição da República Federativa do Brasil de 1988. Brasília, DF: Presidência da República. Arts. 70 e 71.

mais, o controle capacitar-se tecnicamente e converter-se em eficaz instrumento da cidadania, contribuindo para o aprimoramento da gestão pública.

A seguir, passaremos à análise do controle externo exercido pelo Tribunal de Contas da União, conforme disposto na Constituição vigente.

1.4. O Tribunal de Contas da União na Constituição Federal de 1988

A Constituição Federal de 1988 dispôs em seu art. 70 que a fiscalização contábil, financeira e orçamentaria será exercida pelo Congresso Nacional, mediante controle externo, e no art. 71 que o controle externo a cargo do Congresso será exercido com o auxílio do Tribunal de Contas da União. Esses artigos estão dispostos no Capítulo I do Título IV, dedicado ao Poder Legislativo. Nos termos do art. 44 da Constituição, o Poder Legislativo Federal é desempenhado pelo Congresso Nacional, o qual é composto pela Câmara dos Deputados e pelo Senado Federal. Por estar inserido no capítulo dedicado ao Poder Legislativo, o TCU, não raras vezes, é apontado como parte ou subalterno do Poder Legislativo[65].

É que a partir do vínculo constitucional existente entre o Legislativo, poder político por excelência, por se tratar do órgão máximo de representação democrática, e o Tribunal de Contas, poder-se-ia interpretar que o vocábulo "auxiliar" poderia expressar ideia de submissão ou assessoramento. No entanto, de acordo com Jacoby Fernandes, a concepção do TCU como um órgão de assessoramento é descompassada com a importância das funções por ele desempenhadas, bem como com a sua dimensão. O doutrinador ensina que:

> Significado bastante diverso é reiteradamente consagrado pelas Constituições brasileiras: o controle externo da Administração Pública é função afeta ao Poder Legislativo, que a exerce com o auxílio do Tribunal de Contas. Auxilia, exercendo uma função, não assessorando, nem se submetendo a qualquer dos poderes.[66]

---

[65] A título de exemplo, José dos Santos Carvalho Filho entende que o Tribunal de Contas da União "é o órgão integrante do Congresso Nacional que tem a função constitucional de auxiliá-lo no controle financeiro externo da Administração Pública, como emana do artigo 71 da atual Constituição". In: CARVALHO FILLHO, José dos Santos. **Manual de Direito Administrativo**. 29ª ed. São Paulo: Editora Atlas, 2015. p. 779.

[66] JACOBY FERNANDES, Jorge Ulisses. **Tribunais de Contas do Brasil:** jurisdição e competência. 4ª ed. rev. atual. e ampl. Belo Horizonte: Fórum, 2016, p. 141.

Nessa linha, Odete Medauar defende que a função de auxílio ao Legislativo não cria submissão do TCU a esse Poder. De acordo com a professora:

> [...] a **Constituição Federal, em artigo algum utiliza a expressão "órgão auxiliar"**; dispõe que o Controle Externo do Congresso Nacional será exercido com o auxílio do Tribunal de Contas; a sua função, portanto, é de exercer o controle financeiro e orçamentário da Administração em auxílio ao poder responsável, em última instância, por essa fiscalização. **Se a função é de atuar em auxílio ao legislativo, sua natureza, em razão das próprias normas da Constituição é a de órgão independente, desvinculado da estrutura de qualquer dos três poderes. A nosso ver, por conseguinte, o Tribunal de Contas configura instituição estatal independente.**[67]

Evandro Martins Guerra[68] leciona que as Cortes de Contas possuem natureza jurídica de difícil apreensão, enquadram-se nos chamados "órgãos constitucionais autônomos" ou de "destaque constitucional", encontrando-se posicionados por entre as esferas do Poder ou ao lado delas, porquanto a "evolução da sociedade e do Direito não mais admitem a teoria tripartite como estanque e absoluta".

É que, como verificado no item 1.2.1., em regra, a Constituição dividiu a estrutura do Estado em três poderes. No entanto, alguns órgãos foram alocados de forma autônoma, como é o caso do Tribunal de Contas da União - TCU. Como órgão, o TCU é parte integrante da União, pessoa jurídica de direito público[69] e compõe a Administração Pública direta e, por conseguinte, é desprovido de personalidade jurídica própria.

A concepção de que o Tribunal de Contas é um órgão constitucional autônomo e desafia a noção da tripartição de poderes é o entendimento mais

---

[67] MEDAUAR, Odete. **Controle da Administração Pública.** São Paulo: Revista dos Tribunais, 1993, p. 24. Destaques em negrito não constam do original.
[68] GUERRA, Evandro Martins. Os controles externo e interno da administração pública e os tribunais de contas. Belo Horizonte: Fórum, 2003, p. 351.
[69] Código Civil. Art. 41. São pessoas jurídicas de direito público interno: I - a União [...].

aceito na doutrina e jurisprudência[70]. Também entendem desse modo Diogo de Figueiredo Moreira Neto, Alexandre Santos de Aragão, Maçal Justen Filho, Odete Medauar, Borges de Carvalho, entre outros. A ideia de um órgão autônomo que não se encontra alocado hierarquicamente em um dos três poderes é também o entendimento de Celso Antônio Bandeira de Mello, conforme depreende-se desses trechos de sua produção bibliográfica:

> [...] os Tribunais de Contas foram constitucionalmente delineados como conjuntos autônomos, refratários à inclusão em quaisquer dos clássicos três blocos orgânicos normalmente designados como "poderes", palavra que a um tempo só designa duas realidades distintas, a saber: de um lado, um plexo unitário de órgãos e de outro uma certa tipologia de funções.[71]
> [...] embora apontado como órgão auxiliar do Poder Legislativo, o Tribunal de Contas não faz parte deste Poder. Não é órgão que o integre e não está subordinado ou controlado por ele. [...]
> Assim, resulta claro que o Tribunal de Contas, conquanto seja órgão auxiliar do Poder Legislativo, como reza a Carta do País, **não é, todavia, órgão pertencente ao Poder Legislativo. Não lhe integra a unidade estrutural.** [...]
> De conseguinte, **o Tribunal de Contas, em nosso sistema, tem uma posição de absoluta peculiaridade**. Nada importa que o Texto Constitucional haja se referido a três poderes e que não se possa alojar o Tribunal de Contas em nenhum deles.[72]

Carlos Ari Sundfield e Jacintho Arruda Câmara resumem, de forma precisa a complexidade do papel do Tribunal de Contas na Constituição Federal de 1988, explicando que o nosso modelo constitucional e legal buscou criar um controle que fosse verdadeiramente externo, mas que também tivesse eficácia e influência na ação administrativa. Para isso, calibrou os poderes do Tribunal de Contas e do

---

[70] Nesse sentido já decidiu o Supremo Tribunal Federal: "O Tribunal não é preposto do Legislativo. A função, que exerce, recebe-a diretamente da Constituição, que lhe define as atribuições" (STF - Pleno - j. 29.6.84, in RDA158/196).
[71] BANDEIRA DE MELLO, Celso Antônio Bandeira de. O enquadramento constitucional do Tribunal de Contas in FREITAS, Ney José de (coord.). **Tribunais de Contas:** aspectos polêmicos: estudo em homenagem ao Conselheiro João Féder. Belo Horizonte: Fórum, 2009, p. 63.
[72] BANDEIRA DE MELLO, Celso Antônio. Funções dos Tribunais de Contas. **Revista de Direito Público**, São Paulo, n. 72, 1984, p. 136. Destaques em negrito não constam do original.

próprio Legislativo para influir sobre a Administração, sem substituir-se a ela, e complementam:

> Um controle externo autônomo. imparcial, em posição crítica sobre o dia a dia, é algo muito importante. Ele agrega "outro olhar", diferente, sobre a ação administrativa. Tendo elevado status e instrumentos razoáveis de pressão, ele pode ter influência real e sobre a ação administrativa. Mas se o controlador for se mesclando ao gestor, desaparece o "outro olhar", desaparece a posição crítica, e surge no lugar a partilha do poder, a gestão colegiada[73].

O entendimento exige a compreensão da complexa e multiforme composição do Estado contemporâneo. Perceba que exatamente pelo arranjo delicado em que se constitui o Tribunal de Contas que suscitam tantos debates sobre este órgão. Na forma da Constituição, o Tribunal de Contas exerce a função de controle dos três poderes, incluindo aí o Legislativo[74]. Há autores[75] que chegam a considerá-lo um verdadeiro e quarto poder – Poder Controlador[76] –, comparando-o, conjuntamente com o Ministério Público, ao Poder Moderador[77], exercido pelo Imperador na época do Brasil Imperial.

---

[73] SUNDFELD, Carlos Ari. CÂMARA, Jacintho Arruda. **Competências de Controle dos Tribunais de Contas – Possibilidades e Limites**. *In*: SUNDFELD, Carlos Ari. **Contratações públicas e o seu controle**. São Paulo: Malheiros, 2013, p. 195-196.

[74] Conforme nos ensina Carlos Roberto Siqueira Castro. In: CASTRO, Carlos Roberto Siqueira. A atuação do Tribunal de Contas em face da separação de Poderes do Estado. **Revista de Direito Constitucional e Internacional**. a. 8, n. 31, p. 57-73, abr./jun. 2000.

[75] É essa o posicionamento de Marques Oliveira citando o Ministro Iberê Gilson *in* OLIVEIRA, Marques. **A força do direito e os limites da lei**. Belém: CEJUP, 1987, p. 218. apud JACOBY FERNANDES, Jorge Ulisses. **Tribunais de Contas do Brasil:** jurisdição e competência. 4. ed. rev. atual. e ampl. Belo Horizonte: Fórum, 2016, p. 136-137.

[76] É a tese defendida por Hamilton Fernando Castardo em sua dissertação apresentada à Banca Examinadora do Programa de Pós-graduação em Direito da Universidade Metodista de Piracicaba – UNIMEP como exigência parcial dos requisitos para obtenção do título de Mestre em Direito, Área de Concentração em Direito Constitucional, jun. 2007. Disponível em: http://www.dominiopublico.gov.br/download/teste/arqs/cp031580.pdf Acesso em 31.08.2021.

[77] O Poder Moderador foi um dos quatro Poderes instituídos pela Constituição Brasileira de 1824, que se sobrepunha aos poderes Legislativo, Judiciário e Executivo, cabendo ao seu detentor força coativa sobre os demais. Vide texto da Constituição de 1824: "Art. 98. O Poder Moderador é a chave de toda a organização Política (*sic*.), e é delegado privativamente ao Imperador, como Chefe Supremo

A elevação da Corte de Contas à órbita de um novo poder é entendimento demasiadamente alargado de sua natureza. A sintética apreciação do professor Celso Antônio Bandeira de Mello dá a esta discussão o arremate que se considera adequado à luz da Constituição:

> [...] como o Texto maior desdenhou designá-lo Poder, inútil ou improfícuo perguntarmo-nos se seria ou não um Poder. Basta-nos uma conclusão ao meu ver irrefutável: o Tribunal de Contas, em nosso sistema, é um conjunto orgânico perfeitamente autônomo.[78]

Tal apreciação pode ser complementada pela definição consagrada por Castro Nunes, ao afirmar que o Tribunal de Contas é um "instituto *sui generis*, posto de permeio entre os poderes políticos da Nação, o Legislativo e o Executivo, sem sujeição, porém, a qualquer deles" [79]. Essas duas conceituações complementares demonstram com clareza, a concepção do Tribunal de Contas da União pelo legislador constituinte.

O Ministro Ayres Britto[80] entende que, com efeito, embora o Tribunal de Contas exerça atipicamente atribuições administrativas, como todos os demais órgãos de poder, sua função constitucional é de controle, marcado por características próprias, vale dizer: é órgão constitucional autônomo [81], independente dos demais órgãos do Poder.

---

da Nação, e seu Primeiro Representante, para que incessantemente vele sobre a manutenção da Independência (*sic.*), equilíbrio (*sic.*), e harmonia dos mais Poderes Políticos (*sic.*)," BRASIL. **Constituição Política do Império do Brazil de 1824.** Brasília – DF: Presidência da República, [2019]. Disponível em: www.planalto.gov.br. Acesso em: 16 jan. 2021. [Elaborada por um Conselho de Estado e outorgada pelo Imperador D. Pedro I, em 25.03.1824.]

[78] BANDEIRA DE MELLO, Celso Antônio. Funções dos Tribunais de Contas. **Revista de Direito Público**, São Paulo, n. 72, 1984, p. 136.

[79] NUNES. Castro. **Teoria e Prática.** O Poder Judiciário. Rio de Janeiro: Forense, 1943, p. 25.

[80] BRITTO, Carlos Ayres. O regime constitucional dos Tribunais de Contas. In: FÓRUM BRASILEIRO DE CONTROLE DA ADMINISTRAÇÃO PÚBLICA, 9., 22-23 ago. 2013, Rio de Janeiro.

[81] Aliás, o IBGE assim classifica o Tribunal de Contas: natureza jurídica 116-3 Órgão Público Autônomo Federal. Disponível em: http://www.ibge.gov.br/concla/naturezajuridica/descricao2003.php?id=15, acesso em 9 de setembro de 2021.

1.4.1. Da natureza das funções do TCU

Como conjunto orgânico perfeitamente autônomo e instituto *sui generis*, suas competências são igualmente atípicas, e a compreensão das funções que desempenha para fins de enquadramento em determinado regime jurídico é questão que gera embates até os dias atuais.

A função e as competências do Tribunal de Contas da União encontram-se delineadas na Constituição Federal. Verifica-se que as competências seriam poderes instrumentais àquela função; seriam meios para o alcance de finalidades específicas e definidas nos art. 70 a 72. Já a composição foi definida no art. 73 do mesmo diploma constitucional. O art. 75 dispõe ainda que, no que couber, os sistemas de controle são transponíveis aos Estados, Distrito Federal e Municípios[82].

Tem o TCU, portanto, competência para fiscalização contábil, financeira, orçamentária, operacional e patrimonial da União e das entidades da administração direta e indireta, quanto à legalidade, legitimidade, economicidade, aplicação das subvenções e renúncia de receitas. O TCU ainda tem o poder de realizar, por iniciativa própria, inspeções e auditorias em todos os poderes. Além disso, aprecia contas, fiscaliza recursos e julga contas, podendo, inclusive, aplicar sanções.

Deste plexo de competências, o embate doutrinário reside sobre a natureza das funções exercidas pelo TCU. De forma suscinta, as divergências são oriundas da dificuldade de se enquadrar com precisão suas atribuições na função administrativa ou na função jurisdicional, especialmente porque o inc. II do art. 71 estabelece que cabe ao TCU **julgar** as contas dos administradores e demais responsáveis e as contas daqueles que derem causa a perda, extravio ou outra irregularidade de que resulte prejuízo ao erário público. Soma-se a isso que o art. 73 estabelece que o TCU exerce **jurisdição** em todo território nacional. Existe ainda, na doutrina, os que pugnam por uma função própria para este órgão. Como vimos no item 1.2.1., essa discussão é relevante para identificar o regime jurídico aplicável à função e, consequentemente, prerrogativas e limites próprios de cada regime.

---

[82] Para os fins deste estudo, concentraremos a análise do sistema de controle no âmbito federal, isto é, no Tribunal de Contas da União.

Passa-se a análise dos principais argumentos de cada posição.

1.4.1.1. Posição pela função administrativa

Considerando a teoria da separação dos poderes, a jurisdição é a função precípua do Poder Judiciário e, em regra, é exercida somente diante de casos concretos de conflitos de interesses, quando provocada pelos interessados.

O principal argumento utilizado pelos que defendem a posição de funções administrativas é que a decisão do TCU seria passível de revisão pelo Judiciário, pois o art. 5º, inc. XXXV, estabelece que a lei não excluirá da apreciação do Poder Judiciário lesão ou ameaça a direito. A definitividade da função jurisdicional para José dos Santos Carvalho Filho[83] é absoluta, motivo pelo qual enquadra a função do TCU como administrativa.

José Cretella Júnior[84], aponta que o emprego do verbo "julgar" previsto nas competências do Tribunal seria uma atecnia por parte do Constituinte, e que este desempenha somente uma atividade administrativa de verificação de contas públicas, carecendo dos elementos definidores da atividade jurisdicional, tal como a atuação mediante provocação. A maioria dos autores[85] classifica os processos de contas como espécie do gênero processos administrativos, a exemplo de processos tributários ou disciplinares.

Há ainda os que colocam o tema em ponto intermediário, como Cirne Lima, que, em que pese defender o exercício pelo Tribunal de Contas de apenas função administrativa, concebe que suas decisões não são passíveis de sofrer revisão pelo Judiciário quanto ao seu mérito[86]. Ou como Hely Lopes Meirelles,

---

[83] CARVALHO FILHO, José dos Santos. **Manual de Direito Administrativo**. 29ª ed. São Paulo: Editora Atlas, 2015, p. 112.

[84] CRETELLA JÚNIOR, José. Natureza das decisões do Tribunal de Contas. **Revista dos Tribunais**. a. 77, v. 631, p. 14-23, maio 1988. p.14.

[85] Defendem este posicionamento: José dos Santos Carvalho, Odete Medauar, Oswaldo Aranha Bandeira de Melo Antônio, Carlos de Araújo Cintra, Ada Pellegrini Grinover, Cândido Rangel Dinamarco, Carlos Eduardo Ferraz de Mattos Barroso, Lucia do Valle Figueiredo, Luiz Guilherme Marinoni, entre outros.

[86] Ruy Cirne Lima, por exemplo, apresenta uma divisão conceitual entre dois tipos de atividade relacionadas à apreciação jurídica de situações. São elas a atividade de iurisdictio, atinente a dizer o direito, ou seja, analisar uma situação, qualificá-la juridicamente e apontar suas consequências e efeitos

que denomina o julgamento das contas dos responsáveis por bens e valores públicos como "jurisdicionais administrativas"[87].

1.4.1.2. Posição pela função jurisdicional

Os que defendem que o TCU exerce função jurisdicional entendem que a exerce apenas no tocante ao inc. II no julgamento de contas; nas demais, entendem que desempenha função administrativa. O posicionamento se deve a dois fatores: o vocábulo "julgar" e a compreensão de jurisdição e coisa julgada. Vejamos.

A jurisdição apresenta-se como função estatal, e o seu exercício apresenta-se difuso entre os órgãos e poderes do Estado[88]. Embora se caracterize como competência típica do Poder Judiciário, para Paulo Sergio Ferreira Melo[89], quando, em colegiado, a Corte de Contas efetua o julgamento das contas dos administradores públicos, incluídos todos os responsáveis por dinheiros, bens e valores públicos de toda a Administração direta e indireta do Estado, está executando tarefa que lhe é peculiar, de origem constitucional, sendo sua decisão definitiva.

É o que doutrina o clássico Pontes de Miranda, ao afirmar que "não havemos de interpretar que o Tribunal de Contas julgue e outro juiz rejulgue depois. Tratar-se-ia de absurdo *bis in idem*. Ou o Tribunal julga ou não julga."[90]

---

jurídicos, e a atividade de iudicium, que seria o julgamento propriamente dito. Nesse sentido, aponta que os Tribunais de Contas realizam a primeira, mas não a segunda. Suas decisões são efetivamente terminativas e não são passíveis de revisão em seu mérito, mas isso não implica a investidura em atividade jurisdicional. In: CIRNE LIMA, Ruy. A Jurisdição do Tribunal de Contas. **Anais do III Congresso dos Tribunais de Contas do Brasil**, 1978, p. 4.

[87] MEIRELLES, Hely Lopes. Direito administrativo brasileiro. 44. ed. São Paulo: Malheiros, 2020, p. 786.

[88] Entende-se que o Senado Federal exerce jurisdição quando julga o Presidente e o Vice-Presidente da República, nos crimes de responsabilidade.

[89] MELO, Paulo Sergio Ferreira. A natureza jurídica das decisões dos Tribunais de Contas. **Portal Âmbito Jurídico**, 1 jun. 2011. Disponível em: <https://ambitojuridico.com.br/cadernos/direito-administrativo/a-natureza-juridica-das-decisoes-dos-tribunais-de-contas/>. Acesso em: 19 jun. 2021.

[90] PONTES DE MIRANDA, Francisco Cavalcanti, apud MARANHÃO, Jarbas. **Tribunal de Contas e Poder Judiciário**. Revista de Informação Legislativa. Brasília, ano 27, n. 107, p. 163, jul./set. 1990.

Consoante Jorge Ulisses Jacoby Fernandes[91], o "exercício da função de julgar não é restrito ao Poder Judiciário. Os Tribunais de Contas possuem a competência constitucional de julgar contas dos administradores e demais responsáveis por dinheiros, bens e valores públicos". Assevera, ainda, que o termo julgamento corresponde ao exercício da jurisdição e somente poderá ser efetivo se produzir coisa julgada; "a melhor doutrina e jurisprudência dos Tribunais Superiores admite pacificamente que as decisões dos Tribunais de Contas, quando adotadas em decorrência da matéria que o Constituinte estabeleceu na competência de julgar, não podem ser revistas quanto ao mérito". No mesmo sentido, são os ensinamentos de Pontes de Miranda, Athos Gusmão Carneiro, Miguel Seabra Fagundes e Fernando Gonzaga Jayme.

Como ensinou Castro Nunes[92], a jurisdição de contas refere-se ao juízo constitucional das contas, mediante o exercício de função exclusiva do Tribunal instituído pela Constituição para julgar as contas dos responsáveis por dinheiros ou bens públicos. Com fulcro na regra de competência, o Poder Judiciário não tem atribuição de julgar as contas públicas, vale dizer, não tem autoridade para as rever, porquanto trata-se de função própria do Tribunal de Contas. Afirma, ainda, Seabra Fagundes, que:

> O teor jurisdicional das decisões, nesses casos, se depreende da própria substância delas; não do emprego da palavra julgamento pelos textos do direito positivo. Resulta do sentido definitivo da manifestação da Corte, pois se a regularidade das contas pudesse dar lugar a nova apreciação (pelo Poder Judiciário), o seu pronunciamento seria mero e inútil formalismo[93].

É precisamente a especialidade do julgamento realizado nos processos de contas que impedem a revisibilidade do mérito das decisões decorrentes dos Tribunais de Contas, tese acatada pelo Poder Judiciário. O Supremo Tribunal Federal já se pronunciou com respeito à natureza quase jurisdicional[94] dos

---

[91] JACOBY FERNANDES, Jorge Ulisses. **Tribunais de Contas do Brasil: jurisdição e competência**. 4. ed. rev. atual. e ampl. Belo Horizonte: Fórum, 2016, p. 185.
[92] NUNES, Castro. **Teoria e prática do Poder Judiciário**. Rio de Janeiro: Forense, 1943, p. 23 e 28.
[93] FAGUNDES, Miguel Seabra. Os Tribunais de Contas na estrutura constitucional brasileira. **Revista do Tribunal de Contas da União**, Brasília, v. 10, n. 20, p. 82, dez. 1979.
[94] BRASIL. Supremo Tribunal Federal. MS nº 23550-1/DF. Tribunal Pleno. Relator: Ministro Marco Aurélio. Brasília, 4 de abril de 2001. **Diário da Justiça [da] República Federativa do Brasil**, 31 out. 2001, p. 00006.

Tribunais de Contas, inclusive sobre a impossibilidade de o Judiciário anular decisões em processos de contas, salvo se não for observado o princípio do devido processo legal.[95]

Merece transcrição a posição do Ministro Victor Nunes Leal, relator do julgamento do Mandado de Segurança nº 55.821, em 1967: "o Tribunal de Contas quando da tomada de contas de responsáveis por dinheiros públicos, pratica ato insuscetível de impugnação na via judiciária, a não ser quanto ao seu aspecto formal, ou ilegalidade manifesta"[96].

O Ministro Sepúlveda Pertence, no Mandado de Segurança nº 23550-1/DF, em seu voto, revelou que as funções de controle do Tribunal de Contas têm conteúdo quase-jurisdicional:

> "[...] seria possível aludir, a propósito do Tribunal de Contas, a uma atuação quase jurisdicional. [...] Nenhum outro órgão integrante do Poder Executivo e do Poder Legislativo recebeu da Constituição poderes de julgamento equivalentes, inclusive no tocante à relevância e eficácia, aos assegurados ao Tribunal de Contas".

Utilizando a expressão "colorido quase jurisdicional", transcreve-se trecho da ementa do referido Mandado de Segurança nº 23550-1/DF:

> II. Tribunal de Contas: [...]Os mais elementares corolários da garantia constitucional do contraditório e da ampla defesa são a ciência dada ao interessado da instauração do processo e a oportunidade de se manifestar e produzir ou requerer a produção de provas; de outro lado, se se impõe a garantia do devido processo legal aos procedimentos administrativos comuns, a fortiori, é irrecusável que a ela há de submeter-se o desempenho de todas as

---

[95] BRASIL. Supremo Tribunal Federal. REsp nº 55.821/PR - 1. Turma. Relator: Ministro Victor Nunes. Brasília, 18 de setembro de 1967. **Diário da Justiça [da] República Federativa do Brasil**, 24 nov. 1967, p. 03.949; MS nº 7.280 - Pleno. Relator: Ministro Henrique D'Avila. Brasília, 20 de junho de 1960. **Diário da Justiça [da] República Federativa do Brasil**, 17 set. 1962, p. 460. No mesmo sentido: RF 226/81 MS; Acórdão nº 7.280, Relator: Desembargador convocado Alvimar D'Avila.
[96] BRASIL. Supremo Tribunal Federal. Mandado de Segurança n. 55.821 PR. Relator: Ministro VICTOR NUNES. Brasília, 18 de setembro de 1967.

funções de controle do Tribunal de Contas, **de colorido quase - jurisdicional.**[97]

Examinada a questão à luz da jurisprudência do Supremo Tribunal Federal[98], pode-se perceber que, nesta matéria, o Supremo, bem como a melhor doutrina, orienta-se no sentido de que o julgamento proferido pelos Tribunais de Contas, ao apreciar as contas do Chefe do Poder Executivo e julgar a dos administradores, no caso do inciso II do art. 71 da CF/88, configura tal competência uma jurisdição especial, na expressão do eminente jurista Ruy Cirne Lima[99], no que diz com o seu merecimento, o que revela a importância que a Constituição conferiu às Cortes de Contas, visando afastar da vida pública aquelas autoridades que não observaram no desempenho de suas atribuições, as normas de direito administrativo e de contabilidade pública.

Nesta linha, portanto, por meio de interpretação sistemática do texto constitucional, reconhece aos Tribunais de Contas os exercícios de duas das funções estatais: a administrativa para competências dos incisos I, III IV, V, VI, VII, VIII, IX, X e XI do artigo 71; e a jurisdicional para a do inciso II, conjugado com o VIII, do artigo 71.

Perceba, contudo, que os autores que pugnam por uma função jurisdicional entendem que se trata de uma função jurisdicional com peculiaridades, própria ou de um "colorido" jurisdicional ou ainda uma jurisdição especial, motivo pelo qual teceremos comentários sobre a terceira posição.

1.4.1.3. Posição pela função autônoma de controle

Como exposto alhures, a ideia de tripartição de funções não advém da Constituição, trata-se de construção doutrinária – que alguns autores entendem como ultrapassada dada a complexidade com que as funções vêm sendo desempenhadas à medida que avançam as relações com o Estado, desta forma, como tivemos oportunidade de verificar no item 1.3.1. estudiosos vêm

---

[97] STF - MS: 23550 DF, Relator: Min. MARCO AURÉLIO, Data de Julgamento: 04/04/2001, Tribunal Pleno, Data de Publicação: DJ 31-10-2001 PP-00006 EMENT VOL-02050-3 PP-00534.
[98] Vale salientar que recentemente no julgamento do RECURSO EXTRAORDINÁRIO 636.886/AL, os Ministros Alexandre de Moraes e Luís Roberto Barroso, ao apreciar o tema 899 da repercussão geral, entenderam em sentido contrário: que a corte de contas não possui natureza jurisdicional.
[99] CIRNE LIMA, Ruy. A Jurisdição do Tribunal de Contas. **Anais do III Congresso dos Tribunais de Contas do Brasil**, 1978, p. 4.

defendendo o reconhecimento da função de controle como função pública distinta[100] das tradicionais funções legislativa, jurisdicional e administrativa, posicionamento este que entendemos ser o mais correto.

Pontes de Miranda já entendia, há quase sessenta anos, que a Corte de Contas "destoava das linhas rígidas da tripartição"[101]. Além disso, a singularidade do rito processual no âmbito do controle externo é expressamente reconhecida pela jurisprudência[102] e pela doutrina. Maria Sylvia Di Pietro afirma que as funções do Tribunal de Contas possuem características peculiares, que não se igualam às decisões jurisdicionais, tampouco se identificam como puramente administrativas, observe:

> [...] ela se coloca em meio do caminho entre uma e outra. Ela tem fundamento constitucional e se sobrepõe à decisão de autoridades administrativas, qualquer que seja o nível em que se insiram na hierarquia da Administração Pública, mesmo no nível máximo da Chefia do Poder Executivo.[103]

Além disso a autora considera que as decisões do TCU não podem ser colocadas no mesmo nível que uma decisão proferida opor um órgão da Administração Pública: "Não teria sentido que os atos controlados tivessem a mesma força que os atos de controle"[104]. Nesta senda, o TCU entende[105] que sua competência para aplicar a sanção de inidoneidade a licitante não configura violação ao princípio do *non bis in idem* em caso que a Administração já o sancionou pelo mesmo fato, precisamente por entender que sua competência

---

[100] Neste sentido se posiciona Ricardo Lobo Torres In TORRES, Ricardo Lobo. O Tribunal de Contas e o controle da legalidade, economicidade e legitimidade. **Revista de informação legislativa:** v. 31, n. 121 (jan./mar. 1994) p. 269.
[101] MIRANDA, Francisco Cavalcanti Pontes de. **Comentários à Constituição de 1946.** v. II. p. 92.
[102] Como tivemos oportunidade de verificar no item anterior e também, no artigo científico de Luiz Henrique Lima, que cuida de analisar as diferenças e similaridades do processo do controle externo com os processos administrativos e judiciais. In: LIMA, Luiz Henrique. A singularidade do processo de controle externo nos Tribunais de Contas: similaridades e distinções com os processos civil e penal. **Revista Técnica do Tribunal de Contas de Mato Grosso**, v. 1, 2017. pp. 169-179
[103] DI PIETRO, Maria Sylvia Zanella. Coisa Julgada- Aplicabilidade a decisões do Tribunal de Contas da União. **Revista do Tribunal de Contas da União**, out./dez. 1996. p. 33.
[104] Ibidem.
[105] Vide: Acórdão nº 1753/2021 Plenário; Acórdão nº 300/2020 – Plenário do TCU;

constitucional de controle é independente e diferenciada da administrativa *stricto sensu*.

O Ministro Carlos Ayres Britto tem entendimento similar de que o processo de controle externo não equivale a um processo administrativo e tampouco se trata de processo judicial:

> Esse o pano de fundo para uma proposição complementar: a proposição de que os processos instaurados pelos Tribunais de Contas têm sua própria ontologia. São processos de contas, e não processos parlamentares, nem judiciais, nem administrativos. Que não sejam processos parlamentares nem judiciais, já ficou anotado e até justificado (relembrando, apenas, que os Parlamentos decidem por critério de oportunidade e conveniência). Que também não sejam processos administrativos, basta evidenciar que as Instituições de Contas não julgam da própria atividade externa corporis (quem assim procede são os órgãos administrativos), mas da atividade de outros órgãos, outros agentes públicos, outras pessoas, enfim. Sua atuação é conseqüência de uma precedente atuação (a administrativa), e não um proceder originário. E seu operar institucional não é propriamente um tirar competências da lei para agir, mas ver se quem tirou competências da lei para agir estava autorizado a fazê-lo e em que medida[106].

Entendendo pela atuação quase jurisdicional, Marçal Justen Filho interpreta que seria possível pugnar por um significado próprio, dada a forma processual dos atos e estrutura autônoma e independente para produzir a instrução e o julgamento. "Nenhum outro órgão recebeu da Constituição poderes de julgamento equivalentes, inclusive no tocante à relevância e eficácia, aos assegurados ao Tribunal de Contas".[107]

Compreendida como jurisdição especial, ou uma função híbrida ou ainda uma função quase jurisdicional, resta claro que as competências do TCU outorgadas pela Constituição o diferenciam de qualquer outro órgão ou poder, é por isso que a terceira posição defende a ideia de uma função autônoma.

---

[106] BRITTO, Carlos Ayres. Op. Cit.
[107] JUSTEN FILHO, Marçal. **Curso de direito administrativo**. 13. ed. rev., atual e ampl. São Paulo: Editora Revista dos Tribunais, 2018, p. 750.

Perceba que de certa maneira essa posição parece conjugar a primeira e a segunda: ao passo que se trata de uma jurisdição que não é comum, mas possui traços e características especiais e uma função administrativa atípica com traços visíveis de jurisdição, pugnar por uma função híbrida com traços de administrativa e de jurisdicional, mas que não se confunde com nenhuma das duas, parece ser, atualmente, o que melhor se coaduna com as funções desempenhadas pelo TCU.

Essa concepção de uma função própria mostra-se coerente com o que Alfredo Rocco[108] compreende sobre a autonomia de um ramo. O referido autor propõe três critérios para que a autonomia de um ramo seja alcançada, quais sejam: 1) a existência de um campo temático específico[109]; 2) a elaboração de teorias próprias[110] e 3) uma metodologia específica[111].

Além disso para que haja a autonomia dogmática, é necessário que possua certos princípios e métodos que lhe são próprios, diferentes dos que são exclusivos de outros ramos do direito. No âmbito da autonomia estrutural, deve possuir institutos jurídicos específicos, próprios, diferentes dos existentes nos demais ramos do direito.

Nesse diapasão, no intuito de buscar uma definição clara sobre a função de controle exercida pelo TCU, autores como Ismar Viana[112] defendem a necessidade de uma norma própria para a regulação dos processos de controle externo. Na mesma esteira, Alexandre Manir Figueiredo Sarquis e Renata Constante Cestari[113] entendem que os processos de controle externo dos Tribunais de Contas seriam uma espécie peculiar de processo, vez que "na ciência

---

[108] ROCCO, Alfredo. **Corso di Diritto Commerciale – Parte Generale**. Padova: La Litotipo – Editrice Universitaria, 1921, p. 76. A proposição de Rocco é largamente difundida entre os diversos autores de Direito.
[109] O campo temático específico é evidente pela simples leitura do art. 71 da Constituição Federal.
[110] A singularidade das teorias utilizadas no âmbito do TCU decorre precisamente pelo campo temático específico, como órgão fiscalizador de recursos públicos.
[111] Possui metodologia própria na medida em que pode atuar *ex officio*, há ausência de litígio entre as partes e inversão do ônus da prova, estes temas serão detalhados no Capítulo 4.
[112] VIANA, Ismar. **Fundamentos do processo de controle externo**. Rio de Janeiro: Lumen Juris, 2019, p. 102.
[113] SARQUIS, Alexandre Manir Figueiredo; CESTARI, Renata Constante. Direito processual de contas: manual de boas práticas processuais de contas. **Revista do Tribunal de Contas do Município do Rio de Janeiro**, Rio de Janeiro, v. 55, p. 44-49, ago. 2013. Disponível em: <http://www.tcm.rj.gov.br/Noticias/10777/Revista_TCMRJ_55.pdf>. Acesso em: 05 abr. 2021.

jurídica, quando se fala do gênero processo e suas espécies, vem à mente o processo judicial, o legislativo e o administrativo. Entretanto, uma quarta espécie há de ser considerada – o processo de contas".

É que, pela complexidade e especificidade das competências desempenhadas, surgem questionamentos sobre direitos e garantias concedidos aos que se submetem ao controle externo. Além disso, as normas que o regem são escassas e a construção de seu ordenamento advém da aplicação subsidiária de outras normas que ora se aplicam, ora não se aplicam. Defender a função autônoma é contribuir para clarificar o ordenamento jurídico aplicável, bem como a previsibilidade da condução dos processos conduzidos pelo órgão e o respeito aos direitos e garantias, tema que abordaremos a seguir.

CAPÍTULO 2

REGIME JURÍDICO DO CONTROLE DAS CONTRATAÇÕES PÚBLICAS

Compreender o regime jurídico de um tema é compreender como o conjunto normativo ordena juridicamente determinado assunto. O professor Márcio Cammarosano, em obra de referência, afirma que "o direito, justo ou injusto, só existe como ordem normativa em que seja possível às pessoas a ela submetidas prever, com um mínimo de segurança, as possíveis consequências do seu comportamento"[114].

O doutrinador leciona ainda que o direito brasileiro, globalmente considerado, compõe um sistema. Este sistema maior compreende subsistemas. Aduz que o regime jurídico ou sistema jurídico são expressões sinônimas, e que por sistema se entende, na síntese admirável de Geraldo Ataliba, "composição de elementos sob perspectiva unitária"[115].

Nesta senda, o regime jurídico do controle das contratações públicas compreende uma relação de unidade e coerência que estabelece o modo como o direito tratará as questões que lhe são inerentes, isto é, a perspectiva unitária deste. O exercício do controle nesta matéria apresenta-se como um corpo sistemático e harmônico de enunciados verdadeiros, dotados de um sentido operacional que visam o estudo e aplicação metódica do conhecimento especializado, tal como ocorre com as contratações públicas. São, portanto, subsistemas que compõem um regime jurídico próprio dotado de regras e princípios específicos.

É como pensa Jacoby Fernandes, ao afirmar que sobre a atividade de controle "poderíamos postular por um ramo autônomo do conhecimento, função

---

[114] CAMMAROSANO, Márcio. Ainda há sentindo em se falar em regime jurídico administrativo? In: MOTTA, Fabrício Macedo; GABARDO, Emerson. **Crise e Reformas Legislativas na agenda do Direito Administrativo.** Belo Horizonte: Ed. Fórum, 2018, p.141-151.
[115] ATALIBA, Geraldo. **Sistema Constitucional Tributário Brasileiro**, São Paulo: Ed. RT, 1968, p.4. *Apud* BANDEIRA DE MELO, Celso Antônio. **Curso de direito administrativo**. São Paulo: Malheiros, 2019, p. 55.

autônoma que se insere em vários outros ramos da ciência, sem perder a própria identidade, vez que possui método próprio"[116].

Se a compreensão do regime jurídico acerca de um tema é tarefa de primeira ordem aos aplicadores do direito, certamente, ainda mais relevante quando abordamos a função administrativa: é que, como já tivemos oportunidade de verificar no capítulo anterior, na clássica definição de Miguel de Seabra Fagundes de que "administrar é aplicar a lei de ofício"[117], a observância às normas legais pela Administração Pública é medida imposta pela Constituição – de suma relevância, portanto, ao contrário das relações privadas[118]. O vínculo operacional imediato entre administrar e a lei, demonstra que a Administração, portanto, só pode operar debaixo da lei.

Essa noção de estreita observância às normas legais ou deferência ao princípio da legalidade deve ser compreendida em seu sentido amplo, isto é, com a observância a todo corpo sistemático e harmônico – ao regime jurídico, que, além do regramento constitucional, abrange ainda leis e outras normas infralegais. Ou, nas palavras de Georges Abboud: "A vinculação da Administração não é mais apenas em relação à legalidade, mas, sim, a um bloco de legalidade dentro do qual possui especial destaque o texto constitucional"[119]. Ou ainda, nas palavras de Canotilho, "a reserva vertical da lei foi substituída por uma reserva vertical da Constituição"[120]. É o que a doutrina tem intitulado de juridicidade que além de

---

[116] O doutrinador considera em sua afirmação as assertivas de dois importantes autores: BRANDÃO, Yulo. O problema do conhecimento e a sua exata posição. **Revista Brasileira de Finanças**. São Paulo, fasc. 105, p. 92-8, 1968; FERRAZ Jr., Tércio Sampaio. **A Ciência do Direito**. São Paulo: Atlas, 1977, p. 10-11, In: FERNANDES, Jorge Ulisses Jacoby. Op. Cit, p. 44.

[117] FAGUNDES, Miguel Seabra. **O controle dos atos administrativos pelo poder judiciário**. 7ª ed. Rio de Janeiro: Forense, 2005, p. 3.

[118] Vigora no âmbito das relações privadas o princípio da autonomia da vontade ou, conforme ensinamento de Celso Antônio Bandeira de Mello, quando afirma que, "ao contrário dos particulares, os quais podem fazer tudo o que a lei não proíbe, a Administração só pode fazer o que a lei antecipadamente autorize. Donde, administrar é prover aos interesses públicos, assim caracterizados em lei, fazendo-o na conformidade dos meios e formas nela estabelecidos ou particularizados segundo suas disposições. Segue-se que a atividade administrativa consiste na produção de decisões e comportamentos que, na formação escalonada do Direito, agregam níveis maiores de concreção ao que já se contém abstratamente nas leis" in BANDEIRA DE MELO, Celso Antônio. **Curso de direito administrativo**. São Paulo: Malheiros, 2019, p. 93. No mesmo sentido entende Hely Lopes Meirelles.

[119] ABBOUD, Georges. **Discricionariedade administrativa e judicial**: o ato administrativo e a decisão judicial. São Paulo, Revista dos Tribunais, 2014, p. 191.

[120] CANOTILHO, José Joaquim Gomes. **Direito Constitucional e Teoria da Constituição**. 7ª ed. Coimbra: Almedina, 2003, p. 840.

abranger a conformidade dos atos com as regras jurídicas, exige "que sua produção (a desses atos) observe – não contrarie – os princípios gerais de Direito previstos explícita ou implicitamente na Constituição"[121].

Como regime ou sistema, esse bloco de legalidade compreende como núcleo a Constituição Federal e, numa alusão ao sistema solar, as demais normas legais e infralegais são os corpos celestes que orbitam a Constituição, estas últimas concebidas como atos normativos secundários que, assim como os atos legislativos, integram o ordenamento jurídico. Forçoso destacar que, para a unicidade do regime, é vital a compatibilidade das normas e o respeito à hierarquia entre elas[122], por isso a necessidade de harmonia e coesão do regime jurídico.

Acerca do método próprio, é evidente que, pelas questões abordadas no capítulo anterior, em especial, pelas competências outorgadas pela Constituição, tanto o Tribunal de Contas quanto a função administrativa possuem método específico, próprio, que não é vislumbrado no exercício de outras funções e outros órgãos de controle.

Desta feita, compreendido como regime jurídico que possui método próprio, coeso e harmônico, passaremos à sua análise, iniciando pela Constituição Federal, norma que constitui o fundamento último de validade das demais.

2.1. Constituição Federal

A opção pelo regime jurídico do controle das licitações públicas pelo TCU advém da Constituição, conforme abordamos no item 1.3. São dois temas de grande relevo constitucional na medida em que o legislador constituinte cuidou de forma acurada de estabelecer as competências do TCU, em seus arts. 71 a 73, ao passo que, em seu art. 37, inc. XXI, foram estabelecidas a forma como o Estado deve realizar suas contratações, bem como os princípios a que se submete a Administração Pública.

À vista disso, sempre que questionamentos surgirem sobre as competências do controle exercido pelo Tribunal de Contas, em matéria de licitações públicas, é no texto constitucional que encontraremos o respaldo para as soluções. Ou, nos

---

[121] MORAES, Germana de Oliveira. **Controle Jurisdicional da Administração Pública**, 1ª ed., São Paulo: Dialética, 1999, p. 24. In: GARCIA, Emerson. op. cit. p. 1.
[122] CAMMAROSANO, Márcio. Op. Cit.

ensinamentos de Juarez Freitas: "toda interpretação jurídica há de ser, de algum modo, interpretação constitucional, dado que é na Lei maior que se encontram hierarquizados os princípios que servem de fundamento à racionalidade mesma do ordenamento jurídico"[123].

Essa compreensão do papel da Constituição como núcleo concreto e real da atividade do Estado perpassa um fenômeno posto pela doutrina como a "constitucionalização do direito administrativo"[124] advindo do fortalecimento dos direitos fundamentais e dos princípios e valores democráticos consagrados com o Estado Democrático de Direito, que determina que a atuação administrativa deve estar pautada na Constituição, cabendo ao Estado, nas palavras de Patricia Borba Vilar, ser um "ente garantidor das prerrogativas constitucionais de cada cidadão, respeitado assim, direitos e garantias e assumindo obrigações frente aos particulares"[125].

Além disso, as competências exercidas pelo TCU em matéria de licitações públicas dão-se por meio da aplicação de normas jurídicas – o que atrai o caráter

---

[123] FREITAS, Juarez. **A interpretação sistemática do direito**. Imprensa: São Paulo, Malheiros, 2010. p. 150.

[124] A ideia de constitucionalização do direito administrativo é a de que a compreensão de que "Administrar é aplicar a lei de ofício" deve ser ampliada para compreender a Constituição, seus princípios e regras e, ainda, que cabe ao Estado zelar pelos direitos e garantias fundamentais no exercício de suas atividades. Não há mais a dependência da *interpositio legislatoris*, a Constituição passa a ser vista como norma diretamente habilitadora da competência administrativa e como critério imediato de fundamentação e legitimação da decisão administrativa. Os valores, os fins públicos e os comportamentos contemplados nos princípios e regras da Constituição passam a condicionar a validade e o sentido de todas as normas do direito infraconstitucional. De forma suscinta é este o pensamento de Maria Sylvia di Pietro e Roberto Barroso, nas obras: DI PIETRO, Maria Sylvia Zanella. **Da constitucionalização do direito administrativo: reflexos sobre o princípio da legalidade e a discricionariedade administrativa**. Atualidades Jurídicas – Revista do Conselho Federal da Ordem dos Advogados do Brasil, Belo Horizonte, ano 2, n. 2, jan./jun. 2012. Disponível em: <http://www.bidforum.com.br/bid/PDI0006.aspx?pdiCntd=80131>. Acesso em: 16 mai. 2021. BARROSO, Luís Roberto. A constitucionalização do direito e suas repercussões no âmbito administrativo. In: ARAGÃO, Alexandre Santos de; MARQUES NETO, Floriano de Azevedo (Coord.). **Direito administrativo e seus novos paradigmas**. Belo Horizonte: Fórum, 2012, p. 31-63. Disponível em: <https://www.editoraforum.com.br/wp-content/uploads/2014/09/A-constitucionalizacao_LuisRobertoBarroso.pdf>. Acesso em: 16 mai. 2021.

[125] GUIMARÃES, Patrícia Borba Vilar, FREITAS, Marcyo Keveny de Lima Freitas. A constitucionalização do direito administrativo brasileiro sob uma visão neoconstitucionalista. **Revista Digital Constituição e Garantia de Direitos**. Periódico semestral vinculado ao Programa de Pós-Graduação em Direito / Centro de Ciências Sociais Aplicadas da Universidade Federal do Rio Grande do Norte (UFRN), Natal, Brasil. vol. 11, nº 2, 2019, p. 282.

processual de sua condução – tema que abordaremos no item 2.4, que, por conseguinte, também por força de regramento constitucional, atrai princípios e regras específicos cuja observância é comum tanto na esfera judicial quanto nos processos de contas, entre os quais cumpre destacar:

a) observância dos princípios da legalidade, impessoalidade, moralidade, publicidade e eficiência (art. 37, caput), em relação à prática de atos administrativos;

b) observância dos princípios do devido processo legal, do contraditório e da ampla defesa, com os meios e recursos a ele inerentes (art. 5º, LV), abrangendo a inadmissibilidade de provas obtidas por meios ilícitos (art. 5º, LVI), em relação ao desenvolvimento dos processos;

c) caráter personalíssimo das sanções, só por exceção é que pode a obrigação de reparar o dano e a decretação do perdimento de bens ser, nos termos da lei, estendidas aos sucessores e contra eles executadas, até o limite do valor do patrimônio transferido (art. 5º, XLV); e

d) ênfase na eficiência, a garantia da razoável duração do processo e dos meios que garantam a celeridade de sua tramitação (art. 5º, LXXVIII).

É claro que existem outros princípios e regras postos pela Constituição que aplicam-se a este regime jurídico, o que se propõe aqui obtemperar é que a própria Constituição prevê uma série de garantias e que cabe ao Estado zelar por estas. Trata-se, assim, de verdadeiros deveres-poderes[126], e são fundamento de validade para a prática de todos os atos objeto desse estudo, independentemente da interposição do legislador ordinário, podendo, inclusive, se sobrepor à lei. Acerca desta última afirmação, nos valemos da suscinta explanação do Ministro Luís Barroso, ao analisar o processo de interpretação conforme a Constituição:

> 1) Trata-se da escolha de uma interpretação da norma legal que a mantenha em harmonia com a Constituição, em meio a outra ou a outras possibilidades interpretativas que o preceito admita. 2) Tal interpretação busca encontrar um sentido possível para a norma, que não é o que mais evidentemente resulta da leitura de seu texto. 3) Além da eleição de uma linha de interpretação,

---

[126] Expressão utilizado por Celso Antônio Bandeira de Mello. In: BANDEIRA DE MELLO, Celso Antônio. **O conteúdo do regime jurídico-administrativo e seu valor metodológico**. Revista de Direito Público, São Paulo, Revista dos Tribunais, v. 2, p. 48, 1967.

procede-se à exclusão expressa de outra ou outras interpretações possíveis, que conduziriam a resultado contrastante com a Constituição. 4) Por via de conseqüência, a interpretação conforme a Constituição não é mero preceito hermenêutico, mas, também, um mecanismo de controle pelo qual se declara ilegítima uma determinada leitura da norma legal.[127]

Deste modo, para o referido autor, antes de aplicar a norma, o intérprete deverá verificar se ela é compatível com a Constituição, porque, se não o for, não deverá fazê-la incidir. Esta operação está sempre presente no raciocínio do operador do direito, ainda que não seja por ele explicitada.

Feitos esses breves comentários acerca da importância da Constituição como norma fundamental da atividade de controle das contratações públicas, passa-se à análise das principais leis que regem a matéria.

2.2. Lei de Introdução às Normas do Direito Brasileiro - LINDB

A Lei de Introdução às Normas do Direito Brasileiro – LINDB vigora em nosso ordenamento jurídico, desde 1942, muito antes da promulgação da atual Constituição Federal, no entanto, ganhou maior relevância para o tema aqui destinado, com as alterações advindas da Lei nº 13.655/2018[128]. Isso porque, referida norma legal, foi a primeira e talvez a única em âmbito federal[129], que expressamente, previu a observância de suas disposições nos "processos de controle", uma vez que, conforme verificado no item 1.3., o processo conduzido pelo órgão de controle possui especificidades que o distingue do rito administrativo ou judiciário[130].

É possível afirmar, portanto, que essa lei é a "certidão de nascimento" dessa categoria *sui generis*, desse tipo de processo, pois é a primeira lei que reconhece expressamente essa categoria.

---

[127] BARROSO, Luís Roberto. **Interpretação e aplicação das normas da Constituição**. São Paulo: Editora Saraiva, 7ª edição, 2009, p. 189.
[128] BRASIL. Lei nº 13.655, de 2018. Inclui no Decreto-Lei nº 4.657, de 4 de setembro de 1942 (Lei de Introdução às Normas do Direito Brasileiro), disposições sobre segurança jurídica e eficiência na criação e na aplicação do direito público.
[129] Até a finalização deste trabalho não foi verificada outra norma federal que expressamente utilize a nomenclatura "processos de controle".
[130] O tema será abordado no item 2.4.

Além dessa inovação, as modificações recentes da LINDB trouxeram balizas inéditas para o julgamento e análise dos atos administrativos. Cumpre ressaltar que houve tentativas de afastar a aplicação da lei, para os processos de controle, além de duras críticas[131] acerca de suas finalidades.

Uma das principais críticas diz respeito à baixa densidade normativa e alta densidade axiológica da Lei, que é facilmente combatida quando compreendemos que, como Lei Introdutória[132], objetiva formar uma espécie de cobertura, estabelecendo regras para a aplicação de outras leis, de modo a manter uma unidade razoável de interpretação. Ou, nas palavras do professor Floriano de Azevedo Marques Neto, trata-se de uma meta-norma, ou seja, uma "norma que orienta a aplicação das outras normas jurídicas"[133].

De nada adianta estabelecer normas positivadas se a sua interpretação e aplicação não obedecer a uma certa higidez de critérios, o que cuidou esta norma.

Na visão de Juliana Palma, as alterações advindas da Lei nº 13.655/2018, na LINDB, tem destinatário certo e mira em uma visão menos idealizada do controle administrativo, reconhecendo que existem muitos abusos por parte de quem fiscaliza a gestão pública. Não sem motivo, a referida lei sofre tantas críticas e ataques dos controladores, dentre outros motivos pelo receio de "perderem seu amplíssimo espaço decisório construído desde a promulgação da Constituição Federal, que conferiu prerrogativas inéditas às instituições controladoras"[134].

---

[131] Cita-se como exemplo desses críticos, as Associação Nacional dos Magistrados da Justiça do Trabalho (ANAMATRA), a Associação dos Juízes Federais do Brasil (AJUFE), a Associação Nacional dos Procuradores do Trabalho (ANPT), a Associação Nacional dos Procuradores da República (ANPR), a Associação Nacional dos Membros do Ministério Público (CONAMP) e o Sindicato Nacional dos Auditores Fiscais do Trabalho (SINAIT) que elaboraram o ofício ANAMATRA nº 219/2018 solicitando o veto ao então projeto de lei. Disponível em: <https://www.conjur.com.br/dl/oficio-associacoes-nacionais-veto.pdf>. Acesso em: 27 nov. 2020.

[132] Servimo-nos das lições de Miguel Maria ao tratar da lei de introdução ao Código Civil in SERPA LOPES, Miguel Maria de. **Comentários a lei de introdução ao Código Civil Brasileiro.** Rio de Janeiro: Freitas Bastos, 1959, p. 7.

[133] MARQUES NETO, Floriano de Azevedo. Art. 23 da LINDB – O equilíbrio entre mudança e previsibilidade na hermenêutica jurídica. **Revista de Direito Administrativo**, Rio de Janeiro, p. 93-112, nov. 2018.

[134] PALMA, Juliana. A proposta de lei da segurança jurídica na gestão e do controle público e as pesquisas acadêmicas. 2018. Disponível em:
http://www.sbdp.org.br/wp/wpcontent/uploads/2019/06/LINDB.pdf. Acesso em: 16 mai. 2021.

Coadunando dessa visão, o TCU classificou o projeto de lei da norma como "profundamente preocupante, de cunho fortemente desfavorável aos órgãos de controle" [135] e, de início, buscou afastar a aplicação da Lei, nos casos de responsabilidade financeira por débito, inclusive, nos casos de dolo ou culpa[136], recentemente, no entanto, o Tribunal tem adotado alguns preceitos da LINDB em seus processos[137].

A questão parece ter sido superada com o advento da Lei nº 14.133/2021, que abordaremos a seguir, na medida em que expressamente previu a submissão à LINDB, em matéria de contratações públicas.

Dentre os principais comandos legais relevantes para o processo de controle das contratações públicas, destacamos os seguintes:

a) art. 4º: determina que quando a lei for omissa, o juiz decidirá o caso de acordo com a analogia, os costumes e os princípios gerais de direito, reforçando a necessidade de observância aos princípios;

b) art. 20: determina que não se decidirá com base em valores jurídicos abstratos sem que sejam consideradas as consequências práticas da decisão;

c) art. 21: determina que a decisão que decretar a invalidação de ato, contrato, ajuste, processo ou norma administrativa deverá indicar de modo expresso suas consequências jurídicas e administrativas;

d) art. 22: determina que, na interpretação de normas sobre gestão pública, serão considerados os obstáculos e as dificuldades reais do gestor e, de que, na aplicação de sanções, serão consideradas a natureza e a gravidade da infração cometida, os danos que dela provierem para a administração pública, as circunstâncias agravantes ou atenuantes e os antecedentes do agente;

---

[135] Parecer sobre o PL 7448/2017, em face do parecer-resposta dos autores do PL e de outros juristas, expedido no âmbito do TC 012.028/2018-5. Disponível em <https://portal.tcu.gov.br/lumis/portal/file/fileDownload.jsp?fileId=8A81881F62B15ED20162F95CC94B5BA4&inline=1>. Acesso em: 30 jan. 2021.
[136] Neste sentido: Acórdão 2.391/2018 - Plenário, de Relatoria do Ministro Benjamin Zymler e o Acórdão 2.621/2019 - Plenário.
[137] Defendendo a aplicação da LINDB e utilizando-a como fundamento, podemos citar os acórdãos nº 2462/2018, nº 1746/2018 e nº 1628/2018.

e) art. 23: a decisão que estabelecer interpretação ou orientação nova sobre norma de conteúdo indeterminado, impondo novo dever ou novo condicionamento de direito, deverá prever regime de transição;

f) art. 26: que trata da possibilidade de celebrar acordo para eliminar irregularidade, incerteza jurídica ou situação contenciosa;

g) art. 27: aborda a possibilidade de compensação por benefícios indevidos ou prejuízos anormais ou injustos resultantes do processo ou da conduta dos envolvidos;

h) art. 28: determina que o agente público só responderá pessoalmente por suas decisões ou opiniões técnicas em caso de dolo ou erro grosseiro;

i) art. 29: trata da possibilidade de prévia consulta quando da edição de atos normativos; e

j) art. 30: determina que as autoridades públicas devem atuar para aumentar a segurança jurídica na aplicação das normas, inclusive, por meio de regulamentos, súmulas administrativas e respostas a consulta.

Além disso, o Decreto nº 9.830/2019, que regulamentou as alterações oriundas da Lei nº 13.655/2018, complementa pontos específicos da Lei como a tomada de decisão, a responsabilidade do agente público e a segurança jurídica na aplicação de normas.

A norma é vista pela doutrina de escol[138] como um importante instrumento para orientar a tomada de decisões, zelando pela segurança jurídica e valorizando a atuação do agente público probo.

2.3. Lei de Licitações e Contratações Administrativas

Como lei condutora das Licitações e Contratações Públicas, a Lei nº 14.133/2021 compõe o regime jurídico do controle das contratações públicas, na medida que o controle de legalidade dos atos praticados no âmbito dos processos licitatórios e das contratações submete-se a verificação da concordância com este diploma.

---

[138] Advogam neste sentido: Márcio Cammarosano, Floriano de Azevedo Marques Neto, Carlos Ari Sundfeld, Kelly Ribeiro Felix de Souza, Douglas da Silva Oliveira, Juliana Bonacorsi Palma, Rafael Véras de Freitas, Eduardo Jordão, Marçal Justen Filho, Egon Bockmann Moreira, Paula Pessoa Pereira, Vera Monteiro, Gustavo Binenbojm, Jorge Ulisses Jacoby Fernandes, entre outros.

Imperioso destacar que, à época deste estudo, vigora também, ainda em nosso ordenamento, a Lei nº 8.666/1993, é o chamado de regime de transição – o que significa que ambas as leis sobre o mesmo tema vigoraram em concorrência por dois anos. Na mesma linha, vigoram por dois anos a Lei nº 10.520/2002 e a Lei do RDC[139].

É necessário ter presente que outras normas sobre contratações públicas se encontram em vigor em nosso ordenamento[140], mas a escolha pela Lei nº 14.133/2021 dá-se em razão da atualidade e da ampla temática que aborda e da expressa previsão da atuação dos órgãos de controle.

Na linha da redação anterior, a Lei nº 14.133/2021 busca conceber procedimentos para o tratamento isonômico na seleção da proposta mais vantajosa para a Administração Pública, mas avança no uso de meios mais tecnológicos para a condução do certame e a busca de uma relação mais "horizontal" com os contratados.

Perceba, portanto, que a referida lei é norma chave para o exercício do controle nas contratações públicas. É certo que existem outras inovações com relação ao diploma legal, mas para este estudo, destacam-se as seguintes:

a) na aplicação da Lei deverão ser observados 22 princípios[141];

b) a Lei foi minuciosa em descrever os procedimentos para a contratação pública; quando não o fez, estabeleceu que deve ser editado regulamento próprio do ente ou órgão para procedimentalizar a atuação;

c) a expressa submissão à LINDB; e

---

[139] Art. 191. Até o decurso do prazo de que trata o inciso II do caput do art. 193, a Administração poderá optar por licitar ou contratar diretamente de acordo com esta Lei ou de acordo com as leis citadas no referido inciso, e a opção escolhida deverá ser indicada expressamente no edital ou no aviso ou instrumento de contratação direta, vedada a aplicação combinada desta Lei com as citadas no referido inciso.

[140] A exemplo das Lei nº 8.987, de 13 de fevereiro de 1995, a Lei nº 11.079, de 30 de dezembro de 2004, e a Lei nº 12.232, de 29 de abril de 2010.

[141] Art. 5º Na aplicação desta Lei, serão observados os princípios da legalidade, da impessoalidade, da moralidade, da publicidade, da eficiência, do interesse público, da probidade administrativa, da igualdade, do planejamento, da transparência, da eficácia, da segregação de funções, da motivação, da vinculação ao edital, do julgamento objetivo, da segurança jurídica, da razoabilidade, da competitividade, da proporcionalidade, da celeridade, da economicidade e do desenvolvimento nacional sustentável, assim como as disposições do Decreto-Lei nº 4.657, de 4 de setembro de 1942 (Lei de Introdução às Normas do Direito Brasileiro).

d) definiu um capítulo próprio dedicado ao exercício do controle das contratações públicas.

Acerca da alínea d), o capítulo próprio para o controle das licitações e contratações, contém quatro artigos[142], os quais abordaremos no tópico seguinte.

Cumpre registrar que existe divergência de entendimentos acerca da possibilidade de criar obrigações aos órgãos de controle por meio de lei que trate de licitações e contratos, para, por exemplo, definir procedimentos para o Tribunal de Contas.

Sobre este assunto, ressalvado o art. 173 que trataremos adiante, nos recorrendo do que foi exposto até o momento, acerca do regime jurídico, entendemos que as críticas não merecem prosperar, pelos seguintes motivos: a) o tema "controle das licitações" guarda pertinência com o procedimento da licitação; b) o controle das licitações é realizado por mais de um ator; c) as disposições se harmonizam com a Constituição Federal e com outras normas vigentes, à exemplo da LINDB.

a) Controle preventivo e linhas de defesa

O extenso art. 169 da Lei nº 14.133/2021[143] dispõe acerca da necessidade de estabelecer práticas de gestão de riscos e de controle preventivo, inclusive,

---

[142] Na redação original eram cinco artigos, o Poder Executivo decidiu por vetar o art. 172.

[143] Art. 169. As contratações públicas deverão submeter-se a práticas contínuas e permanentes de gestão de riscos e de controle preventivo, inclusive mediante adoção de recursos de tecnologia da informação, e, além de estar subordinadas ao controle social, sujeitar-se-ão às seguintes linhas de defesa:
I - primeira linha de defesa, integrada por servidores e empregados públicos, agentes de licitação e autoridades que atuam na estrutura de governança do órgão ou entidade;
II - segunda linha de defesa, integrada pelas unidades de assessoramento jurídico e de controle interno do próprio órgão ou entidade;
III - terceira linha de defesa, integrada pelo órgão central de controle interno da Administração e pelo tribunal de contas.
§ 1º Na forma de regulamento, a implementação das práticas a que se refere o caput deste artigo será de responsabilidade da alta administração do órgão ou entidade e levará em consideração os custos e os benefícios decorrentes de sua implementação, optando-se pelas medidas que promovam relações íntegras e confiáveis, com segurança jurídica para todos os envolvidos, e que produzam o resultado mais vantajoso para a Administração, com eficiência, eficácia e efetividade nas contratações públicas.

mediante adoção de recursos de tecnologia da informação, e, além de estar subordinada ao controle social, sujeita-se a três linhas de defesa: dos servidores, agentes de licitação e autoridades do órgão; da assessoria jurídica e do controle interno do órgão; do controle interno central da Administração e do Tribunal de Contas.

Esse conceito de três linhas de defesa foi inspirado na metodologia adotada para gestão de riscos e controle interno defendida pelo IIA[144], por meio de uma Declaração de Posicionamento no Gerenciamento de Riscos e Controle Eficazes. A metodologia também é recomendada aos órgãos do Poder Executivo Federal pelo Ministério do Planejamento, Orçamento e Gestão e pela Controladoria-Geral da União[145]. Cumpre destacar que o conceito de três linhas de defesa foi atualizado pelo próprio IIA[146] para suprimir a defesa passando a chamar de três linhas, na medida em que entendem não ser propriamente defesas, mas propriamente, avaliações.

Para Marçal Justen Filho[147] as disposições deste artigo promovem uma atualização das concepções sobre o controle da atividade administrativa

---

§ 2º Para a realização de suas atividades, os órgãos de controle deverão ter acesso irrestrito aos documentos e às informações necessárias à realização dos trabalhos, inclusive aos documentos classificados pelo órgão ou entidade nos termos da Lei nº 12.527, de 18 de novembro de 2011, e o órgão de controle com o qual foi compartilhada eventual informação sigilosa tornar-seá corresponsável pela manutenção do seu sigilo.
§ 3º Os integrantes das linhas de defesa a que se referem os incisos I, II e III do caput deste artigo observarão o seguinte:
I - quando constatarem simples impropriedade formal, adotarão medidas para o seu saneamento e para a mitigação de riscos de sua nova ocorrência, preferencialmente com o aperfeiçoamento dos controles preventivos e com a capacitação dos agentes públicos responsáveis;
II - quando constatarem irregularidade que configure dano à Administração, sem prejuízo das medidas previstas no inciso I deste § 3º, adotarão as providências necessárias para a apuração das infrações administrativas, observadas a segregação de funções e a necessidade de individualização das condutas, bem como remeterão ao Ministério Público competente cópias dos documentos cabíveis para a apuração dos ilícitos de sua competência.
[144] Declaração de Posicionamento do Institute of Internal Auditors - IIA, As Três Linhas de Defesa no Gerenciamento de Riscos e Controle Eficazes.
[145] Instrução Normativa Conjunta 1/2016, editada pelo Ministério do Planejamento, Orçamento e Gestão e pela Controladoria-Geral da União.
[146] Novo modelo das Três Linhas do IIA 2020. Disponível em: https://iiabrasil.org.br/korbilload/upl/editorHTML/uploadDireto/20200758glob-th-editorHTML-00000013-20072020131817.pdf Acesso em: 21 de outubro de 2021.
[147] JUSTEN FILHO. Marçal. Op. Cit.

contratual, pois superam a orientação ultrapassada de que o controle era uma atividade dissociada da dinâmica da atividade administrativa. A Lei nº 14.133/2021 adotou concepção dinâmica e articulada sobre o controle, caracterizada pela afirmação da integração das atividades administrativas e a observância de práticas do controle.

Reconhece a necessidade de controle institucionalizado de modo permanente e contínuo, como uma dimensão insuprimível do exercício das competências administrativas. Isso significa a articulação funcional, entre os órgãos de controle e os exercentes da atividade administrativa propriamente dita.

O art. 168 também prioriza o controle preventivo em relação ao repressivo; é dizer: reclama-se a existência de uma série de metas, de procedimentos e de estruturas permanentes para se tentar evitar a prática de ilícitos nas aquisições feitas pelos entes estatais.

Ademais, incumbe à autoridade avaliar a viabilidade de implantação dos mecanismos e soluções viáveis, à luz do princípio da eficiência.

b) Forma de exercer a fiscalização dos atos

O art. 170 da Lei nº 14.133/2021[148] estabelece os critérios e parâmetros para a fiscalização exercida pelos órgãos de controle, donde os resultados obtidos com a contratação devam ser sopesados na análise do órgão, bem como, a relevância da contratação e razões apresentadas pelo órgão.

Perceba que o dispositivo está em perfeita consonância com a LINDB na medida em que o art. 22, deste diploma legal estabelece a necessidade de observância da consequência prática do ato, tal com os resultados obtidos. Para

---

[148] Art. 170. Os órgãos de controle adotarão, na fiscalização dos atos previstos nesta Lei, critérios de oportunidade, materialidade, relevância e risco e considerarão as razões apresentadas pelos órgãos e entidades responsáveis e os resultados obtidos com a contratação, observado o disposto no § 3º do art. 169 desta Lei.
§ 1º As razões apresentadas pelos órgãos e entidades responsáveis deverão ser encaminhadas aos órgãos de controle até a conclusão da fase de instrução do processo e não poderão ser desentranhadas dos autos.
§ 2º A omissão na prestação das informações não impedirá as deliberações dos órgãos de controle nem retardará a aplicação de qualquer de seus prazos de tramitação e de deliberação.
§ 3º Os órgãos de controle desconsiderarão os documentos impertinentes, meramente protelatórios ou de nenhum interesse para o esclarecimento dos fatos.

Marçal Justen Filho[149] este dispositivo reforça a autonomia sobre o mérito dos atos administrativos.

Além disso, o §4º deste dispositivo, mantendo a redação anterior, prevista na Lei nº 8.666/1993, art. 113, dispõe sobre a possibilidade de qualquer licitante, contratado ou pessoa física ou jurídica representar aos órgãos de controle interno ou ao Tribunal de Contas competente contra irregularidades na aplicação da Lei[150].

c) Critérios a serem observados na fiscalização de controle e poder de cautela

O art. 171[151] estabelece parâmetros genéricos da atuação fiscalizatória. Trata-se de um reforço positivo de disposições, já inseridas na LINDB e que poderiam

---

[149] JUSTEN FILHO, Marçal. **Comentários à Lei de Licitações e Contratações Administrativas**. 1ª. ed. São Paulo: Thomson Reuters, 2021, p. 1.690-1.699.

[150] Este tema será objeto de análise no próximo capítulo – meios de fiscalização das contratações públicas.

[151] Art. 171. Na fiscalização de controle será observado o seguinte:
I - viabilização de oportunidade de manifestação aos gestores sobre possíveis propostas de encaminhamento que terão impacto significativo nas rotinas de trabalho dos órgãos e entidades fiscalizados, a fim de que eles disponibilizem subsídios para avaliação prévia da relação entre custo e benefício dessas possíveis proposições;
II - adoção de procedimentos objetivos e imparciais e elaboração de relatórios tecnicamente fundamentados, baseados exclusivamente nas evidências obtidas e organizados de acordo com as normas de auditoria do respectivo órgão de controle, de modo a evitar que interesses pessoais e interpretações tendenciosas interfiram na apresentação e no tratamento dos fatos levantados;
§ 1º Ao suspender cautelarmente o processo licitatório, o tribunal de contas deverá pronunciar-se definitivamente sobre o mérito da irregularidade que tenha dado causa à suspensão no prazo de 25 (vinte e cinco) dias úteis, contado da data do recebimento das informações a que se refere o § 2º deste artigo, prorrogável por igual período uma única vez, e definirá objetivamente:
I - as causas da ordem de suspensão;
II - o modo como será garantido o atendimento do interesse público obstado pela suspensão da licitação, no caso de objetos essenciais ou de contratação por emergência.
§ 2º Ao ser intimado da ordem de suspensão do processo licitatório, o órgão ou entidade deverá, no prazo de 10 (dez) dias úteis, admitida a prorrogação:
I - informar as medidas adotadas para cumprimento da decisão;
II - prestar todas as informações cabíveis;
III - proceder à apuração de responsabilidade, se for o caso.

ser extraídas dos princípios da eficácia, economicidade, razoabilidade, isonomia e transparência. Para Ronny Charles, trata-se de prescrição "despicienda e desnecessária"[152]. Para o autor seria incogitável, ao menos no plano teórico, admitir que um Tribunal de Contas atuasse de forma contrária, "com procedimentos subjetivos e parciais, relatório fundamentados não tecnicamente e afetados por interesses pessoais e interpretações tendenciosas"[153]. Entendemos, no entanto, que este reforço é bem-vindo, pela máxima de que "o óbvio às vezes precisa ser dito", até porque, como já tivemos oportunidade de verificar, nem sempre esses ditames são respeitados no desempenho da fiscalização pelos órgãos de controle.

Além disso, o §1º do dispositivo consagra especificamente o poder de cautela do Tribunal de Contas para suspender procedimento licitatório e estabelece prazo para o Tribunal se pronunciar sobre o mérito da questão, o que é louvável na medida em que atualmente, comumente, o Tribunal não age com a celeridade necessária para que não haja efeitos negativos, à luz do interesse público na paralisação da licitação.

A crítica à redação é acerca da ausência dos efeitos jurídicos decorrentes de eventual omissão do Tribunal de Contas ou de extrapolação desse prazo. Às vezes, a paralização é mais nociva do que a irregularidade que se quer combater.

d) Caráter pedagógico do controle x capacitação

O art. 173[154] da Lei nº 14.133/2021 dispõe acerca do dever dos Tribunais de Contas promover eventos para capacitar os servidores e empregados públicos que desempenham funções essenciais à execução desta Lei.

---

§ 3º A decisão que examinar o mérito da medida cautelar a que se refere o § 1º deste artigo deverá definir as medidas necessárias e adequadas, em face das alternativas possíveis, para o saneamento do processo licitatório, ou determinar a sua anulação.
§ 4º O descumprimento do disposto no § 2º deste artigo ensejará a apuração de responsabilidade e a obrigação de reparação do prejuízo causado ao erário.
[152] TORRES Ronny Charles Lopes de. **Leis de licitações públicas comentadas**. 12ª edição. Imprensa: Salvador, JusPODIVM, 2021. p. 806-807.
[153] Ibidem.
[154] Eis o teor do art. 173: Os tribunais de contas deverão, por meio de suas escolas de contas, promover eventos de capacitação para os servidores efetivos e empregados públicos designados para o desempenho das funções essenciais à execução desta Lei, incluídos cursos presenciais e a distância, redes de aprendizagem, seminários e congressos sobre contratações públicas.

À primeira leitura, parece interessante que os órgãos de controle orientem seus jurisdicionados, na linha de que "quem fiscaliza também deve orientar"[155]. Ocorre que, nos recorrendo dos preceitos constitucionais e da concepção da função de controle, temos que:

1. a Constituição em nada dispôs sobre essa competência de promover eventos de capacitação;

2. o caráter pedagógico da função de controle não se pode limitar à capacitação; e

3. dentre as formas de aumentar a segurança jurídica, a LINDB[156] nada dispõe sobre a função de capacitar.

Ademais, soa questionável o legislador decidir por meio da lei de licitações impor um dever de capacitação ao TCU. Na visão de Marçal Justen Filho, "A atividade-fim dos Tribunais de Contas, se for viável adotar essa fórmula, não é promover treinamento"[157]. Perceba que o que se propugna não é a proibição de o Tribunal de Contas promover eventos de capacitação; é que não deve a Lei de Licitações impor dever ao Tribunal de promover tais eventos.

> Sobre a afirmação disposta na alínea b), a crença na capacidade do controle de orientar e do controlado de aprender é o que motiva o caráter pedagógico de sua atuação, mas isso não significa somente treinar, capacitar, é muito mais amplo: significa, à luz da LINDB, considerar, sobretudo, a estrutura organizacional sobre a qual incide sua atuação, bem como as dificuldades reais do gestor; é considerar as consequências práticas de sua decisão, é, ainda "a serenidade na garantia da defesa, o equilíbrio, a maturidade e a sabedoria no julgamento e a precisão na dosimetria da pena"[158].

---

[155] MACEDO, Alessandro Prazeres. **A nova Lei de Licitações e o capítulo "controle das contratações" na perspectiva dos Tribunais de Contas**. Jus.com.br, mai. 2021. Disponível em: <https://jus.com.br/artigos/90469/a-nova-lei-de-licitacoes-e-o-capitulo-controle-das-contratacoes-na-perspectiva-dos-tribunais-de-contas>. Acesso em: 25 jul. 2021.

[156] Art. 30 As autoridades públicas devem atuar para aumentar a segurança jurídica na aplicação das normas, inclusive por meio de regulamentos, súmulas administrativas e respostas a consultas. Parágrafo único. Os instrumentos previstos no caput deste artigo terão caráter vinculante em relação ao órgão ou entidade a que se destinam, até ulterior revisão".

[157] JUSTEN FILHO, Marçal. **Comentários à Lei de Licitações e Contratações Administrativas**. 1. ed. São Paulo: Thomson Reuters, 2021, p. 1714.

[158] FERNANDES, Jorge Ulisses Jacoby. Op. Cit.

Feitos esses breves comentários sobre a Lei nº 14.133/2021 e compreendida a relevância da norma, passaremos ao estudo das normas que regem o processo de controle pelo TCU.

2.4. Leis que regulam o processo de controle das contratações públicas

Para compreender quais leis regem o processo de controle externo, é necessário tecer comentários sobre a natureza desse processo. É que como exposto no item 1.3., a própria natureza jurídica dos Tribunais de Contas é um tema que comporta divergências, por conseguinte, da mesma forma, ocorre com seu processo.

Nessa compreensão, o TCU exerce o controle sobre as contratações públicas federais e o faz por meio de algumas espécies de processos, na forma de sua Lei Orgânica. Sobre a questão de ser efetivamente um processo, Odete Medauar[159] destaca que, a partir dos anos 20, do século XX, começa a nascer a ideia de que a processualidade está ligada à atuação dos três Poderes do Estado. Segundo a jurista, a processualidade ampla é defendida tanto por processualistas[160] como por administrativistas[161].

Já tivemos oportunidade de verificar que as competências do Tribunal de Contas de processar e julgar o diferenciam do Judiciário, pois pode agir de ofício. Também não pode ser colocado na mesma senda dos processos administrativos comuns, nos valendo novamente das lições do Ministro Carlos Ayres Britto, no sentido da existência de um autêntico processo de contas:

> Bem, então os Tribunais de Contas são órgãos de estatura constitucional elevadíssima. Eles não são órgãos administrativos

---

[159] MEDAUAR. Odete. **A processualidade no direito administrativo**. 2. ed. São Paulo: Revista dos Tribunais, 2008, p. 21.

[160] Carnelutti, no seu clássico livro "*Sistema Del diritto processuale civile*", afirma que o termo processo serve para indicar um método para a formação ou para a aplicação do direito que tende a garantir um resultado bom, isto é, uma tal regulação do conflito de interesses que consiga realmente a paz e, portanto, seja justa e certa; em outro trecho afirma que existe um ato processual e um procedimento processual, assim como existe um ato e um procedimento civil, comercial, administrativo, constitucional e assim por diante.

[161] No mesmo sentido, Celso Antônio Bandeira de Mello explica que o fenômeno processual existe quando o caminho que se percorre para chegar a ato constitui aplicação de uma norma jurídica que determina, em maior ou menor grau, não apenas a meta, mas também o próprio caminho, o qual, pelo objeto de sua normação, apresenta-se-nos como norma processual. Op, cit. p. 417.

como se diz ai, amiudadamente. E os processos dos Tribunais de Contas não são processos administrativos. Tudo nos Tribunais de Contas tem uma antologia, tem natureza, tem identidade inconfundível. Não há processo administrativo no âmbito dos Tribunais de Contas. É um processo de Contas. Não é processo parlamentar, não é processo jurisdicional, não é processo administrativo. É processo de Contas.[162]

No mesmo sentido, Demóstenes Tres Albuquerque entende possuírem os processos dos Tribunais de Contas de julgamento de contas, natureza jurídica distinta dos demais, observe:

> Os processos de contas diferenciam-se dos demais tipos de processo, basicamente, pelo tipo de atividade exercida pelo Tribunal. Por meio desta espécie processual, o TCU exerce sua função judicante. Julga as contas dos responsáveis por dinheiros, bens e valores públicos[163].

Essa natureza especial dos processos no âmbito do controle externo faz com que pairem dúvidas quanto à sua condução, especialmente, no tocante às garantias dos que se submetem a esse processo. Isso porque poderia defender a tese de que a Constituição Federal, ao prever em seu art. 5º, inciso LV, que aos litigantes, em processo judicial ou administrativo, e aos acusados em geral são assegurados o contraditório e ampla defesa, com os meios e recursos a ela inerentes, não abarcou os processos conduzidos pelo TCU, na medida que são processos especiais.

Entendemos que litigar nesta linha de raciocínio não soa razoável, não pode ser argumento plausível para afastar a observância do devido processo legal e do contraditório e ampla defesa – garantias fundamentais erigidas pela Constituição, simplesmente, pela ausência da nomenclatura própria. Vale lembrar que a tese de um processo próprio começou a ser difundida muito depois da promulgação da Constituição Federal. Além disso, Lima[164] entende que todo o direito individual

---

[162] BRITTO, Carlos Ayres. **O papel do novo Tribunal de Contas.** I Encontro Técnico dos Tribunais de Contas – Norte e Nordeste do Brasil. João Pessoa, PB. Ano 2010, 10f, p. 7-8.
[163] Apud GUERRA, Evandro Martins. Op. cit, p. 197.
[164] LIMA, Juliano Vitor. Do princípio do devido processo legal. In: TAVARES, Fernado Horta (Coord.). **Constituição, direito e processo:** princípios constitucionais do processo. Curitiba: Juruá, 2008, p. 243.

está tocado pelo devido processo legal, cujo manto protetor abriga todos os direitos fundamentais outorgados pela Constituição.

A LINDB, como verificado no item 2.2, foi o primeiro normativo a fazer a diferenciação dos processos de competência do Controle Externo, denominando-o de "processo de controle". A Constituição e normas legais vigentes fazem distinção apenas em relação ao processo administrativo e judicial.

Acredita-se que a escolha pelo legislador da Lei nº 13.655/2018 em dispor sobre "processo de controle" é para que não haja dúvidas se, se submetem ou não àquela norma. A concepção de um processo próprio parece bem-vinda na medida em que o regime jurídico do processo de controle possui regramento próprio. Não se pode, no entanto, afastar da aplicação de garantias constitucionais e de outras normas que tratem de processos administrativos e judiciais sob o argumento da ausência de expressão "controle". Nesse sentido advogam também, Caldas Furtado[165] e Ferreira Júnior[166], propondo uma lei nacional estabelecendo um Código Processual para os Tribunais de Contas.

Enquanto não se cria tal norma, os processos conduzidos pelos Tribunais de Contas regem-se por sua Lei Orgânica com aplicação subsidiária de outras normas relacionadas a processos que vigoram em nosso ordenamento. As leis orgânicas, contudo, não suprem a regulação dos processos, quando se tratam do cumprimento das garantias processuais, meios de prova, direitos e deveres das partes, até porque na função de controle não há partes, mas controlador e controlado. Por isso, é inevitável completar essa norma com a aplicação do Código de Processo Civil, conforme prevê esse mesmo código, no art. 15. Aliás, a própria Constituição traz no bojo de seu art. 96, inc. I, alínea a), a "necessidade de observância das normas de processo e das garantias processuais das partes" sem fazer distinção a que processo se refere.

---

[165] CALDAS FURTADO, J. R. **Processo e eficácia das decisões do tribunal de contas.** Revista Controle, Fortaleza, v. XII, n. 1, junho 2014. Disponível em:
<http://www.tce.ce.gov.br/component/jdownloads/viewcategory/356--revista-controle-volume-xii-n-1-junho--2014?limitstart=0>. Acesso em: 12 ago 2021.
[166] FERREIRA JÚNIOR, Adircélio de Moraes. **O bom controle público e as cortes de Contas como Tribunais da boa governança.** 2015. Dissertação (Pós-graduação Strictu Sensu em Direito) Programa de Pós-graduação da Universidade Federal de Santa Catarina. Florianópolis, 2015.

Abordaremos, desta forma, quatro normas acerca desta matéria: a Lei Orgânica do TCU, o Regimento Interno do TCU, o Código de Processo Civil e a Lei nº 9.784/1999, que disciplina o processo administrativo.

2.4.1. Lei orgânica do TCU

Os comandos constitucionais que possibilitam a edição de Lei Orgânica e Regimento Interno pelo Tribunal de Contas estão dispostos nos arts. 33, 73 e 96 da Constituição Federal. Estes dispositivos determinam que lei disporá sobre a organização administrativa e judiciária dos Territórios e, aos Tribunais, compete privativamente elaborar seus regimentos internos, com observância das normas de processo e das garantias processuais das partes, dispondo sobre a competência e o funcionamento dos respectivos órgãos jurisdicionais e administrativos, e o TCU exerce, no que couber, as atribuições previstas no art. 96 da Carta Constitucional, anteriormente colacionado[167].

Desta forma, o Tribunal de Contas pode editar seu regimento interno, desde que observe as normas processuais vigentes, e tem competência privativa somente para propor projetos de lei sobre sua organização e funcionamento.

Nesta senda é a Lei nº 8.443, de 16 de julho de 1992, a Lei Orgânica do Tribunal de Contas da União – LOTCU. Além de dispor sobre a organização do órgão, a referida Lei regula o julgamento e a fiscalização exercidos pelo TCU, bem como trata acerca de sanções, possibilidade de recurso e demais procedimentos no âmbito do Tribunal.

Um dos autores que mais se aprofundou no estudo dessa lei, André Rosilho[168] explica que o processo legislativo de elaboração da Lei nº 8.443/1992 foi complexo, com mais de 42 emendas propostas e muitas tentativas por parte do TCU de alargar suas competências que, em grande maioria, foram acolhidas pelo Congresso Nacional. Em sua visão, a LOTCU peca pela falta de sistematização e clareza dos limites da atuação do TCU.

---

[167] Por força do art. 96 da Constituição essa regra estende-se aos TC´s. E mais o STF obriga uma simetria das regras no modelo dos TC´s, a partir do modelo constitucionalmente definido para o TCU.
[168] ROSILHO: André. **Tribunal de Contas da União:** competências, jurisdição e instrumentos de controle. São Paulo: Editora Quartier Latin do Brasil, 2019, p. 89.

Vale lembrar que o projeto da referida lei tramitou em um cenário político conturbado marcado pelo *impeachment* do presidente Collor. Isto é relevante pois, na visão do referido autor, contribuiu para uma redação que fortalecesse o órgão de modo a atender ao clamor da população. Nessa visão, "o grau de corrupção e de desvios seria inversamente proporcional a quantidade e intensidade dos controles"[169].

Essa concepção é questionada pelo próprio autor e também pelos Professores Floriano de Azevedo[170] e Carlos Ari Sundfeld[171], na medida em que esse cenário implica em consequências muito claras atualmente: a falta de segurança jurídica e o denominado "apagão das canetas", nas palavras de Conrado Tristão, transformam o TCU em uma "espécie de revisor geral da administração, utilizando seus poderes não só para contribuir com a ação administrativa de modo colaborativo (o que é desejável), mas comandá-la segundo seu próprio juízo de valor (o que pode ser problemático)"[172].

A LOTCU conta, atualmente, com 113 artigos, dentre os quais limita-se a tratar dos processos no Tribunal, em seu Título II, abordando com maior ênfase os procedimentos de condução do processo internamente, prazos para recurso e ingresso. A abordagem acerca das garantias dos que litigam no Tribunal é deveras tímida, se limitando ao art. 31 que assegura ampla defesa, o que atrai a aplicação de outras normas que regulam processo. Analisaremos também, a seguir, o regimento interno da Corte de Contas.

2.4.2. Regimento interno

A Constituição Federal estabelece que compete:

> Art. 96 [...]
> I - aos tribunais:

---

[169] Ibidem.
[170] MARQUES NETO, Floriano de Azevedo. **Art. 23 da LINDB – O equilíbrio entre mudança e previsibilidade na hermenêutica jurídica**. In: Revista de Direito Administrativo, Rio de Janeiro, nov. 2018. p. 93-105.
[171] SUNDFELD, Carlos Ari; ROSILHO, André. **Tribunal de Contas da União no direito e na realidade**. São Paulo: Almedina, 2020, p. 99-112.
[172] TRISTÃO, Conrado. Tribunais de Contas e controle operacional da Administração. In SUNDFELD, Carlos Ari; Rosilho, André. **Tribunal de Contas da União no direito e na realidade**. São Paulo: Almedina, 2020, p. 99-112.

a) eleger seus órgãos diretivos e elaborar seus regimentos internos, **com observância das normas de processo e das garantias processuais das partes**, dispondo sobre a competência e o funcionamento dos respectivos órgãos jurisdicionais e administrativos[173];[...]

Ao passo que, por força do art. 73, aplicam-se ao TCU, no que couber, as atribuições previstas no art. 96. Deste modo, cabe ao TCU elaborar seu regimento interno[174].

Acerca da natureza jurídica do regimento interno, José Cretella Júnior[175] nos alerta que o legislador constituinte estabeleceu com minúcias os parâmetros a serem obedecidos pelos tribunais, ao determinar a rígida observância das normas de processo e das garantias processuais das partes, conforme trecho em negrito do art. 96, disposto acima. Na visão do autor, quanto às normas processuais, os tribunais são obrigados a transpô-la para o regimento respectivo, não podendo nenhuma inovação a respeito.

Nesse sentido já decidiu o STF[176], ao afirmar que, embora caiba ao Tribunal de Contas da União a elaboração de seu regimento interno, "os procedimentos nele estabelecidos não afastam a aplicação dos preceitos legais referentes ao processo administrativo, notadamente a garantia prevista no art. 3, II, da Lei 9.784/99". Além disso, o regimento interno deverá dispor sobre a competência e sobre o funcionamento do órgão, organizando suas secretarias e serviços auxiliares, estabelecendo seu regime jurídico-administrativo quanto às funções processuais e às funções administrativas.

Ainda sobre a natureza jurídica do regimento, o STF[177] manifestou-se no sentido de que o regimento interno dos tribunais é lei material, isto deve ser compreendido como:

---

[173] Trecho em negrito não constam do original.
[174] Cuja última alteração ocorreu por meio da Resolução TCU nº 310, de 22 de maio de 2019.
[175] CRETELLA JUNIOR, José. **Comentários à Constituição de 1988**. 2. ed. Rio de Janeiro: Forense Universitária, 1993, p. 3033-3034. v. 6.
[176] MS 24.519/DF, Plenário, rei. Min. Eros Grau, j. em 28.09.2005, DJ 02.12.2005). No mesmo sentido: MS 23.550 -1/DF Relator: Ministro Marco Aurelio. Redator para o acórdão o Min. da Pertence, DJ 31.1 0.2001.
[177] Medida Cautelar na Ação Direta de Inconstitucionalidade - Processo: 1105/DF - DJ 27-04-01. Relator(A) Ministro Paulo Brossard - STF - ADI-MC -. VOTO.

> Na taxinomia das normas jurídicas o regimento interno dos tribunais se equipara à lei. A prevalência de uma ou de outro depende de matéria regulada, pois são normas de igual categoria. Em matéria processual prevalece a lei, no que tange ao funcionamento dos tribunais o regimento interno preponderá. Constituição, art. 5º, LIV e LV, e 96, I, a.

Em sentido similar, José Frederico Marques aduz que "o regimento é lei em sentido material, embora não o seja em sentido formal. Na hierarquia das fontes normativa do Direito, ele se situa abaixo da lei, porquanto deve dar-lhe execução"[178].

O regimento interno, como o próprio nome indica, deve destinar-se ao disciplinamento de questões *interna corporis* e ao desenvolvimento dos ritos processuais.

Nesse contexto, em que pese não haver hierárquica entre a Cortes de Contas e demais órgãos da Administração Pública, isto é, não pode o TCU dar ordens aos demais órgãos, pode, no entanto, regular seus processos e com isso disciplinar questões que envolvam seus jurisdicionados.

A restrição que atinge a todos os agentes de controle é a seguinte: não impor obrigações ao controlado ou determinar a remessa de informações constituídas, para o exame do controle, salvo se a remessa for estabelecida em lei[179]. Assim, *v.g.*, se a lei define o dever de prestar contas, pode uma norma interna determinar quais documentos integram a prestação de contas e como deve ser satisfeita a obrigação.

Essa compreensão da natureza do regimento interno é relevante, pois não pode este inovar na ordem jurídica, visando tão somente regular; deve limitar a regular ou regulamentar dispositivo da lei. Essa compreensão é decorrência direta do art. 5º da Constituição Federal: "II - ninguém será obrigado a fazer ou deixar de fazer alguma coisa senão em virtude de lei".

---

[178] MARQUES, Jose Frederico. **Instituições de Direito Processual Civil**. v. I. 2ª ed. Rio de Janeiro: Forense, 1962, p. 186.
[179] Como ocorre com o Relatório de Gestão Fiscal, previsto no art. 54 da LRF: BRASIL. **Lei de Responsabilidade Fiscal**. Lei Complementar nº 101, de 4 de maio de 2000.

2.4.3. Código de Processo Civil

O Código de Processo Civil - CPC, por força de seu art. 15, tem aplicação subsidiária e supletiva nos processos dos Tribunais de Contas[180]. Além disso, o art. 298[181] do regimento interno do TCU, bem como a súmula 103[182] do mesmo órgão, dispõem sobre a aplicação subsidiária do referido Código nos processos do Tribunal.

Para compreender a natureza e a distinção da aplicação subsidiária e supletiva, nos valemos das lições da Professora Teresa Arruda Alvim Wambier acerca da matéria:

> O legislador disse menos do que queria. Não se trata somente de aplicar as normas processuais aos processos administrativos, trabalhistas e eleitorais quando não houver normas, nestes ramos do direito, que resolvam a situação. A aplicação subsidiária ocorre também em situações nas quais não há omissão. Trata-se, como sugere a expressão 'subsidiária', de uma possibilidade de enriquecimento, de leitura de um dispositivo sob outro viés, de extrair-se da norma processual eleitoral, trabalhista ou administrativa um sentido diferente, iluminado pelos princípios fundamentais do processo civil. A aplicação supletiva é que supõe omissão. Aliás, o legislador, deixando de lado a preocupação com a própria expressão, precisão da linguagem, serve-se das duas expressões. Não deve ter suposto que significam a mesma coisa, se não, não teria usado as duas. Mas como empregou também a mais rica, mais abrangente, deve o intérprete entender que é disso que se trata.[183]

---

[180] Art. 15. Na ausência de normas que regulem processos eleitorais, trabalhistas ou administrativos, as disposições deste Código lhes serão aplicadas supletiva e subsidiariamente.

[181] Art. 298. Aplicam-se subsidiariamente no Tribunal as disposições das normas processuais em vigor, no que couber e desde que compatíveis com a Lei Orgânica.

[182] TCU. SÚMULA nº 103: Na falta de normas legais regimentais específicas, aplicam-se, analógica e subsidiariamente, no que couber, a juízo do Tribunal de Contas da União, as disposições do Código de Processo Civil.

[183] WAMBIER, Teresa Arruda Alvim. et al. **Primeiros Comentários a novo Código de Processo Civil**: artigo por artigo. São Paulo: Revista dos Tribunais, 2015, p. 75.

Na mesma esteira, Edilton Meireles[184] disserta que a aplicação supletiva teria, assim, cabimento quando estamos diante de uma lacuna ou omissão absoluta, ao passo que a regra subsidiária processual é aquela que visa a complementar uma regra principal. Aqui não se estará diante de uma lacuna absoluta ou do complexo normativo. Ao contrário, estar-se-á diante da presença de uma regra, contida num determinado subsistema normativo, regulando determinada situação/instituto, mas cuja disciplina não se revela completa, atraindo, assim, a aplicação supletiva de outras normas.

Consoante os ensinamentos de Giamundo Neto[185], o empréstimo de institutos e princípios do Código de Processo Civil não deve ser feito de modo automático e sem qualquer critério, é necessário que haja uma integração harmônica[186].

Para o referido autor não é possível transpor o CPC para as hipóteses em que o silêncio da lei é proposital, deliberado, não ocasional. De outro lado, na medida em que o novo Código de Processo Civil forneça instrumentos mais efetivos de tutela de direitos, ameaçados ou violados, eles devem ser adotados, a despeito de solução diversa dada pela legislação específica[187]. Esse entendimento mostra-se alinhado com o ordenamento jurídico vigente na medida em que privilegia a tutela de direitos ao jurisdicionado consoante as disposições constitucionais e assegura a vontade do legislador.

---

[184] MEIRELES, Edilton. O novo CPC e sua aplicação supletiva e subsidiária no processo do trabalho. In: MIESSA, Elisson (Org). **Novo Código de Processo Civil e seus reflexos no Processo do Trabalho**. Salvador: JusPodivm, 2015, p. 31-54.

[185] GIAMUNDO NETO, Giuseppe. **As garantias do processo no Tribunal de Contas da União**. São Paulo: Revista dos Tribunais, 2019, p.114.

[186] Essa integração é compreendida por Egon Bockmann Moreira de modo a fazer com que o CPC/2015 seja, sempre que viável, aplicado: tanto nos casos de omissão da lei específica como naqueles em que proveja solução mais adequada ao caso concreto (desde que compatível com o regime jurídico-administrativo). Não se faz necessária a omissão em sentido estrito (a mais absoluta ausência de norma), pois o que está em jogo é a aplicação do princípio da efetividade *in* MOREIRA Egon Bockmann. O novo Código de Processo Civil e sua aplicação no processo administrativo. **RDA - Revista de Direito Administrativo**, Rio de Janeiro, v. 273, p. 313-334, set./dez. 2016, p. 318.

[187] No mesmo sentido: BUENO, Cassio Scarpinella. **O mandado de segurança e o Novo Código de Processo Civil**. In: CIANCI, Mirna; DIDIER Jr., Fredie; CUNHA, Leonardo Carneiro da; REDONDO, Bruno Garcia; DANTAS, Bruno; DELFINO, Lúcio; CAMARGO, Luiz Henrique Volpe (coords.). **Novo Código de Processo Civil:** Impactos na Legislação Extravagante e Interdisciplinar. São Paulo: Saraiva, 2016, v. I, p. 196.

O Tribunal de Contas da União parece divergir acerca deste entendimento; mesmo após a entrada em vigor do CPC atual. Em alguns julgados, o TCU declara entender que a aplicação ocorre apenas de forma supletiva[188]. É lamentável o posicionamento da Corte de Contas, que, além de infringir norma legal, não privilegia a previsibilidade da conduta frente à ausência de normas ou omissão - o que gera insegurança jurídica.

Aliás, em matéria de segurança jurídica, o legislador infraconstitucional, em perfeita consonância com a LINDB, preocupou-se com a previsibilidade das decisões no âmbito do CPC. De grande relevância é o seguinte artigo:

> Art. 489 [..] § 1º Não se considera fundamentada qualquer decisão judicial, seja ela interlocutória, sentença ou acórdão, que: [...]
> IV - não enfrentar todos os argumentos deduzidos no processo capazes de, em tese, infirmar a conclusão adotada pelo julgador;
> V - se limitar a invocar precedente ou enunciado de súmula, sem identificar seus fundamentos determinantes nem demonstrar que o caso sob julgamento se ajusta àqueles fundamentos;
> VI - deixar de seguir enunciado de súmula, jurisprudência ou precedente invocado pela parte, sem demonstrar a existência de distinção no caso em julgamento ou a superação do entendimento.

O dispositivo coaduna com a LINDB porque esta estabelece como dever das autoridades públicas zelarem pelo primado da segurança jurídica. Um dos efeitos da segurança jurídica está na determinação de o julgador observar seus precedentes.

É neste cenário que determina que cabe aos julgadores a observância aos seus precedentes e, quando não o fizerem, demonstrar de forma motivada porque não o fizeram. Além disso, a necessidade de enfrentar os argumentos deduzidos no processo demonstra simetria com o princípio da ampla defesa e do contraditório.

---

[188] A utilização das regras contidas na Lei nº 13.105/2015 (Código de Processo Civil) no rito processual do TCU se dá de forma supletiva e nem sempre uniforme. Neste sentido: Acórdão 3565/2018-Primeira Câmara. Relator: Ministro José Mucio Monteiro; Acórdão 7434/2016-Primeira Câmara. Relator: Ministro Bruno Dantas.

Pôs-se fim ao casuísmo que empodera aqueles que perseguem seus desafetos, a pretexto de exercerem a função de julgar. Desde essa nova ordem, os princípios republicanos tiveram novos horizontes.

2.4.4. Lei nº 9.784/1999 que regula o processo administrativo

A Lei nº 9.784/1999 é a lei que regula o processo administrativo no âmbito da Administração Pública Federal. Como visto, boa parte da doutrina entende que o processo conduzido pelo Tribunal de Contas é caraterizado como um processo administrativo, o que poderia atrair a aplicação desta Lei.

Salientamos, no entanto, que existem divergências sobre a questão. Foi verificado no referido tópico que os processos no âmbito do controle externo possuem similaridades, com ambas as funções administrativa e judicial.

Todas as manifestações das Cortes de Contas têm valor e força coercitiva, como já referido, mas apenas a inscrita no inciso II do art. 71 da Constituição Federal – julgar as contas – corresponde a um julgamento, merecendo de todos os órgãos o respeito, em tudo e por tudo, exatamente igual à manifestação do Poder Judiciário.

Neste diapasão, Milene Dias Cunha[189] elenca quatro semelhanças com o processo administrativo, quais sejam:

a) observância aos princípios administrativos previstos no art. 37 da CF/88;

b) a possibilidade de atuação de ofício;

c) a gratuidade do processo; e

d) a não obrigatoriedade de representação por advogado.

Além disso, como bem salienta Paulo Antônio Fiuza Lima[190], os processos de controle externo se baseiam na verdade material, e para isso pode a própria Administração formar provas.

---

[189] LIMA, Luiz Henrique. **Controle externo**: teoria e jurisprudência para os Tribunais de Contas. São Paulo: Método, 2018, p. 133.

[190] LIMA, Paulo Antonio Fiuza. O processo no Tribunal de Contas da União – comparações com o processo civil – independência e autonomia do órgão para o levantamento de provas em busca da verdade material. In: SOUZA JÚNIOR, José Geraldo (Org.). **Sociedade democrática, direito público e controle externo**. Brasília: TCU, Universidade de Brasília, 2006. p.7.

Pois bem, o § 1º do art. 1º da Lei nº 9.784/1999 estabelece que "os preceitos desta Lei também se aplicam aos órgãos dos poderes legislativo e judiciário da União, quando no desempenho de função administrativa". Diante disso, vê-se que a aplicabilidade da Lei nº 9.784/1999 depende mais da natureza da atividade do que do órgão que a cumpre. Como exposto, o Tribunal de Contas da União desempenha o controle da função administrativa.

Por esse motivo, Jorge Ulisses Jacoby Fernandes[191] pugna que, mesmo que não estivesse esse tribunal – o que se admite para reforço do argumento – sujeito à Lei nº 9.784/1999, aquele que vai dar cumprimento à determinação da Corte se submete à referida lei, *v.g.* aquele que recebe a ordem para anular um ato ilegal estará sujeito ao império dessa lei. Nesse sentido já decidiu o Supremo Tribunal Federal, sintetizado na seguinte ementa:

> [...] de qualquer modo, nada exclui os procedimentos do Tribunal de Contas da aplicação subsidiária da lei geral de processo administrativo federal (L. 9.784/99), que assegura aos administrados, entre outros, o direito a "ter ciência da tramitação dos processos administrativos em que tenha a condição de interessado, ter vista dos autos (art. 3º, II), formular alegações e apresentar documentos antes da decisão, os quais serão objeto de consideração pelo órgão competente". A oportunidade de defesa assegurada ao interessado há de ser prévia à decisão, não lhe suprindo a falta a admissibilidade de recurso, mormente quando o único admissível é o de reexame pelo mesmo plenário do TCU, de que emanou a decisão.[192]

Ocorre que esse posicionamento não é pacífico no âmbito do STF, aliás mais recentemente a Excelsa Corte decidiu no sentido seguinte:

> I. - O Tribunal de Contas, no julgamento da legalidade de concessão de aposentadoria ou pensão, exercita o controle externo que lhe atribui a Constituição Federal, art. 71, III, no qual não está jungindo a um processo contraditório ou contestatório.

---

[191] Op. cit. p.88.
[192] BRASIL. Supremo Tribunal Federal. Mandado de Segurança nº 23550/DF. Relator: Ministro Marco Aurélio. Relator do Acórdão: Ministro Sepúlveda Pertence. Brasília, 04 de abril de 2001. **Diário da Justiça [da] República Federativa do Brasil**, 31 out. 2001, p. 6.

Precedentes do STF. II. - Inaplicabilidade, no caso, da decadência do art. 54 da Lei 9.784/99.[193]

O Tribunal de Contas da União, ao apreciar o emprego dos preceitos da Lei nº 9.784/1999, exarou a Decisão nº 1.020/2000 [194], consignando a inaplicabilidade, em sentido obrigatório, de todo o teor da mencionada norma. O argumento que fundamentou esta decisão amparou-se no fato de ser aquele órgão encarregado do exercício do controle externo da Administração Pública federal, quando da apreciação da legalidade das aposentadorias, reformas e pensões, e que, portanto, não estaria exercendo função administrativa, *estrito senso*.

Lado outro, mais recentemente[195] entendeu pela aplicação do art. 2º, parágrafo único, XIII da Lei nº 9.784/1999 que veda a aplicação retroativa de nova interpretação em processo do Tribunal.

Perceba que o tema permanece em aberto, pairando dúvidas sobre a aplicabilidade ou não da Lei nº 9.784/1999 aos processos de controle de contratações exercido pelo TCU. A incerteza sobre a aplicação da norma processual, sem que se estabeleçam critérios geram insegurança jurídica.

2.5. Normas infralegais

Normas infralegais são compreendidas como normas secundárias, não tendo poder de gerar direitos nem, tampouco, de impor obrigações. Não podem contrariar as normas primárias, sob pena de invalidade. É o caso dos decretos regulamentares, portarias, instruções normativas, dentre outros. Sobre o tema, recorremos aos ensinamentos de Celso Antônio Bandeira de Mello que assevera:

> É, pois, a lei e não ao regulamento, que compete indicar as condições de aquisição ou restrição de direito. Ao regulamento, só pode assistir à vista das condições preestabelecidas, a especificação deles. E esta especificação tem que se conter no interior do conteúdo significativo das palavras legais enunciadoras do teor do

---

[193] BRASIL. Supremo Tribunal Federal. MS nº 24859/DF. Relator: Ministro Carlos Velloso. Brasília, 4 de agosto de 2004. **Diário da Justiça [da] República Federativa do Brasil**, Brasília, DF, 27 ago. 2004.
[194] BRASIL. Tribunal de Contas da União. Processo TC nº 013.829/2000-0. Decisão nº 1020/2000 - Plenário. Relator: Ministro Marcos Vinícius Vilaça. Brasília, 29 de novembro de 2000. **Diário Oficial [da] República Federativa do Brasil**, Brasília, DF, 15 dez. 2000.
[195] Acórdão nº 4719/2020 - 2ª Câmara.

direito ou restrição e do teor das condições a serem preenchidas. Deveras, disciplinar certa matéria não é conferir a outrem o poder de discipliná-la.[196]

Nesta senda, a Constituição Federal assevera em seu art. 5º, inc. II, que ninguém será obrigado a fazer ou deixar de fazer alguma coisa senão em virtude de lei. Isso não significa que normas infralegais não têm utilidade pelo fato de não poderem impor obrigações, pelo contrário, as normas infralegais são de grande valia para o direito. Nas lições de Geraldo Ataliba[197], os regulamentos, por exemplo, são conteúdo cuja função da regulamentação é facilitar a execução da lei, especificá-la de modo praticável e, sobretudo, acomodar o aparelho administrativo, para bem observá-la.

Como conteúdo, o ato regulamentador comporta diversas formas no sentido de estabelecer uma uniformidade de procedimentos, para fins de disciplinar a atuação administrativa. Celso Antônio afirma que o regulamento pode estabelecer regras orgânicas e processuais para órgãos e agentes administrativos, elucidar, com base em critérios técnicos, os fatos, as situações ou os comportamentos enunciados na lei de forma vaga e, inclusive, explicar didaticamente o conteúdo da lei[198]. Em perfeita consonância, a LINDB dispõe em seu art. 30 que, para aumentar a segurança jurídica na aplicação das normas, um dos meios cabíveis é a edição de regulamentos.

Nesta compreensão, as normas infralegais em termos de ordenamento jurídico de controle sobre contratações públicas são especialmente relevantes, merecendo nossa análise por dois motivos:

a) em material de compras públicas, muitos processos são regulamentados por normas infralegais[199]; e

b) relevante questionamento acerca do tema diz respeito à possibilidade do TCU por meio de normas infralegais impor obrigações aos seus

---

[196] MELLO, Celso Antônio Bandeira de. Op.cit, p. 364
[197] ATALIBA, Geraldo. Decreto Regulamentar no Sistema Brasileiro. **Revista de Direito Administrativo**. Rio de Janeiro, 1969, p. 24.
[198] MELLO, Celso Antônio Bandeira de. **Curso de Direito Administrativo**. 34ª ed. São Paulo, Malheiros, 2019, p. 321.
[199] São esses, inclusive, os ditames da Lei nº 14.133/2021, ao dispor sobre a necessidade de regulamentação de mais de 38 procedimentos dispostos na referida lei.

jurisdicionados, inclusive, incidindo responsabilidade para aqueles que não a cumprem.

Passa-se a análise dos dois motivos.

2.5.1. Normas infralegais em matéria de licitações e contratações públicas

As normas infralegais, nos valendo das lições de Kelsen, compõem a base do sistema normativo[200]. No âmbito das licitações e contratações, as normas infralegais são importantes instrumentos postos para propiciar maior segurança jurídica e, portanto, previsibilidade aos que se submetem à aplicação da lei. Além disso, propiciam uniformidade na atuação dos agentes públicos, o que também contribui para a qualidade da condução dos processos sob essa temática. Esse é o ponto fundamental: as normas internas vinculam os agentes públicos, na organização administrativa e nos processos; não vinculam os agentes externos.

A própria Lei de Licitações e Contratos, como tivemos oportunidade de verificar no item 2.3., prevê a necessidade de regulamentação de diversos processos internos na condução de licitações e contratos públicos.

Como atos infralegais vinculam internamente àqueles que estão na hierarquia interna do órgão que pratica o ato, é nesta compreensão a ideia de submissão ao bloco de legalidade, exposto alhures, por Abboud. Portanto, ao agente condutor do processo licitatório – denominado pela nova Lei como "agente da contratação" ou outros envolvidos no processo, como a autoridade competente, ordenador de despesas, assessoramento jurídico e controle interno se submetem ao cumprimento das normas infralegais expedidas pelo órgão.

Nesta senda, as normas infralegais compõem o ordenamento jurídico em matéria de contratação pública e, da mesma forma, compõem a análise de legalidade no âmbito do controle do TCU. Isto é, tendo o agente agido na forma da resolução, instrução normativa ou portaria, estaria em consonância com o princípio da legalidade e da obediência à hierarquia administrativa[201].

---

[200] KELSEN, HANS. **Teoria Pura do Direito, Martins Fontes**, São Paulo: Martins Fontes, 1987, p. 240.
[201] José dos Santos Carvalho Filho conceitua o princípio da hierarquia administrativa como o escalonamento em plano vertical dos órgãos e agentes da Administração que tem como objetivo a

É este o posicionamento do jurista Paulo Otero[202], ao explicar que o Estado Social de Direito confere novo significado e extensão ao princípio da legalidade, na medida em que a Administração possui certa liberdade para editar normas internas e regular seu funcionamento.

Ocorre que na hierarquia das normas, as normas infralegais devem estar em consonância com a lei, o que nos leva a dois questionamentos: como deve o agente se portar no sentido de dar cumprimento à norma ilegal e como deve o Tribunal de Contas se portar ao verificar ato administrativo vinculado a norma infralegal ilegal ou inconstitucional?

Sobre a primeira questão, vigora em nosso ordenamento jurídico o princípio da hierarquia onde, por força da Lei nº 8.112/1990, art.116, IV, é dever do servidor cumprir as ordens superiores, salvo quando manifestamente ilegais; e do art. 22 do Código Penal, que dispõe: "Se o fato é cometido sob coação irresistível ou em estrita obediência a ordem, não manifestamente ilegal, de superior hierárquico, só é punível o autor da coação ou da ordem."

Nesta senda, o cumprimento de normas infralegais, eivadas de ilegalidade ou inconstitucionalidade, por agentes públicos só poderia ser punível quando manifestamente ilegais, compreendidas como aquelas, nas palavras de André Estefam: "cuja antijuridicidade é evidente e desde logo perceptível"[203]. Desta feita, somente no caso do cumprimento de normas infralegais manifestadamente ilegais é que poderia o agente ser responsabilizado.

Sobre o segundo questionamento, iremos abordá-lo no próximo capítulo, ao tratarmos do controle de legalidade exercido pela Corte de Contas.

Passamos à análise da possibilidade de o próprio TCU regulamentar questões relacionadas às contratações públicas.

---

organização da função administrativa. E não poderia ser de outro modo. Tantas são as atividades a cargo da Administração Pública que não se poderia conceber sua normal realização sem a organização, em escalas, dos agentes e dos órgãos públicos. Em razão desse escalonamento firma-se uma relação jurídica entre os agentes, que se denomina de relação hierárquica. In CARVALHO FILHO, José dos Santos. **Manual de direito administrativo**. 29ª ed. São Paulo: Editora Atlas, 2015, p. 67.

[202] OTERO, Paulo. **O conceito e fundamento da hierarquia administrativa**. Coimbra: Coimbra Editora, 1992, Cap. II, elementos da hierarquia administrativa, p. 79 a 215.

[203] ESTEFAM, André. **Direito Penal:** Parte Geral: (arts. 1º a 120). 6. ed. São Paulo: Saraiva, 2017. p. 418-419.

2.5.2. Poder regulamentar do TCU

Questão relevante na compreensão do ordenamento jurídico em matéria do controle exercido pelo TCU, em licitações e contratos, diz respeito ao denominado "Poder Regulamentar" do TCU. A Lei Orgânica do Tribunal de Contas da União dispõe o seguinte:

> Art. 3º. Ao Tribunal de Contas da União, no âmbito de sua competência e jurisdição, assiste o **poder regulamentar**, podendo, em consequência, expedir atos e instruções normativas sobre matéria de suas atribuições e sobre a organização dos processos que lhe devam ser submetidos, obrigando ao seu cumprimento, sob pena de responsabilidade[204].

A redação deste dispositivo parece outorgar ao Tribunal um poder regulamentar que obriga o seu cumprimento. Nas palavras de André Rosilho: "a norma não precisou o que poderia ser objeto de regulamentação, não disse a quem ela poderia se dirigir (ou quem ela poderia vincular), tampouco estabeleceu um procedimento prévio à sua elaboração"[205].

O dispositivo é extremamente amplo e não especifica quais são os atores que se sujeitam a essa obrigação, o que causa, no mínimo, estranheza, pois o poder regulamentar amplo foi outorgado pela Constituição Federal ao Poder Executivo. A este, sim, foi outorgado o poder regulamentar compreendido como diploma jurídico, cujo conteúdo disciplina, nos ensinamentos do professor Márcio Cammarosano, como "normas gerais e abstratas para fiel execução das leis, sendo de nível imediatamente infralegal"[206].

É que o denominado poder regulamentar, compreendido em seu sentido estrito, é privativo do Chefe do Poder Executivo, na forma do art. 84 da Constituição Federal. No escólio de Luís Roberto Barroso, a expressão poder

---

[204] Trecho em negrito não constam do original.
[205] ROSILHO: André. **Tribunal de Contas da União:** competências, jurisdição e instrumentos de controle. São Paulo: Editora Quartier Latin do Brasil, 2019, p. 133.
[206] Informação verbal fornecida pelo professor em suas aulas de direito administrativo na PUC/SP.

regulamentar usada na referida Lei Orgânica "se entendida no seu sentido mais óbvio é evidentemente inconstitucional"[207].

De fato, no longo elenco de competências atribuídas ao Tribunal de Contas, constante do art. 71 da Constituição Federal, não figura a referida expressão; o poder regulamentar é privativo do Poder Executivo. Compreendido em seu sentido lato, no entanto, o poder regulamentar, nas palavras de Clèmerson Merlin Clève, "pode ser definido como qualquer ato normativo emanado dos órgãos da Administração Pública"[208]. Nesta senda, os atos que expedir não podem ser gerais e abstratos como as da lei ou dos regulamentares típicos, porque invadem as funções dos demais Poderes.

Ao estabelecer para si um "poder regulamentar" genérico e abstrato tal qual consta da redação do art. 3º, de sua Lei Orgânica, entendem o Ministro Barroso e o professor André Rosilho que a lei criou para o Tribunal competência que não se harmoniza com o ordenamento jurídico. O Tribunal de Contas não é órgão dotado de poderes legiferantes.

Essa competência, construída exclusivamente a partir da sua interpretação particular da Constituição e sem nenhum outro amparo legal, viola diretamente, do ponto de vista horizontal, a repartição constitucional de competências no direito brasileiro. Nesse contexto, como ensina Canotilho:

> Quando a Constituição regula de determinada forma a competência e função dos órgãos de soberania, estes órgãos devem manter-se no quadro de competências constitucionalmente definido, não devendo modificar, por via interpretativa (através do modo e resultado da interpretação), a repartição, coordenação e equilíbrio de poderes, funções e tarefas inerentes ao referido quadro de competências[209].

Neste sentido, merece destaque o voto do ministro Ivan Luz proferido há quase 35 anos, que ainda demonstra claramente a correta compreensão do denominado poder regulamentar do TCU:

---

[207] BARROSO, Luís Roberto. **Temas de direito constitucional**. 2 ed., Rio de Janeiro; Renovar, 2006, p. 297.
[208] CLÈVE, Clèmerson Merlin. **Atividade legislativa do poder executivo**. 2ª. ed. rev. São Paulo: Editora Revista dos Tribunais, 2000, p. 277.
[209] CANOTILHO, José Joaquim Gomes. Direito constitucional e teoria da constituição. 7. ed. Coimbra: Almedina, 2003. p. 547-548.

> Em nenhum momento ao legislador constitucional ocorreu a hipótese de atribuir ao Tribunal de Contas funções regulamentadoras das leis, 'instruções complementares' a estas. Não lhe compete, desenganadamente, normatizar 'procedimentos licitatórios' ou matéria relativa a 'contratos administrativos'. O que lhe cabe, isso sim, é, no exercício de suas funções jurisdicionais, interpretar as normas que regulam as atividades da administração federal para realizar o controle de legalidades de seus atos e o julgamento, consequente, da regularidade das contas dos administradores e demais responsáveis por bens, dinheiros e valores públicos[210].

Desta forma, o poder regulamentar do TCU deve ser compreendido como aquele disciplinado pela Constituição Federal:

> Art. 96. Compete privativamente:
> I - aos tribunais:
> a) eleger seus órgãos diretivos e elaborar seus regimentos internos, com observância das normas de processo e das garantias processuais das partes, dispondo sobre a competência e o funcionamento dos respectivos órgãos jurisdicionais e administrativos;

Além dos atos normativos internos, portanto, pode o Tribunal expedir atos ordinatórios, como circulares, avisos, ordens de serviço e instruções normativas sobre matéria de sua atribuição, seu funcionamento interno, bem como aspectos procedimentais ligados ao desempenho concreto de suas atribuições. Trata-se, nas palavras do Ministro Barroso, de uma "competência normativa limitada, consistente na ordenação interna de sua própria atuação"[211].

Nada obstante é nas palavras do professor Márcio Cammarosano[212] a mais precisa compreensão dos limites da regulamentação permitida ao TCU, na medida em que no exercício da função administrativa tem o Tribunal competência discricionária, isto é, a permissão para emitir juízo de mérito sempre

---

[210] Plenário do TCU em sessão no dia 13/8/1987, no bojo do Processo TC nº 2.084/1987.
[211] BARROSO, Luís Roberto. **Temas de Direita Constitucional**, 2ª. ed. rev. Rio de Janeiro: Renovar, 2006, p. 235.
[212] Informação verbal fornecida pelo professor em suas aulas de direito administrativo na PUC/SP.

atrelado a conveniência e oportunidade, pode este condicionar o exercício dessa competência discricionária, isto é, estabelecer balizas, limites e procedimentos.

Vista, deste modo, o tratamento isonômico acerca da matéria *v.g.* ao disciplinar a forma como deve ser apresentada a representação ou denúncia perante o TCU e as condições para seu recebimento, como prazos, documentos e quais requisitos legais deverão ser demonstrados; está assegurando a todos que cumprirem a norma infralegal que haverá o recebimento da denúncia/representação.

Além disso, como integrantes de um sistema jurídico, as normas infralegais não podem inovar, devendo absoluta observância às leis e à Constituição.

2.5.2.1. Sujeição de terceiros às normas infralegais expedidas pelo TCU

Acerca dos atos normativos que possuem alcance externo, isto é, que não regulamentam apenas o funcionamento do Tribunal, mas permitem que este se dirija a pessoas físicas, órgãos ou entidades sujeitas à sua jurisdição, sua competência é limitada. Para André Rosilho, a criação de obrigações a terceiros deve guardar os seguintes elementos:

> [...] serem necessárias, proporcionais e estritamente relacionadas a aspectos procedimentais do controle pelo TCU ou, então, a aspectos ligados à sua organização interna que, para serem implementados, eventualmente dependessem da colaboração de atores externos, respeitando, sempre, as possibilidades e os limites de controle estabelecidos pela legislação ao Tribunal[213].

O RITCU prevê, em seu art. 67[214], as formas de deliberação do Tribunal donde as instruções normativas são a forma de disciplinar matéria que envolva o

---

[213] Ibidem, p. 136.
[214] Art. 67. As deliberações do Plenário e, no que couber, das câmaras, terão a forma de:
I – instrução normativa, quando se tratar de disciplinamento de matéria que envolva pessoa física, órgão ou entidade sujeita à jurisdição do Tribunal;
II – resolução, quando se tratar de:
a) aprovação do Regimento Interno, de ato definidor da estrutura, atribuições e funcionamento do Tribunal, das unidades de sua Secretaria e demais serviços auxiliares;

público externo em geral – pessoas físicas, órgãos ou entidades sujeitos à jurisdição do TCU.

Conforme já decidiu o STF[215], as instruções normativas constituem espécies jurídicas de caráter secundário, cuja validade e eficácia resultam, imediatamente, de sua estrita observância dos limites impostos pelas leis, tratados, convenções internacionais ou decretos presidenciais, de que devem constituir normas complementares.

As instruções são, em sua configuração jurídico-formal, provimentos executivos cuja normatividade está diretamente subordinada aos atos de natureza primária, como as leis e as medidas provisórias, a que se vinculam por um claro nexo de de dependência. Desta forma, as instruções normativas não podem inovar ou criar obrigação não abarcada pela lei, sob pena de romper a hierarquia normativa que deve manter com estes atos primários, estará então viciada de ilegalidade.

No plano teórico, a distinção é de fácil compreensão: todas as obrigações que alcancem terceiros, não vinculados à hierarquia do tribunal, devem ter respaldo estrito na lei e visar procedimentalizar a forma de agir acerca dos atos previstos em norma legal; todos os procedimentos que digam respeito à atuação interna dos membros, auditores, procuradores e servidores do tribunal podem ser normatizados no regimento interno, em resoluções, ou noutros documentos.

Na prática, o que temos observado é que o TCU, com vistas a alargar suas competências e consequentemente se fortalecer, tem utilizado de normas

---

b) outras matérias de natureza administrativa interna que, a critério do Tribunal, devam revestir-se dessa forma;
III – decisão normativa, quando se tratar de fixação de critério ou orientação, e não se justificar a expedição de instrução normativa ou resolução;
IV – parecer, quando se tratar de:
a) Contas do Presidente da República;
b) outros casos em que, por lei, deva o Tribunal assim se manifestar;
V – acórdão, quando se tratar de deliberação em matéria da competência do Tribunal de Contas da União, não enquadrada nos incisos anteriores.
Parágrafo único. As deliberações previstas neste artigo serão formalizadas nos termos estabelecidos em ato normativo.
[215] STF - ADI: 365 DF, Relator: Min. Celso de Mello, Data de Julgamento: 07/11/1990, Tribunal Pleno, Data de Publicação: DJ 15-03-1991.

infralegais para criar obrigações a terceiros, sem respaldo legal ou constitucional. Há muito tempo, Pontes de Miranda já alertava que:

> Onde se estabelecem, alteram, ou extinguem direitos, não há regulamentos, há abuso do poder regulamentar, invasão da competência do poder legislativo. O regulamento não é mais do que o auxiliar das leis, auxiliar que sói pretender, não raro, o lugar delas, mas sem que se possa, com tal desenvoltura, justificar-se, e lograr que o elevem à categoria de lei[216].

Cita-se como exemplo, a, já revogada, Instrução Normativa nº 74/2015 do TCU, que determinava que as minutas de acordos de leniência deveriam ser submetidas a aprovação da Corte. Além de não haver respaldo constitucional ou pela Lei Orgânica do TCU, na visão de André Rosilho, a referida IN estaria usurpando a competência (art. 16, § 14, da Lei Anticorrupção) de outro órgão de controle, como a CGU/AGU.

O princípio da reserva de competência insculpido na forma do art. 62, parágrafo único, da CF, tem, na lei formal, de exclusiva atribuição do Congresso Nacional, seu instrumento jurídico apropriado para impor obrigações, nos quais devem manter estrita relação de dependência normativa e de acessoriedade jurídica, tais como as instruções normativas.

Como salienta Thiago Reis e Pedro Dutra[217], no entanto, é por meio da edição corriqueira de Instruções Normativas, que o TCU vem ampliando o seu comando não apenas sobre a ação administrativa, mas também sobre o privado. Nesses termos, não se trata mais de exercício do poder regulamentar; trata-se, ao contrário, de uma regulação paralela construída às margens da Lei, por meio do abuso sistemático do poder regulamentar.

Abordaremos, a seguir, questão relevante acerca do regime jurídico do controle exercido pelo TCU, em matéria de contratações públicas que é a vinculação aos precedentes do Tribunal e sua força normativa.

---

[216] PONTES DE MIRANDA, Francísco Cavalcanti. Comentários à Constituição de 1967. Rio de Janeiro: Forense, 1987. v. III, p. 314.
[217] DUTRA, Pedro; Reis, Thiago. O soberano da Regulação: o TCU e a Infraestrutura. Editora Singular São Paulo, 2020. p.31-35.

2.5.2.2. As manifestações do Tribunal de Contas da União e seu efeito vinculante

O já referido art. 67 do RITCU estabelece que são os acórdãos, as manifestações residuais do Tribunal, isto é, quando não se enquadrarem nas demais hipóteses previstas no dispositivo, constituem no âmbito da atuação do TCU a principal forma de manifestação e a mais recorrente na prática. Temas, problemas e desafios concretos normalmente são tratados pelo TCU por meio dos acórdãos.

É consolidado que julgados e acórdãos são consideradas fontes secundárias do direito[218], na medida em que no Brasil vigora o *civil law* e que sob a égide do princípio da segurança jurídica devem guardar uniformidade de entendimento[219].

É, portanto, o posicionamento do Tribunal acerca de casos concretos, em que lidam com questões fáticas – o que afastaria a necessidade de vinculação por seus jurisdicionados, sua aplicação em casos futuros é incidental, conforme explica Lênio Streck e Georges Abboud:

Mas o mais importante a dizer é que os precedentes são "feitos" para decidir casos passados; sua aplicação em casos futuros é incidental. Tudo isso pode ser resumido no seguinte enunciado:

> [...] precedentes são formados para resolver casos concretos e eventualmente influenciam decisões futuras: as súmulas (ou os ementários em geral, coisa muito comum em *terrae brasilis*), ao contrário, são enunciados "gerais e abstratos" – características presentes na lei – que são editados visando à "solução de casos futuros"[220].

---

[218] Miguel Reale leciona que: "São a constituição e as leis de cada país que predeterminam os requisitos caracterizadores das diversas fontes do direito, que não podem ser configuradas em abstrato, mas sim em razão de específicas conjunturas históricas, como o demonstra a distinção fundamental entre a nomogênese jurídica que caracteriza e distingue o Common Law e a que é própria do Civil Law, isto é, do Direito de tradição romanística". in REALE, Miguel. **Fontes e modelos do Direito** - para um novo paradigma hermenêutico. São Paulo: Saraiva, 1999, p. 13.

[219] CPC. [...] Art. 926. Os tribunais devem uniformizar sua jurisprudência e mantê-la estável, íntegra e coerente.

[220] STRECK, Lenio Luiz; ABBOUD, Georges. **O que é isto - o precedente judicial e as súmulas vinculantes?** Porto Alegre: Livraria do Advogado Editora, 2013, p. 31.

Isto é, o objetivo do precedente é verificar como o órgão interpretou determinada norma diante de situações concretas, verificar a previsibilidade dos julgados, isto é, se manter coerência diante de fatos similares repetirá seu posicionamento.

Ocorre que o TCU tem se manifestado no sentido de que suas decisões devem ser acatadas não só por aqueles diretamente atingidos por elas, no caso, mas por todos jurisdicionados ao órgão sob pena de arcar com "ônus decorrente", observe: "Compete ao gestor, ao assumir o cargo, tomar conhecimento das determinações desta Corte afetas à sua área de atuação e, no caso de descumprimento, arcar com o ônus decorrente"[221].

Na mesma esteira é a súmula nº 222 proferida pelo órgão:

> As Decisões do Tribunal de Contas da União, relativas à aplicação de normas gerais de licitação, sobre as quais cabe privativamente à União legislar, devem ser acatadas pelos administradores dos Poderes da União, dos Estados, do Distrito Federal e dos Municípios.

É certo que, por força do art. 489, VI, do CPC, quando citado precedente que verse sobre a mesma matéria, deve o Tribunal em caso de entendimento divergente enfrentá-lo e motivar o porquê de a decisão não seguir decisões anteriores, mas parece, no mínimo, questionável incumbir administradores de conhecer precedentes e sujeitá-los a ônus em caso de descumprimento. Do ponto de vista prático, conhecer de milhares[222] de decisões do Tribunal que necessitam de verificação de seu conteúdo de forma a permitir serem aplicadas em decisões futuras também não se mostra razoável.

Também parece questionável sobre o prisma constitucional, que o Tribunal como órgão federal imponha obrigações a outras esferas de poder, uma vez que, consagrada no texto constitucional, a independência entre estes, viola o princípio da separação dos poderes (art. 2º, CF), bem como viola o princípio do pacto

---

[221] TCU. Acórdão nº 177/2018 -Plenário. Relator: Ministro Aroldo Cedraz.
[222] Estudo elaborado pelo Observatório do TCU da FGV Direito SP + sbdp verificou que entre 1992 até 2017, os colegiados do TCU emitiram 29.570 acórdãos em que apareciam as palavras "licitação" ou "licitações" - média de 1.134 acórdãos por ano. Observatório do TCU. Julgamentos de março e abril de 2018. p. 4. Disponível em: < https://www.sbdp.org.br/wp/wp-content/uploads/2018/12/Observatorio_mar_abr.pdf>. Acesso em: 1 ago. 2021.

federativo (art. 1º, CF) e a autonomia dos Estados, Distrito Federal e Municípios (art. 18, CF).

Não por outra razão que a redação do art. 172 da Lei nº 14.133/2021, ao dispor que "Os órgãos de controle deverão orientar-se pelos enunciados das súmulas do Tribunal de Contas da União relativos à aplicação desta Lei, de modo a garantir uniformidade de entendimentos e a propiciar segurança jurídica aos interessados", foi objeto de veto presidencial[223] pelos mesmos motivos expostos acima.

Outrossim, tal prática leva a conferir aos julgados do TCU caráter abstrato-normativo, vinculando os agentes públicos quando do enfrentamento de situações futuras. Entendidas como enunciados normativos especiais em relação às normas gerais editadas pelo Legislativo, tais conclusões da Corte de Contas seriam de aplicação obrigatória e independente das características e do contexto do caso concreto. Nesta compreensão, se retira toda liberdade interpretativa do agente público e se fecham os caminhos alternativos ou inovadores.

Como bem coloca Thiago Reis e Pedro Dutra[224] não se pode perder de vista de que o direito, sendo uma disciplina essencialmente normativa, não se satisfaz com correlações em decisões de determinado tribunal. Uma avaliação jurídica busca examinar o fundamento legal das decisões, o rigor e a coerência de seus argumentos para o sistema jurídico, que constitui por força, inclusive de mandamento constitucional - a qualidade das decisões judiciais e administrativas.

Em matéria de licitações e contratos administrativos, o professor Victor Amorim é resoluto ao afirmar que este comportamento do TCU, "se não conduzir a um grave quadro de ineficiência da Administração Pública, ao menos, ao castrar a liberdade interpretativa dos agentes públicos, arrefece a capacidade de desenvolvimento de outras soluções viáveis para a melhoria da gestão pública".

---

[223] Mensagem de veto ao art. 172, disponível em: <http://www.planalto.gov.br/ccivil_03/_Ato2019-2022/2021/Msg/VEP/VEP-118.htm>. Acesso em: 7 jul. 2021.

[224] DUTRA, Pedro; Reis, Thiago. **O soberano da Regulação: o TCU e a Infraestrutura**. Editora Singular São Paulo, 2020. p.16.

Complementa ainda: "Afinal, o controlador jamais poderá substituir o administrador"[225].

Perceba que é certo que as manifestações do TCU devem servir de orientação a seus jurisdicionados, no entanto, atribuir caráter vinculante aos que se submetem ao controle, pugnando por uma força normativa, implica em violação ao texto constitucional.

Feito esse breve apanhado acerca do regime jurídico do controle das contratações públicas, analisaremos a seguir como o controle em matéria de contratações públicas é exercido pelo Tribunal de Contas da União.

---

[225] AMORIM, Victor Aguiar Jardim de. Administração Pública e o realismo jurídico: o direito é aquilo que o TCU diz que é em matéria de licitações e contratos?. **Revista Jus Navigandi**, ISSN 1518-4862, Teresina, ano 23, n. 5616, 16 nov. 2018. Disponível em: <https://jus.com.br/artigos/68009>. Acesso em: 21 jul. 2021.

CAPÍTULO 3

CONTROLE EXERCIDO PELO TRIBUNAL DE CONTAS NAS CONTRATAÇÕES PÚBLICAS SOB O ASPECTO INSTRUMENTAL E TEMPORAL

Neste capítulo, verificaremos os meios pelos quais o Tribunal de Contas da União fiscaliza os atos oriundos da Lei nº 14.133/2021 e qual é o limite de sua fiscalização, isto é, o que abrange sua fiscalização.

A Constituição Federal elegeu o processo de licitação pública como o procedimento prévio e adequado para a Administração Pública realizar suas contratações. Este processo é conduzido por um agente público que produz atos de natureza administrativa e, na forma da Lei nº 14.133/2021, visa alcançar quatro objetivos específicos[226].

A fiscalização das licitações e contratações públicas na forma da Lei nº 14.133/2021 é submetida ao controle do Tribunal de Contas da União. Isso se justifica por: a) expressa disposição legal[227]; b) por estar alocada na Constituição Federal, como função dos órgãos administrativos; c) por ensejar futuro dispêndio de recursos públicos; d) decorrência do papel constitucional do Tribunal na medida em que envolve a temática contábil, financeira, orçamentária, operacional e patrimonial.

Essa temática, em âmbito federal, conforme dispõe a Constituição em seu art. 70, é de incumbência do Congresso com o auxílio do Tribunal de Contas da União.

---

[226] Art. 11. O processo licitatório tem por objetivos:
I - assegurar a seleção da proposta apta a gerar o resultado de contratação mais vantajoso para a Administração Pública, inclusive no que se refere ao ciclo de vida do objeto;
II - assegurar tratamento isonômico entre os licitantes, bem como a justa competição;
III - evitar contratações com sobrepreço ou com preços manifestamente inexequíveis e superfaturamento na execução dos contratos;
IV - incentivar a inovação e o desenvolvimento nacional sustentável.
[227] Arts. 169 a 173 da Lei nº 14.133/2021, dispõem sobre o controle das contratações públicas e textualmente acerca do papel do Tribunal de Contas abordados no item 2.3.

A forma como o TCU exerce a extensa fiscalização de que foi incumbido é classificada pela doutrina, com o intuito de facilitar a compreensão acerca do tema em categorias ou tipologias[228]. Utilizaremos para a compreensão do tema a classificação do controle sob o aspecto temporal e sobre os parâmetros constitucionalmente postos da legalidade, economicidade e legitimidade.

Aqui necessário especificar que a referência sob o aspecto temporal tem como marco o ato administrativo que produza efeitos sobre terceiros, isto é, o ato formal que nos ditames da Lei nº 14.133/2021 inicia-se com a finalização da fase preparatória, especificamente com a divulgação do edital de licitação[229]. Isso é deveras relevante na medida em que cada autor costuma adotar um marco diferente, o que acaba por alterar o que é efetivamente prévio, concomitante ou posterior.

Desta forma, acerca do momento em que o controle pode agir sobre a contratação pública, a doutrina costuma classificar como prévio (*a priori*), concomitante (sucessivo) ou posterior (*a posteriori*). Adotaremos, no entanto, mais uma classificação: controle preventivo – pois é o termo utilizado pela Lei nº 14.133/2021.

---

[228] ARAGÃO, Alexandre dos Santos. **Curso de Direito Administrativo**. Rio de Janeiro: Forense, 2012, p. 586-587. MEDAUAR, Odete. **Controle da Administração Pública**. São Paulo: Revista dos Tribunais, 1993, p. 24. A doutrina normalmente utiliza a expressão "funções". Paulo Bugarin classifica as funções do Tribunal em oito categorias: judicante ou jurisdicional, fiscalizadora, consultiva, informativa, sancionadora, corretiva, normativa e de ouvidoria (BUGARIN, Paulo Soares. **O princípio constitucional da economicidade na jurisprudência do Tribunal de Contas da União**. Belo Horizonte: Fórum, 2011, p. 92). Lucas Rocha Furtado sintetiza as atribuições do TCU nos seguintes tipos: opinativa ou consultiva; fiscalizadora; de julgamento de contas; de registro; sancionadora e corretiva. (FURTADO, Lucas Rocha. **Curso de direito administrativo**. Belo Horizonte: Fórum, 2013, pp. 1101-1104). Para Benjamin Zymler, as competências constitucionais do TCU dividem-se em parajudiciais e fiscalizadoras. A primeira é desempenhada quando o Tribunal julga as contas dos administradores e demais responsáveis por dinheiros, bens e valores públicos, bem assim quando aprecia a legalidade dos atos de admissão de pessoal e de concessão de aposentadorias, reformas e pensões civis e militares, para fins de registro (art. 71, incisos I e IV). As demais atribuições constitucionais foram consideradas de natureza fiscalizadora (ZYMLER, Benjamin. **Direito administrativo e controle**. Belo Horizonte: Fórum, 2013, p. 169). Bruno Speck, por sua vez, adota como categorias as funções de registro, parecer, julgamento e fiscalização (SPECK, Bruno Wilhelm. **Inovação e Rotina no Tribunal de Contas da União**: o papel da instituição superior de controle financeiro no sistema político-administrativo do Brasil. São Paulo: Fundação Konrad-Adenauer-Stiftung, 2000, p. 83).

[229] Art. 53. § 3º Encerrada a instrução do processo sob os aspectos técnico e jurídico, a autoridade determinará a divulgação do edital de licitação conforme disposto no art. 54.

A distinção entre controle prévio e preventivo é necessária para fins desse estudo, pois em matéria de controle exercido pelo TCU possuem consequências distintas. Por isso, adotaremos a distinção de Romano Scapin[230] que propõe que o controle prévio se dá apenas em função do momento da medida adotada e condiciona a eficácia do administrativo ou de gestão à sua apreciação e validação pelo órgão, enquanto o preventivo se caracteriza pela finalidade perseguida, qual seja a prevenção ou mitigação do dano, podendo ser exercido antes, concomitante ou após a prática do ato controlado e não impõe a análise preliminar do ato de gestão pelo órgão de controle como cláusula condicionante de sua implementação.

Já quanto ao parâmetro de atuação do Tribunal, isto é, os critérios para que o Tribunal de Contas fiscalize o tema, a fiscalização abrange tanto a legalidade, quanto a economicidade e legitimidade – os quais cuidaremos de analisar em seguida.

Acerca dos meios de atuação, o Tribunal pode:

a) agir provocado quando, na forma da Lei nº 14.133/2021, licitante, contratado ou pessoa física ou jurídica representa ao Tribunal contra irregularidades na aplicação daquela Lei; e

b) agir de ofício por meio do regular exercício da função fiscalizadora atribuída ao Tribunal de Contas (auditorias e inspeções); e, ainda, no curso da apreciação de um processo de julgamento de contas ou julgamento de contas especiais. Neste último, geralmente, o processo licitatório já foi finalizado e o contrato foi formalizado e, está vigente ou, também, já foi finalizado, e analisa-se o dispêndio de recursos.

Atua sempre por meio de um processo na medida em que possui um caminho específico, devidamente regulamentado, para alcançar seu resultado final[231].

Este capítulo cuidará de examinar essas questões. No próximo capítulo analisaremos os poderes postos ao Tribunal para que, por meio de seu processo

---

[230] SCAPIN, Romano. A expedição de provimentos provisórios pelos Tribunais de Contas: das "medidas cautelares" à técnica antecipatória no controle externo brasileiro. Belo Horizonte: Fórum, 2019, p. 199-200.
[231] Utilizando do conceito de Celso Antônio Bandeira de Mello sobre o processo, exposto no item 2.3.

de fiscalização, atue sobre as licitações e contratações, bem como sobre os sujeitos envolvidos nas licitações e contratações públicas.

3.1. Controle preventivo e prévio na Lei nº 14.133/2021

A ideia de um controle denominado como preventivo tem como vantagem o poder de impedir prejuízos antes de sua ocorrência[232]. É uma metodologia de controle baseada no gerenciamento dos riscos identificados em atividades e processos, com vistas à eficiência e regularidade da gestão, proporcionando maior segurança administrativa na tomada de decisão pelos gestores.

É tido pelos principais organismos internacionais[233] que atuam na área de controle e pela doutrina[234], como a forma mais eficaz e perene de controle.

---

[232] GARCIA, Gilson Piqueras. Tribunais de contas, controle preventivo, controle social e jurimetria: um estudo sobre as representações para suspensão de licitações. **Rev. Controle**, Fortaleza, v. 19, n. 1, p. 160-193, jan./jun. 2021.

[233] São diversas as normas internacionais que valorizam a atuação preventiva, podemos citar INTOSAI. Declaración de Lima sobre las líneas básicas de la fiscalización. Viena: Intosai, 1998. Disponível em: <http://www.issai.org/es/site-issai/issai-framework/>. Acesso em: 7 mar. 2021. Intosai GOV 9100: Guidelines for internal control standards for the public sector. Viena: Intosai, 2004. Disponível em: . Acesso em: 1º fev. 2016. Intosai GOV 9130: Guidelines for Internal Control Standards for the Public Sector – Further Information on Entity Risk Management. Viena: Intosai, 2007. Disponível em: <http://www.issai.org/en_us/site-issai/issai-framework/intosaigov.htm >. Acesso em: 1º mar. 2021. ABNT NBR ISO 31000:2009. Gestão de riscos – Princípios e diretrizes. Associação Brasileira de Normas Técnicas – ABNT. Rio de janeiro, 2009. ABNT NBR ISSO/IEC 31010:2012. Gestão de riscos – Técnicas para o processo de avaliação de riscos. Associação Brasileira de Normas Técnicas – ABNT. Rio de janeiro, 2016. ASSI, M. **Controles internos e cultura organizacional**: como consolidar a confiança na gestão dos negócios. 2. ed. São Paulo: Saint Paul, 2014.

[234] Defendem este posicionamento: GIL, A. L.; ARIMA, C. H; NAKAMURA, W. T. **Gestão**: controle interno, risco e auditoria. São Paulo: Saraiva, 2013. GLOCK, J. O. **Sistema de controle interno na administração pública**: orientação técnica para a estruturação e operacionalização de controles internos preventivos, baseados em avaliação simplificada de riscos. 2. ed. Curitiba: Juruá, 2015. GUERRA, E. M. **Os controles externo e interno da administração pública**. 2. ed. rev. e ampl. Belo Horizonte: Fórum, 2011. LIMA NETO, R. L. O momento de atuação do controle interno no âmbito do Poder Executivo Federal: Reflexões acerca das propostas do Anteprojeto de Lei Orgânica da Administração Pública Federal e entes de colaboração. In: BRAGA, M. V. A. (Coord.). **Controle interno**: estudos e reflexões. Belo Horizonte: Fórum, 2013. p. 151-167. MEDAUAR, O. **Controle da administração pública**. 3. ed. rev., atual. e ampl. São Paulo: Revista dos Tribunais, 2014. OLIVIERI, C. **A lógica política do controle interno**: o monitoramento das políticas públicas no presidencialismo brasileiro. São Paulo: Annablume, 2010. PAREDES, L P. M. A evolução dos controles internos com uma ferramenta de gestão na Administração Pública. In: BRAGA, M. V. A. (Coord.). **Controle interno**: estudos e reflexões. Belo Horizonte: Fórum, 2013. p. 13-22.

A Lei nº 14.133/2021 segue a tendência observada, nos últimos anos de institucionalização e fortalecimento do controle preventivo ao dispor, em seu art. 169, que: "As contratações públicas deverão submeter-se a práticas contínuas e permanentes de gestão de riscos e de **controle preventivo**"[235].

Os responsáveis pelo controle preventivo são essencialmente o controle interno[236], na forma em que dispõe a referida lei, ao tratar dos objetivos do processo licitatório, no parágrafo único, do seu art. 11, observe:

> A alta administração do órgão ou entidade é responsável pela governança das contratações e deve implementar processos e estruturas, inclusive de gestão de riscos e controles internos, para avaliar, direcionar e monitorar os processos licitatórios e os respectivos contratos, com o intuito de alcançar os objetivos estabelecidos no caput deste artigo, promover um ambiente íntegro e confiável, assegurar o alinhamento das contratações ao planejamento estratégico e às leis orçamentárias e promover eficiência, efetividade e eficácia em suas contratações.

Veja que é o órgão, por meio de sua alta administração, o responsável por implementar controles internos, com o intuito de alcançar os objetivos estabelecidos pela Lei. É que o controle interno é aquele exercido dentro de um mesmo poder ou órgão, onde dentro da própria estrutura interna do órgão, há um setor responsável pela fiscalização dos atos dos gestores.

Ou seja, o controle interno visa possibilitar uma atuação de orientação e inspeção mais próxima do administrador público. Por ser uma ferramenta interna, além de exercer o controle preventivo do exercício da atividade estatal – com o objetivo de prevenir futuros ilícitos –, na forma do conceito aqui utilizado, exerce efetivamente o controle prévio, tal qual o conceito proposto neste estudo.

Isso porque o controle concebido como prévio, adotado o marco temporal deste estudo, é incumbência do controle interno, verificado nas seguintes competências específicas:

---

[235] Trecho em negrito não consta do original.
[236] Podemos citar, a título de exemplo, a Lei das Estatais, Lei nº 13.303/2016 que em seu art. 6º também estabelece a importância do papel do controle interno ao determinar que o estatuto das empresas públicas e sociedades de economia mista devem observar as práticas de gestão de riscos e controle interno.

a) auxiliar a Administração Pública na padronização de modelos de minutas de editais, de termos de referência, de contratos e de outros documentos (art. 19, IV);
b) auxiliar o fiscal do contrato, atuando de forma a dirimir dúvidas e "subsidiá-lo com informações relevantes para prevenir riscos na execução contratual" (art. 117, §3º);
c) orientar os licitantes na implantação de programas de integridade (art. 60, IV e art. 156, V – "órgãos de controle"); e
d) fiscalizar a observância da ordem cronológica de pagamento, cuja alteração excepcional deve ser justificada e comunicada aos referidos órgãos (art. 141).

Deve ser observado que é o controle interno, e **não o externo**, o responsável por assessorar os gestores, dirimir dúvidas e muitas vezes equacionar de modo suficiente a irregularidade verificada, esvaziando a necessidade de ação do controle externo.

A principal função do controle interno, para apoiar o controle externo, está no dever de orientar a autoridade pública, no sentido de evitar o erro, e efetivar um controle preventivo, colher subsídios para determinar o aperfeiçoamento das ações futuras e rever os atos, já praticados, para corrigi-los antes mesmo da atuação do controle externo. Assim, tal controle é tido como o efetivo instrumento de controle preventivo e de controle prévio, observe:

> O Controle Interno abarca todas as formas de controle, preventivo ou detectivo, existentes em determinada organização - pública ou privada - sejam de natureza financeira, contábil, técnica ou mesmo operacional. Os controles internos são implantados pela própria gerência de cada área no curso de suas rotinas e atividades, buscando evitar que sejam cometidos erros na execução. Não é demais assinalar que nenhuma organização subsiste sem a existência de mínimos controles internos.[237]

Veja, portanto, que o controle interno da Administração Pública desempenha papel fundamental. No âmbito federal, este controle é exercido pelo controle interno de cada órgão administrativo e, também pela CGU, que atua como órgão principal do sistema de controle interno federal, na forma do Decreto

---

[237] GHISI, Adhemar Paladini. **O Tribunal de Contas e o sistema de controle interno**. Conferência realizada em Maputo, 1997, p. 6.

nº 3.591, de 6 de setembro 2000[238] e exerce o papel de orientação normativa[239] e supervisão técnica sobre a atividade de auditoria interna do Poder Executivo Federal.

Atualmente, no âmbito da regulamentação de procedimentos relacionados à Lei nº 14.1333, desempenha especial papel a Secretaria Especial de Desburocratização, Gestão e Governo Digital do Ministério da Economia, que, por delegação da Presidência da República, é responsável por regulamentar questões que envolvem as contratações públicas no âmbito da Administração Pública Federal[240].

3.1.1. Do controle prévio exercido pelo Tribunal de Contas da União

A questão do controle prévio exercido pelo TCU, por vezes, é levantada em matéria de contratações públicas, por isso, necessária nossa análise.

Essa discussão toma lugar porque a Constituição de 1946 estabelecia que ao Tribunal de Contas[241] incumbia o julgamento de legalidade dos contratos e que estes, só se reputariam perfeitos depois de registrados pelo Tribunal de Contas. Estavam sujeitos a registro no Tribunal de Contas, prévio ou posterior, conforme a lei o estabelecesse, qualquer ato de Administração Pública de que resultasse obrigação de pagamento pelo Tesouro Nacional ou por conta deste.

---

[238] Temos ainda, na forma da Lei, as Secretarias de Controle Interno (CISET) da Presidência da República, do Ministério das Relações Exteriores, do Ministério da Defesa e da Advocacia-Geral da União (ainda não criada), e a Auditoria Interna do Banco Central do Brasil, como órgãos setoriais; Unidades de auditoria interna (Audin) de órgãos e entidades do Poder Executivo Federal, como órgãos auxiliares; Centros de Controle Interno dos comandos militares, como unidades setoriais.

[239] Instrução Normativa Conjunta MP/CGU Nº 01, de 10 de maio de 2016. Dispõe sobre controles internos, gestão de riscos e governança no âmbito do Poder Executivo federal.

[240] Na forma do decreto nº 10.426, de 16 de julho de 2020 que dispõe sobre a descentralização de créditos entre órgãos e entidades da administração pública federal integrantes dos Orçamentos Fiscal e da Seguridade Social da União, por meio da celebração de termo de execução descentralizada.

[241] Art. 77 - Compete ao Tribunal de Contas: [...]
§ 1º - Os contratos que, por qualquer modo, interessarem à receita ou à despesa só se reputarão perfeitos depois de registrados pelo Tribunal de Contas. A recusa do registro suspenderá a execução do contrato até que se pronuncie o Congresso Nacional.
§ 2º - Será sujeito a registro no Tribunal de Contas, prévio ou posterior, conforme a lei o estabelecer, qualquer ato de Administração Pública de que resulte obrigação de pagamento pelo Tesouro nacional ou por conta deste.

Ao Tribunal cabia um julgamento prévio de qualquer ato que resultasse em futura obrigação de pagamento.

A partir da Constituição de 1967, o referido dispositivo foi retirado, o que foi seguido pela Constituição Federal vigente. No mesmo sentido, o próprio Tribunal de Contas da União editou a seguinte súmula:

> SÚMULA Nº 78
> Com o sistema de controle externo, instituído pela Constituição de 1967 e disciplinado em legislação ordinária pertinente, não compete ao Tribunal de Contas da União julgar ou aprovar previamente contratos, convênios, acordos ou ajustes celebrados pela Administração Pública. [...]

Mesmo com a edição da súmula nº 078 e a jurisprudência sólida do STF no mesmo sentido[242], uma ampla gama de estudiosos do tema defendem o controle prévio pelo TCU, e o próprio Tribunal, em matéria que foge à Lei nº 14.133/2021[243], tem outorgado essa competência[244]. Em linhas gerais, utilizam dois argumentos:

a) a Constituição Federal não vedou o controle prévio, apenas aboliu a expressão; e
b) em termos de eficiência da Administração Pública, nada melhor para aqueles que lidam com finanças públicas do que ter, previamente, a interpretação do órgão de controle externo. Para esses, a ação

---

[242] No julgamento da ADI 916, se posicionou no mesmo sentido, conforme mencionou o Min. Joaquim Barbosa: o art. 71 da Constituição não insere na competência do TCU a aptidão para examinar, previamente, a validade de contratos administrativos celebrados pelo Poder Público. Em outro julgado sobre o tema, o STF decidiu pela inconstitucionalidade da exigência de remessa de todos os editais in BRASIL. Supremo Tribunal Federal. RE nº 547063/RJ. Relator: Ministro Menezes Direito. Diário da Justiça [da] República Federativa do Brasil, Brasília, DF, 7 out. 2008.
[243] Na verdade, verificamos em pesquisa, caso em que o Tribunal determinou ao órgão administrativo que encaminhe o edital previamente a publicação na modalidade pregão eletrônico – que está abarcado pela nova lei, vide Acordão nº 2301/2018 – Plenário.
[244] Vide a Instrução Normativa nº 81.

preventiva resultante tem mais largo alcance, porque o controle orientador é muito mais eficiente do que o repressivo[245].

Refuta-se esses argumentos pelos seguintes motivos:

a) a lei não contém palavras inúteis[246]; e
b) o argumento contido na alínea "b" é deveras problemático porque certamente ter a validação de quem é responsável por julgá-lo torna muito mais segura a atuação administrativa, mas, partindo desse pensamento, melhor seria que o controlador ocupasse o lugar do gestor para gerir a Administração ou figurar como um "co-gestor". No entanto, não é esse o papel constitucional do controle externo.

Como já verificamos, a autonomia da gestão administrativa é atribuída aos órgãos na pessoa de seus servidores; são esses que detêm o conhecimento das peculiaridades internas do órgão e que conseguem, *a priori*, ter um melhor juízo de conveniência e oportunidade, acerca dos atos que devem ser praticados e não o controle. Exigir, como coloca André Rosilho[247], "uma revisão geral das atividades administrativas" pelo TCU, é ferir a autonomia administrativa e financeira posta pela Constituição (art. 37, § 8º) ou "tolher o administrador público".

Essa preocupação também é exposta pela INTOSAI, que, nas diretrizes para auditoria proferidas em 1977 por meio da Declaração de Lima[248], já apontava que

---

[245] Jacoby Fernandes explica que, muitas vezes, o agente de controle é tentado a se colocar em posição de substituir o administrador, confundindo o desempenho de sua função. Ora, é bem provável que um agente de controle seja capaz de encontrar solução mais ótima do que a que foi aplicada, até porque tem a vantagem de chegar após o fato, aferindo as causas e consequências da decisão, mas não foi esse o papel posto ao Tribunal de Contas da União, trata-se de uma usurpação de competências posto que é o órgão administrativo posto pela Constituição como competente para tal. IN. Op. Cit. p. 52.
[246] Trata-se de princípio basilar de hermenêutica jurídica, aquele segundo o qual a lei não contém palavras inúteis: *verba cum effectu sunt accipienda*.
[247] ROSILHO, André. Poder Regulamentar do TCU e o Acordo de Leniência da Lei Anticorrupção. Direito do Estado, n. 133, 2016. Disponível em: http://www.direitodoestado.com.br/colunistas/Andre-Rosilho/poder-regulamentar-do-tcu-e-o-acordo-de-leniencia-da-lei-anticorrupcao. Acesso em 21 set. 2021.
[248] Declaração de Lima publicada em 1977 pela INTOSAI - International Organization of Supreme Audit Institutions. Disponível em: https://www.intosai.org/fileadmin/downloads/documents/open_access/INT_P_1_u_P_10/INTOSAI_P_1_en_2019.pdf. Acesso em 15 set. 2021.

o controle prévio ou pré-auditoria, se exercido por órgão externo, poderia sobrecarregá-lo, além de ensejar certa confusão de responsabilidades entre controlador e controlado, apagando a fronteira entre as funções de controle e administrativa.

Esse argumento exposto na alínea "b" dos que defendem o controle prévio, infelizmente, é muito utilizado na condução da tomada de decisão administrativa; basta verificar que as decisões do TCU por meio de acórdãos passaram a ser utilizadas largamente pelos que atuam nesta Corte[249] – questão que abordamos e que entendemos como problemática, pelos motivos expostos acima.

Do ponto de vista ontológico, a atividade controladora externa pressupõe o exame de algo que já foi feito[250]. O Tribunal tem competência para fiscalizar atos e contratos[251]; não lhe compete, contudo, fiscalizar minutas de editais que sequer foram publicadas, sob pena de imiscuir-se em seara própria do administrador. Controla-se, na verdade, determinada ação já realizada e que, em tese, deveria ter ocorrido em conformidade com o estabelecido pelo ordenamento jurídico. O TCU é instituição de controle; "não é instância de revisão geral de atividades administrativas".[252]

Permitir o exercício de um controle prévio é esvaziar a função de controle, pois confundiria com a própria função administrativa "promover-se-ia o desaparecimento do olhar crítico que se espera do controlador, dando-se lugar à

---

[249] Conforme aponta Victor Amorim: "É assaz comum verificarmos nas petições de recursos administrativos, nas decisões de comissões de licitação, de pregoeiros e nos despachos de autoridades argumentos e motivações que, a rigor, representam a "jurisprudência" do TCU". In: AMORIM, Victor Aguiar Jardim de. Administração Pública e o realismo jurídico: o direito é aquilo que o TCU diz que é em matéria de licitações e contratos? **Revista Jus Navigandi**, ISSN 1518-4862, Teresina, ano 23, n. 5616, 16 nov. 2018. Disponível em: <https://jus.com.br/artigos/68009>. Acesso em: 21 jul. 2021.

[250] Nas palavras do Ministério Benjamim Zymler. In O Processo no TCU e a Responsabilização dos Gestores. Disponível em: http://www.enamat.jus.br/wp-content/uploads/2013/05/CFC5-AdmTRT2013_O-processo-no-TCU-e-a-responsabiliza%c3%a7%c3%a3o-dos-gestores-BenjaminZymler.pdf . Acesso em: 02 mar. 2021.

[251] Na forma do art. 71, IX e X e §§1º e 2º da Constituição.

[252] ROSILHO, André. Poder Regulamentar do TCU e o Acordo de Leniência da Lei Anticorrupção. **Direito do Estado**, n. 133, 2016. Disponível em: <http://www.direitodoestado.com.br/colunistas/Andre-Rosilho/poder-regulamentar-do-tcu-e-o-acordode-leniencia-da-lei-anticorrupcao>. Acesso em: 02 dez. 2020.

partilha do poder"[253]. O próprio Ministro do TCU, Benjamin Zymler[254], alerta para o perigo do controle prévio exercido pelo tribunal, "pois o controlador sente-se tentado a substituir o administrador, afrontando qualquer modelo de administração" e afirma que esta posição poderia inibir ou tolher o administrador público.

Neste entendimento, exigir que os editais ou contratos sejam analisados pelo TCU previamente é, sob o ponto de vista operacional, uma exigência burocrática que certamente tornaria os procedimentos licitatórios e contratações mais longos[255]. Sob a compatibilidade com o ordenamento jurídico, entendemos que o Tribunal não detém mais essa competência[256].

Desta forma, nos filiamos da tese de que, se consideramos como ato-referência, o ato administrativo interno, não poderia haver a imposição de controle prévio do TCU, sendo necessário que o ato produza efeitos. Isto é, em matéria de Lei nº 14.133/2021, apenas com o edital publicado caberia o exame pelo Tribunal de Contas da União, por meio de representação ou auditorias e inspeções. O controle prévio posto pela lei é de incumbência do controle interno.

3.1.2. Do controle preventivo exercido pelo TCU

Adotando a tese de que não caberia um controle prévio impositivo do ato administrativo pelo TCU, poderíamos questionar: se ao TCU cabe agir sobre atos administrativos que produzem efeitos acerca de terceiros, como pode o Tribunal contribuir para evitar que novas irregularidades ocorram?

---

[253] SUNDFELD, Carlos Ari. CÂMARA, Jacintho Arruda. Competências de Controle dos Tribunais de Contas – Possibilidades e Limites. In: SUNDFELD, Carlos Ari. **Contratações públicas e o seu controle.** São Paulo: Malheiros, 2013, p. 194-196.

[254] ZYMLER, Benjamim. **O controle externo das concessões e das parcerias público-privadas.** 2. ed. Belo horizonte: Fórum, 2008, p. 121-122.

[255] v.g. atualmente, em termos operacionais, implicaria em analisar, no ano de 2020, 130.836 licitações. Em dias úteis: 521 licitações por dia, com informações do Portal da Transparência: http://www.portaltransparencia.gov.br/licitacoes?ano=2020 Acesso em: 02 out. 2021.

[256] Para Hely Lopes Meirelles, utilizando como fato o dispêndio de recursos exceto quando houver o controle da gestão fiscal ou forem feitas inspeções e auditorias in loco, que podem ser realizadas a qualquer momento, o controle prévio dos Tribunais de Contas não tem apoio constitucional, devendo a sua atuação ser realizada, via de regra, a posteriori. In: MEIRELLES, Hely Lopes. **Direito administrativo brasileiro.** 44. ed. São Paulo: Malheiros, 2020, p. 786.

À primeira vista, a resposta é que a Constituição Federal não outorgou competência para o Tribunal evitar irregularidades ou ilegalidades; a competência do Tribunal é para fiscalizar e julgar.

No entanto, da mesma forma que é contraproducente um controle prévio impositivo pelo TCU, também se mostra contraproducente o Tribunal apontar as mesmas irregularidades e ilegalidades repetidamente.

Como tivemos oportunidade de verificar no capítulo 2, os mais recentes normativos legais, editados pelo Poder Legislativo, têm caminhado na tendência de fortalecer a segurança jurídica e de valorizar a capacitação dos servidores públicos[257], especialmente a LINDB e a Lei nº 14.133/2021, objetos deste estudo, demonstram claramente esse movimento.

Aliás, o direito administrativo como um todo caminha em prol da cultura do diálogo que, nos dizeres de João Batista Gomes Moreira[258] é o movimento de que "a rigidez autoritária do direito administrativo cede lugar à flexibilidade democrática em que a estrutura piramidal, hierárquica, autoritária converte-se em horizontal, processual e participativa".

Thiago Cardoso Araújo[259], em artigo sobre o tema, disserta que este "movimento" é propagado, inclusive, pelo próprio TCU sob a premissa de que um gestor inepto poderia ser tão pernicioso ao erário quanto o gestor corrupto. Portanto, seria papel institucional do TCU a disseminação das melhores práticas como forma de evitar a malversação do dinheiro público.

Consequentemente, ao longo da história percebemos que a Corte de Contas atribuiu a si uma função tida como "pedagógica[260]" que lastreia a ideia de controle preventivo aqui exposta[261]. Nessa ordem de ideias, tem-se que o órgão

---

[257] Outro exemplo de norma que visa fortalecer a necessidade capacitação dos servidores é a Política Nacional de Capacitação dos Servidores que está disposta no Decreto n.º 5.707, de 23 de fevereiro de 2006.

[258] MOREIRA, João Batista Gomes. **Direito administrativo**: da rigidez autoritária à flexibilidade democrática. 2ª ed. rev., atual. e ampl. Belo Horizonte: Fórum, 2010. p.344.

[259] ARAÚJO, Thiago Cardoso. **R. bras. de Dir. Público – RBDP**, Belo Horizonte, ano 15, n. 58, p. 9-30, jul./set. 2017.

[260] Em pesquisa no sítio eletrônico do TCU, a expressão fundação pedagógica exercida pelo Tribunal consta em mais de 170 acórdãos.

[261] Para Thiago Cardoso, é uma função prospectiva e não preventiva, na medida em que adota outro conceito de preventivo.

não possui meramente a função de punir ou corrigir ilícitos e ineficiências, após terem ocorrido, devendo atuar na prevenção das más práticas de Administração.

Como dito, essa posição está em consonância com os normativos abordados, neste estudo, na medida em que a Lei nº 14.133, de 1º de abril de 2021, previu que:

> Art. 173. Os tribunais de contas deverão, por meio de suas escolas de contas, promover eventos de capacitação para os servidores efetivos e empregados públicos designados para o desempenho das funções essenciais à execução desta Lei, incluídos cursos presenciais e a distância, redes de aprendizagem, seminários e congressos sobre contratações públicas.

Ocorre que, como verificamos, no capítulo anterior, esse dispositivo é criticado pelo próprio Tribunal e pela doutrina na medida em que não está nas competências do Tribunal o dever de capacitar servidores.

Para Thiago Cardoso Araújo[262], atribuir essa competência tem o risco de que a função pedagógica sirva para a ascensão de uma "métrica", derivada da interpretação do TCU sobre o ordenamento jurídico, em relação a qual todas as outras aplicações do ordenamento que regula licitações e contratos administrativos sejam desviantes. Com isso, muda-se o parâmetro de aferição da licitude dos atos administrativos: sai a lei e entra o atual entendimento da Corte de Contas sobre o tema.

A realidade atual é que muitos dos servidores e membros do TCU ministram, em caráter privado, palestras e capacitações visando a propagação do entendimento da Corte de Contas acerca de temas afetos à Lei nº 14.133/2021, bem como, a Escola de Contas do Tribunal também oferece cursos para capacitação de servidores nesta seara. O que para o mesmo autor tem uma consequência negativa: acaba por criar um efeito bloqueador de novas práticas administrativas, pois veda a concretização de arranjos mais eficientes, porém, diferentes do que foi consolidado pela Corte de Contas. Seu uso, portanto, assume a natureza de uma estratégia a que o autor denomina como "autoderrotável *(self-defeating)*".

---

[262] Op. Cit.

Alerta também para o risco do que denominada de "doutrina interna", que toma como verdade absoluta o posicionamento da Corte e que, por vezes, ignora o que denomina de "doutrina externa". Essa falta de oxigenação é exatamente o resultado do que verificamos atualmente e expusemos no capítulo anterior: tomar por único e verdadeiro o entendimento do Tribunal, inclusive, sobrepondo-o à lei. Veja que este não é o papel posto pela Constituição ao órgão, por isso cabe a nós, estudiosos da matéria, alertar para os riscos desse movimento.

Para nós, portanto, o papel do Tribunal de orientação com vistas a evitar reincidências em condutas irregulares é equiparado ao Judiciário, onde na forma do seguinte dispositivo da LINDB cabe ao Tribunal[263]:

> Art. 30. As autoridades públicas devem atuar para aumentar a segurança jurídica na aplicação das normas, inclusive por meio de regulamentos, súmulas administrativas e respostas a consultas.

É necessário ter presente que o dispositivo visa aumentar a "segurança jurídica na aplicação de normas" pelas autoridades, o que traduz, ao nosso ver, a ideia de previsibilidade dos julgamentos, isto é, os regulamentos aqui aduzidos visam procedimentalizar as atuações perante o órgão e estabelecer padrões decisórios pelo próprio Tribunal e não impor a terceiros o seu entendimento.

Isto é, tal dispositivo realça a figura do "precedente", sendo uma clara manifestação instrumental da segurança jurídica, porque permite que se estabeleça "padrões decisórios, ou proíbe que atue, sem critério, contra esse padrão[264].

Entendemos ainda, que o Tribunal exerce um controle preventivo sobre licitações e contratações ao proferir recomendações para os órgãos, ao verificar procedimentos adotados por estes que, em que pese não serem ilegais, podem não ser tão eficientes[265] quanto outros verificados pelo TCU. Nesta senda, como

---

[263] Lei de Introdução às normas do Direito Brasileiro - Decreto-Lei nº 4.657, de 4 de setembro de 1942.
[264] HEINEN, Juliano. Precedente administrativo ou jurisprudência administrativa: a força normativa do art. 30 da Lei de Introdução às Normas do Direito Brasileiro. **Revista da Faculdade de Direito - UFPR.** Curitiba, V. 66, N. 1, P. 149-167, JAN./ABR. 2021, p. 149.
[265] É exatamente o que dispõe o RITCU: Art. 250. Ao apreciar processo relativo à fiscalização de atos e contratos, o relator ou o Tribunal: [...] III - recomendará a adoção de providências quando verificadas oportunidades de melhoria de desempenho, encaminhando os autos à unidade técnica competente, para fins de monitoramento do cumprimento das determinações;

conceitua o próprio TCU[266] "as recomendações são deliberação de natureza colaborativa que apresenta ao destinatário oportunidades de melhoria, com a finalidade de contribuir para o aperfeiçoamento da gestão ou dos programas e ações de governo".

E mesmo nos casos de recomendações, à luz das tendências, expostas alhures, de uma ambiência dialógica, na qual o centro de gravidade não são as sanções ou punições, mas o diálogo construtivo, a troca de experiências, a cooperação e a colaboração mútuas. Deve o Tribunal viabilizar a oportunidade de manifestação do órgão para que verifique se suas recomendações são factíveis de serem implementadas ou se existe motivo que óbice a implementação destas recomendações.

Isso porque é a Administração que deve avaliar a viabilidade de implementação destas recomendações[267]. É exatamente o que dispõe a Lei nº 14.133/2021, observe:

> Art. 171. Na fiscalização de controle será observado o seguinte:
> I - viabilização de oportunidade de manifestação aos gestores sobre possíveis propostas de encaminhamento que terão impacto significativo nas rotinas de trabalho dos órgãos e entidades fiscalizados, a fim de que eles disponibilizem subsídios para avaliação prévia da relação entre custo e benefício dessas possíveis proposições;

Desta forma, entendemos que o Tribunal de Contas da União deve, sim, exercer um controle preventivo, de modo a contribuir para evitar novas condutas ilegais ou aprimorar a gestão por meio de recomendações[268], oportunizando o diálogo. Esta, sim, é sua verdadeira função "didático-pedagógica", como bem explica Jacoby Fernandes:

> Deve ser essa a principal função do controle: alertar para a possível ocorrência de irregularidade, orientar para futuras ocorrências de

---

[266] Art. 2º, inc. II da Resolução nº 315/2020 TCU.
[267] ROSILHO, André. **Tribunal de Contas da União** - Competências, Jurisdição e Instrumentos de Controle. São Paulo: Quartier Latin, 2019, p. 187-188, 339.
[268] No mesmo entendimento: André Rosilho, Crarlos Ari Sundfiels, Jacintho Arruda SUNDFELD, Carlos Ari. CÂMARA, Jacintho Arruda. Competências de Controle dos Tribunais de Contas - Possibilidades e Limites. In: SUNDFELD, Carlos Ari. **Contratações públicas e o seu controle**. São Paulo: Malheiros, 2013, p. 188. ROSILHO, André. **Tribunal de Contas da União** - Competências, Jurisdição e Instrumentos de Controle. São Paulo: Quartier Latin, 2019, p. 316-317.

condutas que fogem ao ordenamento jurídico e sempre buscando ouvir os que estão na linha de frente [269].

Feitos esses apontamentos acerca do papel do TCU, posto pela Constituição e da autonomia administrativa, concluímos que o exame prévio impositivo não encontra respaldo no ordenamento jurídico vigente, além de açaimar o gestor público e ser contraproducente para o próprio TCU. Os instrumentos postos pelo ordenamento jurídico são no sentido de o Tribunal auxiliar aqueles que laboram proferindo súmulas, enunciados e respostas à consulta.

Já a obrigação de capacitar pelo próprio Tribunal, além de não encontrar respaldo constitucional, entendemos que deve ser sopesada acerca dos riscos de impor o entendimento do próprio Tribunal sem que haja espaço para oxigenação de ideias.

Por todo exposto, entendemos que o verdadeiro controle preventivo do Tribunal em matéria de contratações públicas é no sentido de proferir recomendações, por meio de uma relação dialógica, *buscando ouvir os que estão na linha de frente*.

Passaremos a analisar o controle exercido pelo TCU no curso do procedimento licitatório.

3.2. Controle no curso do procedimento licitatório

Em sede de licitações públicas, o controle pode ser exercido de três formas: mediante provocação por qualquer pessoa física ou jurídica, a qual poderá representar ou denunciar ao Tribunal em face de irregularidades na aplicação da Lei de licitações; por meio do regular exercício da função fiscalizadora atribuída ao Tribunal de Contas, onde poderia o Tribunal analisar licitações em curso; e, ainda, posteriormente à conclusão do processo licitatório seja na apreciação de contas ou dos contratos decorrentes da licitação.

O controle no curso do procedimento licitatório ou concomitante, para fins deste estudo, é compreendido como o ato administrativo que já produza efeitos no mundo jurídico, mas que ainda não houve o dispêndio do recurso. Essa premissa é relevante, pois a grande maioria da doutrina adota esta função como "controle prévio" na medida em que usa como marco temporal o dispêndio de

---

[269] Op. Cit. p. 512.

recursos. Aqui também podemos abarcar o controle no curso do contrato decorrente do procedimento, na medida em que os instrumentos postos neste momento também podem abarcar o contrato[270].

Atualmente, as representações e denúncias constituem o principal meio pelo qual o TCU atua sobre licitações em curso, mas podem ser utilizadas no âmbito dos contratos também. Já a atuação por meio de auditorias e inspeções, em que pese poderem fiscalizar um procedimento licitatório específico e em curso, raras vezes possuem esse viés; geralmente, por possuírem um objetivo específico, visam a fiscalização do órgão como um todo ou sobre um viés temático, como a auditoria anual de fiscalização de obras de grande vulto, denominada de Fiscobras[271].

Cuidaremos de analisar esses instrumentos postos, pelo ordenamento, para que o TCU atue sobre procedimentos licitatórios e contratações em curso.

3.2.1. Das auditorias e inspeções

Na forma do art. 71 da Constituição Federal, o TCU tem competência para realizar inspeções e auditorias, observe:

[...] IV - realizar, por iniciativa própria, da Câmara dos Deputados, do Senado Federal, de Comissão técnica ou de inquérito, inspeções e auditorias de natureza contábil, financeira, orçamentária, operacional e patrimonial, nas unidades administrativas dos Poderes Legislativo, Executivo e Judiciário, e demais entidades referidas no inciso II;

É por meio das auditorias e inspeções, portanto, que o TCU analisa o desempenho, sob os aspectos contábil, financeiro, orçamentário, operacional e patrimonial da Administração Pública. Pode o Tribunal realizar por iniciativa própria ou ser demandado, pelo Congresso Nacional, devendo submeter a este o resultado de suas auditorias e inspeções.

---

[270] Essa questão será mais bem aprofundada no próximo capítulo ao abordarmos a sustação de contratos.

[271] Fiscobras é o plano de fiscalização anual que engloba um conjunto de ações de controle do TCU com o objetivo de verificar o processo de execução de obras públicas financiadas total ou parcialmente com recursos da União. Os gestores são comunicados sobre as constatações feitas pelo Tribunal no decorrer das fiscalizações e têm a oportunidade de apresentar justificativas ou comprovar a adoção de medidas saneadoras, com informações obtidas do sítio eletrônico do TCU. in https://portal.tcu.gov.br/fiscobras.htm. Acesso em: 17 ago. 2021.

Ao analisar o controle por meio de auditoria exercido pelo TCU, Jacoby Fernandes[272] explica que este alcançou patamar constitucional em 1967 e objetiva aferir a regularidade dos procedimentos a cargo do órgão responsável por bens, dinheiros e valores públicos. Constitui possibilidade de verificação *in loco* da escrituração contábil, inclusive sob enfoque analítico, na medida em que as informações prestadas pelo próprio órgão podem ser elementos insuficientes para assegurar a confiabilidade da apuração dos gastos públicos.

Especificamente a auditoria operacional foi uma inovação da Constituição Federal vigente, permitindo a avaliação do desempenho da gestão pública, não somente da legalidade, legitimidade e probidade de seus atos, como também, nas palavras do eminente Ministro Luciano Brandão[273], "da economicidade dos valores aplicados, comparando dispêndios efetivados e resultados colhidos".

Para nós a auditoria operacional é o mais relevante papel do Tribunal, pois analisa-se a eficiência dos gastos públicos. O levantamento de informações e análise de metas ensejam a elaboração de relatórios que são enviados ao Congresso Nacional, que, por sua vez, utiliza os relatórios para auxiliar na deliberação sobre a destinação do orçamento público.

O tema encontra-se disciplinado no RITCU[274], que estabelece as formas e procedimentos para a realização de autorias e inspeções[275], bem como demais fiscalizações exercidas pelo TCU.

As auditorias e inspeções são instrumentos de verificação do órgão a normas pertinentes à contabilidade, ao direito financeiro, ao planejamento e à execução do orçamento, o que abrange também as licitações e contratos. Nas palavras de José Nagel[276] "objetivam o aperfeiçoamento das atividades para a consecução da missão institucional, servindo muito mais à Administração que pretenda uma radiografia da sua *performance*".

---

[272] Op. Cit. p. 365.
[273] SOUZA, Luciano Brandão Alves de. A Constituição de 1988 e o Tribunal de Contas da União. **Revista de Informação Legislativa**. Brasília, a. 26, n. 102, abr./jun. 1989, p. 175-176.
[274] RITCU. Arts. 239 e 240.
[275] TCU. PORTARIA-SEGECEX Nº 26, de 19 de outubro de 2009: estabelece os padrões de auditoria.
[276] Definições semelhantes são apresentadas pelo então Secretário-Geral de Controle Externo do TCU. NAGEL, José. Normas gerais sobre fiscalização e julgamento a cargo do TCU. **Revista do Tribunal de Contas da União**, n. 74, 1997, p. 12-13.

A principal distinção entre esses instrumentos [277] é que a inspeção é o procedimento de fiscalização para suprir omissões e lacunas de informações, esclarecer dúvidas ou apurar denúncias quanto à legalidade e à legitimidade de fatos da Administração e de atos administrativos praticados, por qualquer responsável sujeito à jurisdição do Tribunal de Contas. A inspeção volta-se para a verificação de informações necessárias à regularidade dos juízos firmados em sede de controle, equivalendo muitas vezes às diligências.

Já a auditoria, tem por objetivo o levantamento das atividades de operação de um órgão ou entidade, abrangendo o exame econômico-financeiro num sentido analítico, ao passo que as inspeções se dirigem à verificação de fatos ou conjunto de fatos determinados.

Em matéria de licitações e contratos públicos, a atuação do TCU por meio de auditorias – como já adiantado, em regra, visa uma análise global e não específica, isto é, não atinge um procedimento licitatório específico na medida em que obedece a um plano de fiscalização previamente elaborado [278]. O que comumente ocorre é a análise de um bloco de licitações, como, por exemplo, quando o TCU analisou as licitações feitas por meio do portal Comprasnet, os gastos na pandemia[279] ou, ainda, o Relatório Sistêmico de Fiscalização em Saúde em que o Tribunal analisou o sistema de saúde federal[280].

Tanto nas auditorias quanto nas inspeções, são proferidos ao final da análise, relatórios e proposta de encaminhamento para o plenário do Tribunal[281]

---

[277] Com informações retiradas do sítio eletrônico do TCU. Disponível em: <https://portal.tcu.gov.br/controle-externo/normas-e-orientacoes/normas-de-fiscalizacao/inspecao.htm>. Acesso em: 20 ago. 2021.

[278] Art. 244. As auditorias, acompanhamentos e monitoramentos obedecerão a plano de fiscalização elaborado pela Presidência, em consulta com os relatores das listas de unidades jurisdicionadas, e aprovado pelo Plenário em sessão de caráter reservado. § 1º A periodicidade do plano de fiscalização, bem como os critérios e procedimentos para sua elaboração, serão estabelecidos em ato próprio do Tribunal.
§ 2º Os levantamentos e inspeções serão realizados por determinação do Plenário, da câmara, do relator ou, na hipótese do art. 28, inciso XVI, do Presidente, independentemente de programação, observada a disponibilidade dos recursos humanos e materiais necessários.

[279] Relatório disponível em:
<https://portal.tcu.gov.br/lumis/portal/file/fileDownload.jsp?fileId=8A8182A24F0A728E014F0B27BECB0AA9>. Acesso em: 11 set. 2021.

[280] A integra do relatório está disponível em: <https://portal.tcu.gov.br/biblioteca-digital/relatorio-sistemico-de-fiscalizacao-saude.htm>. Acesso em: 11 set. 2021.

[281] RITCU. Art. 246.

com os chamados "achados"[282] que decorrem da comparação de "o que é", com "o que deveria ser"; a partir daí o Tribunal age ou exerce seus "poderes", tema que abordaremos no próximo capítulo.

3.2.2. Da representação e denúncia perante o TCU

A possibilidade de provocar a Corte de Contas constitui um importante meio de fortalecimento do denominado controle social. O controle social busca, pela participação da comunidade, acompanhar a atuação da administração pública, para que ela seja feita em favor da sociedade – em prol do interesse público.

Nesta senda, o §2º do art. 74 da Constituição Federal estabelece que "Qualquer cidadão, partido político, associação ou sindicato é parte legítima para, na forma da lei, denunciar irregularidades ou ilegalidades perante o Tribunal de Contas da União"[283,] ao passo que a Lei nº 14.133/2021[284], seguindo a redação da lei anterior[285], previu a possibilidade de representação para órgãos de controle interno ou para o Tribunal de Contas contra irregularidades na aplicação da Lei.

O dispositivo está em consonância com o dispositivo constitucional, mas observe que, no segundo caso, o legislador utilizou da palavra "representar". A representação em matéria de licitações e contratações públicas encontra respaldo, portanto, na Lei nº 14.133/2021, ao passo que a denúncia também poderia servir para o mesmo fim na medida em que contratações e licitações abrangem o dispêndio de recursos públicos.

---

[282] TCU. PORTARIA-SEGECEX Nº 26, de 19 de outubro de 2009. Item 18.
[283] Jacoby Fernandes leciona que essa inovação da Constituição de 1988, além de haver transformado o princípio da moralidade administrativa num epicentro axiológico dentre os valores que informam a Administração Pública, deixou a Corte de Contas permanentemente aberta e solícita aos questionamentos provindos da sociedade civil, em especial às denúncias populares de irregularidades ou ilegalidades que sejam manifestadas por qualquer cidadão, partido político, associação ou sindicato, conforme o disposto nos arts. 37 e 73, §2º, da Constituição Federal.
[284] Lei nº 14.133/2021. Art. 170. §4º Qualquer licitante, contratado ou pessoa física ou jurídica poderá representar aos órgãos de controle interno ou ao tribunal de contas competente contra irregularidades na aplicação desta Lei.
[285] Lei nº 8.666/1993. Art. 113. §1º Qualquer licitante, contratado ou pessoa física ou jurídica poderá representar ao Tribunal de Contas ou aos órgãos integrantes do sistema de controle interno contra irregularidades na aplicação desta Lei, para os fins do disposto neste artigo.

A representação encontra-se disciplinada no RITCU[286] e possui o mesmo objetivo da denúncia, ressalvados os casos disciplinados por legislação específica – como é o caso da Lei nº 14.133/2021, no entanto, mudam-se os atores legitimados para representar, observe:

> Art. 237. Têm legitimidade para representar ao Tribunal de Contas da União:
>
> I – o Ministério Público da União, nos termos do art. 6º, inciso XVIII, alínea c, da Lei Complementar nº 75/93;
>
> II – os órgãos de controle interno, em cumprimento ao § 1º do art. 74 da Constituição Federal;
>
> III – os senadores da República, deputados federais, estaduais e distritais, juízes, servidores públicos e outras autoridades que comuniquem a ocorrência de irregularidades de que tenham conhecimento em virtude do cargo que ocupem;
>
> IV – os tribunais de contas dos estados, do Distrito Federal e dos municípios, as câmaras municipais e os ministérios públicos estaduais;
>
> V – as equipes de inspeção ou de auditoria, nos termos do art. 246;
>
> VI – as unidades técnicas do Tribunal; e
>
> VII – outros órgãos, entidades ou pessoas que detenham essa prerrogativa por força de lei específica.
>
> Parágrafo único. Aplicam se às representações os dispositivos constantes do § 1º e da segunda parte do § 2º do art. 234, do caput e do parágrafo único do art. 235 e dos arts. 250 a 252

No caso de lei específica, é relevante verificar o que dispõe acerca da legitimidade e dos objetivos da representação: a Lei nº 14.133/2021, objeto deste estudo, prevê que a representação é cabível contra irregularidades acerca da aplicação daquela Lei.

---

[286] Resolução TCU nº 246, de 30 de novembro de 2011(*) Republicada após alterações determinadas na Resolução-TCU nº 310/2019. Art. 237.

Em termos procedimentais, ambas devem preencher os mesmos requisitos constantes do RITCU[287], como tratar sobre matéria de competência do TCU e estar acompanhada de indício da irregularidade ou da ilegalidade denunciada.

Possuem, também, os mesmos requisitos de admissibilidade [288] e são encaminhadas à unidade técnica para verificação destes, elaboração de instrução e posterior envio ao Relator.

Se acolhidas têm como consequência a sua apuração mediante a mobilização do corpo técnico do Tribunal para: realização de levantamentos, diligências e auditorias; identificação das irregularidades e quantificação do dano, se for o caso; promoção de audiências e citações para que as pessoas tidas como responsáveis pelas ocorrências apresentem defesa; análise da defesa oferecida e formulação de proposta de encaminhamento ao Ministro-Relator. Também ambas estão entre os assuntos do TCU que têm tramitação preferencial em relação a outros processos[289].

Caso, após as diligências pertinentes, se revele improcedente, a representação ou a denúncia deverão ser arquivadas, mediante despacho fundamentado do Relator, dando-se ciência ao signatário[290].

Veja, portanto, que o rito entre representação e denúncia é o mesmo, bem como seu objetivo; a sútil diferença entre a questão do sigilo poderia ser disciplinada no mesmo instrumento com variações apenas no procedimento. Isso é relevante, pois a simplificação do instrumento em um único é medida benéfica, uma vez que visa tornar mais claro como proceder quando verificada uma irregularidade ou ilegalidade, isto é, não seria necessário verificar qual é o instrumento – algo que pode confundir o interessado. Se a CF utiliza a palavra "denunciar", seria interessante que os normativos seguissem a mesma linha ao invés de criar outros instrumentos com o mesmo objetivo[291].

---

[287] RITCU. Art. 237. Parágrafo único. Aplicam-se às representações os dispositivos constantes do § 1º e da segunda parte do § 2º do art. 234, do caput e do parágrafo único do art. 235 e dos arts. 250 a 252.
[288] RITCU. Art. 234.
[289] RITCU. art. 159, V.
[290] RITCU. Art. 253, p. ú.
[291] O TCU criou, ainda, "o relato de irregularidade" que conforme consta do sítio eletrônico do Tribunal não se confunde com a "Denúncia" prevista nos artigos 53 e seguintes da Lei Orgânica do

Se a denúncia visa irregularidades sobre atos que estão sobre o controle do Tribunal, é certo que poderia utilizar deste instrumento para representar contra atos que envolvam licitações e contratos.

Outra questão relevante sobre estes instrumentos: devem orientar-se para proteger a regularidade da despesa pública. A análise do Tribunal é, portanto, pautada na verificação de irregularidades ou ilegalidades, visando garantir a absoluta conformidade com o sistema normativo[292].

Isto significa que o objetivo dos instrumentos não é, como bem explica Edgar Guimarães[293], proteger direitos subjetivos ou interesses pessoais específicos, o intuito também não é análise do mérito dos atos administrativos, o que anularia a discricionariedade do administrador público. É natural, no entanto, que ao se utilizar da representação ou denúncia, o denunciante ou representante possa fazê-lo visando a defesa de interesses próprios, mas a análise do Tribunal deve pautar-se na defesa do interesse público.

Os efeitos da intervenção do TCU, como abordaremos no próximo capítulo, permitem, por exemplo, obstar a continuidade de um processo licitatório ou suspender pagamentos a particulares, medidas que, consequentemente, afetam tanto a população, quanto o licitante/contratado e ao órgão. É precisamente por isso que a Corte de Contas deve analisar as consequências de sua intervenção ao exercer seu papel[294].

TCU. Neste canal, a identificação é opcional e o manifestante comunicará a existência de alguma irregularidade, com ou sem evidências/indícios comprobatórios. Após recebimento das informações, o relato será encaminhado para a unidade técnica responsável, que avaliará e decidirá pela atuação imediata de procedimento. Disponível em: https://contas.tcu.gov.br/ords/f?p=SISOUVIDORIA_EXTERNA:29:::NO:29:P29_XTIPO_MANIFESTACAO:2

[292] O TCU também adota este entendimento, vide: Acórdão 4.079/2020, Plenário, rel. Min. Augusto Sherman. Acórdão 3.510/2011, 1.a Câm., rel. Min. Weder de Oliveira; Acórdão 726/2008-TCU-Plenário; Acórdão 2.656/2019, Plenário, rel. Min. Ana Arraes; Acórdão 1.182/2018, Plenário, rei. Min. Benjamin Zymler).

[293] GUIMARÃES, Edgar. Os Tribunais de Contas e o controle das licitações. **Migalhas**, 4 ago. 2006. Disponível em: <https://www.migalhas.com.br/depeso/28342/os-tribunais-de-contas-e-o-controle-das-licitacoes.> Acesso em: 20 ago. 2021.

[294] Nesta senda dispõe a Lei nº 14.133/2021: Art. 171. Na fiscalização de controle será observado o seguinte: I - viabilização de oportunidade de manifestação aos gestores sobre possíveis propostas de encaminhamento que terão impacto significativo nas rotinas de trabalho dos órgãos e entidades fiscalizados, a fim de que eles disponibilizem subsídios para avaliação prévia da relação entre custo e benefício dessas possíveis proposições;

A análise do Tribunal é, portanto, pautada na verificação de irregularidades ou ilegalidades, visando garantir a absoluta conformidade com o sistema normativo.

3.3. Controle posterior

O controle posterior, para fins deste estudo, é compreendido como aquele em que o dispêndio de recursos já ocorreu. No âmbito da Lei nº 14.133/2021, o controle posterior ocorre quando o contrato já foi finalizado. É tido como o efetivo controle exercido pelo órgão externo[295].

Neste âmbito, o controle é tido como repressivo e sancionador[296], pois enfatiza a responsabilidade dos responsáveis pela gestão financeira, fiscal e patrimonial: pode determinar o ressarcimento por prejuízos provocados e sancionar com vistas a impedir novas ocorrências de violações. Além disso, vimos que, acerca do ato consumado, pode o Tribunal também exercer um controle preventivo[297], isto é, com vistas a recomendar para que o órgão altere a forma de realizar procedimentos, com vistas a evitar futuras ocorrências de irregularidades.

No uso de suas competências repressivas e sancionadoras, a atuação do TCU deve ser dotada de uma análise de oportunidade, materialidade, relevância e risco, considerando as razões apresentadas pelos órgãos e entidades responsáveis e os resultados obtidos com a contratação, na forma do art. 170 da Lei nº 14.133/2021.

Além disso, a análise posterior tem a vantagem de verificar questões que, no momento da prática do ato administrativo, poderiam não ser perceptíveis pelo órgão ou que sofreram modificações normativas ou de entendimentos jurisprudenciais posteriores.

---

[295] Conforme consta na Declaração de Lima publicada em 1977 pela INTOSAI - International Organization of Supreme Audit Institutions. Disponível em: https://www.intosai.org/fileadmin/downloads/documents/open_access/INT_P_1_u_P_10/INTOSAI_P_1_en_2019.pdf. Acesso em 15 set. 2021.

[296] Em alguns compêndios defende-se a ideia de que o controle posterior é corretivo, no entanto, endentemos que no marco que utilizamos o controle corretivo é quando é possível corrigir aquele ato ao passo que o repressivo implica somente, em repreender aquele ato, seja decidindo pela ilegalidade, agindo sobre sujeitos (sanção), ou determinando o ressarcimento dos valores ao erário público.

[297] Tema que abordamos no item 3.1.2.

Nesta senda, a observância dos arts. 22 e 24 da LINDB mostram-se essenciais pelo TCU, na medida em que preveem que no exercício do controle, os órgãos deverão levar em conta as orientações gerais da época, sendo vedado que, com base em mudança posterior de orientação geral, se declarem inválidas situações plenamente constituídas e, ainda que, na interpretação de normas sobre gestão pública, serão considerados os obstáculos e as dificuldades reais do gestor e as exigências das políticas públicas a seu cargo, sem prejuízo dos direitos dos administrados.

O controle posterior pode ser exercido em matéria de contratações públicas, também por meio de auditorias, inspeções, representações e denúncias. O que diferencia este controle, do exposto no tópico anterior, é que não é mais possível corrigir as irregularidades ou ilegalidades naquele procedimento; não poderia o Tribunal agir para saná-las. O ato já foi consumado.

Desta feita, abordaremos a seguir como o TCU pode agir sobre licitações e contratações públicas ao julgar contas e a figura da tomada de contas especial, instaurada quando há dano ao erário.

3.3.1. Do julgamento de contas

Na forma do art. 71 da Constituição Federal, compete ao Tribunal de Contas da União apreciar as contas do Presidente da República e julgar as contas dos administradores e demais responsáveis por dinheiros, bens e valores públicos da administração direta e indireta. Da mesma forma, dispõe a Lei Orgânica do TCU[298].

Observe que, no caso das contas do chefe do executivo, o Tribunal "aprecia", ao passo que as demais julga, isto decorre das disposições do art. 49, IX da CF que estabelece que é o Congresso quem compete julgar as contas do presidente.

---

[298] Art. 1º. Ao Tribunal de Contas da União, órgão de controle externo, compete, nos termos da Constituição Federal e na forma estabelecida nesta Lei:
I - julgar as contas dos administradores e demais responsáveis por dinheiros, bens e valores públicos das unidades dos poderes da União e das entidades da administração indireta, incluídas as fundações e sociedades instituídas e mantidas pelo poder público federal, e as contas daqueles que derem causa a perda, extravio ou outra irregularidade de que resulte dano ao erário; [...] III - apreciar as contas prestadas anualmente pelo Presidente da República, nos termos do art. 36 desta Lei;

O dever de prestar contas trata-se da efetivação do postulado essencial ao regime democrático[299] que como tivemos oportunidade de verificar no capítulo 1, item 1.1., a expressão "prestar contas" já era utilizada, inclusive, na Grécia Antiga.

Desta feita, os administradores de recursos públicos prestam contas anualmente[300] dos dinheiros, bens e valores públicos que utilizem, arrecadem, guardem, administrem ou gerenciem ou pelos quais a União responda, ou que, em nome desta, assuma obrigações de natureza pecuniária, claramente estão inseridas as contratações públicas. Igual dever é imposto àqueles que gerem recursos ocasionalmente, como no caso de convênios. Nesse caso, entretanto, a periodicidade não é anual, mas sim a que vier a ser definida no termo de ajuste[301].

No julgamento de contas e na fiscalização que lhe compete, o Tribunal decidirá sobre a legalidade, a legitimidade e a economicidade dos atos de gestão e das despesas deles decorrentes, bem como sobre a aplicação de subvenções e a renúncia de receitas[302].

Pode o Tribunal, ao analisar as contas de determinado órgão, verificar dispêndio de recursos públicos oriundos de licitações e contratações regidas pela Lei nº 14.133/2021 em que considere o ato praticado como ilegal e, ainda, que possa caracterizar como dano ao erário ou desfalque ou desvio de dinheiros, bens ou valores públicos[303].

Importante mencionar que no curso do processo de julgamento de contas, é assegurada a possibilidade de defesa, e ao Tribunal cabe fixar a responsabilidade individualizada daqueles que ensejaram a irregularidade ou ilegalidade[304]. Ao final, o Tribunal, na forma da LOTCU, julga as contas regulares, regulares com ressalvas ou irregulares.

No caso de dano ao erário, deve ser realizado um procedimento autônomo, denominado de tomada de contas especial, o qual abordaremos a seguir.

---

[299] Como explica Jacoby Fernandes: oriundo da Revolução Francesa, assentado em 1789, no art. 15 da Declaração dos Direitos do Homem e do Cidadão: "A sociedade tem o direito de pedir conta a todo agente público de sua administração".
[300] Na forma do art. 7 da Lei nº 8.443/1992.
[301] Art. 7º da Lei orgânica do TCU – Lei nº 8.443/1992.
[302] Na forma do art. 202 do RITCU.
[303] Na forma do art. 209 do RITCU essas são as hipóteses para considerar as contas irregulares.
[304] Na forma do art. 202 do RITCU.

3.3.2. Da Tomada de Contas Especial

A Tomada de Contas Especial, como o próprio nome alude, é um procedimento especial com vistas a apurar as contas dos que deram causa a prejuízos ao erário.

A Constituição Federal vigente não alude à Tomada de Contas Especial como um tipo de processo autônomo, mas, ao definir as competências do TCU indica a necessidade de um procedimento específico para apurar prejuízos causados ao erário, ao estabelecer que cabe ao Tribunal julgar as contas daqueles que derem causa a perda, extravio ou outra irregularidade de que resulte prejuízo ao erário público.

Esse entendimento, de um processo apartado de contas para apuração de desvios, guarda amparo também no Decreto-Lei nº 200/1967, que prevê a figura da "tomada de contas"[305]. A Tomada de Contas é o instrumento adequado para que a administração busque o ressarcimento ao erário na hipótese de omissão do dever de prestar contas, acrescentando o desfalque, o desvio de bens ou outra irregularidade de que resulte prejuízo.

Na forma da Instrução Normativa do TCU[306] que disciplina o tema, é um processo administrativo devidamente formalizado, com rito próprio, para apurar responsabilidade por ocorrência de dano à administração pública federal, com apuração de fatos, quantificação do dano, identificação dos responsáveis e obter o respectivo ressarcimento. O objetivo da Tomada de Contas Especial é identificar os responsáveis e quantificar o dano.

O intuito da Tomada de Contas Especial – TCE é que se constitua uma medida de exceção[307]. Portanto, a Administração deve esgotar todas as medidas

---

[305] Art. 84. Quando se verificar que determinada conta não foi prestada, ou que ocorreu desfalque, desvio de bens ou outra irregularidade de que resulte prejuízo para a Fazenda Pública, as autoridades administrativas, sob pena de co-responsabilidade e sem embargo dos procedimentos disciplinares, deverão tomar imediatas providência para assegurar o respectivo ressarcimento e instaurar a tomada de contas, fazendo-se as comunicações a respeito ao Tribunal de Contas.

[306] Art. 2º, caput, da IN/TCU 71/2012.

[307] A partir da alteração iniciada com a Instrução Normativa nº 13/1996, a TCE passou a ser processo de instauração excepcional. Assim, tanto diante da omissão no dever de prestar contas, quanto de dano causado ao erário, em decorrência de ato ilegal, ilegítimo ou antieconômico, deverá a autoridade responsável envidar esforços pela regularização, no prazo de 180 dias.

administrativas para elidir a irregularidade ensejadora da TCE ou obter o ressarcimento do dano, antes de formalizar a instauração do processo.

É precisamente por isso que ao TCU compete, quando verificar possível dano ao erário, alertar o órgão, assinando prazo para que tome providências, com vistas a obter o ressarcimento antes da instauração de uma TCE. Instaurada a TCE pelo órgão, o julgamento não é feito pela autoridade instauradora ou que a dirigiu, pois esse compete privativamente aos Tribunais de Contas[308].

Constatado o dano em matéria de contratações públicas, deve o Tribunal exercer seus poderes, na forma disciplinada na Instrução Normativa TCU nº 71, de 28 de novembro de 2012.

Analisados os instrumentos e o momento em que o TCU atua sobre as contratações públicas, passaremos a analisar efetivamente os parâmetros postos ao Tribunal, para que fiscalize as licitações e contratações públicas regidas, pela Lei nº 14.133/2021, isto é, os critérios para o exercício de seu controle, iniciando pelo controle sob o parâmetro da legalidade e, em seguida, a legitimidade e a economicidade.

3.4. O espaço de atuação do Tribunal de Contas da União em matéria de contratações públicas

O espaço de atuação do TCU em matéria de contratações públicas regidas pela Lei nº 14.133/2021 é um tema que merece uma análise mais aprofundada, na medida em que referida norma não foi clara, acerca do papel do Tribunal, limitando-se a dispor que é cabível representação ao Tribunal de Contas por irregularidades na aplicação desta Lei.

Apesar de dispor sobre os critérios de fiscalização não especifica o que objetivamente o Tribunal fiscaliza. Já a Constituição estabelece que cabe ao Congresso Nacional, com o auxílio do Tribunal de Contas da União a "fiscalização contábil, financeira, orçamentária, operacional e patrimonial" o que de certo modo abrange tudo posto na lei e estabelece como parâmetros "à **legalidade, legitimidade, economicidade**"[309].

---

[308] Na forma do art. 187, §2º do RITCU.
[309] Trecho em negrito não consta do original.

A inserção dos parâmetros da legitimidade e economicidade trata-se de inovação da Constituição de 1988, na medida em que pelas Constituições anteriores o parâmetro de legalidade era o único disponível ao TCU.

Os parâmetros de legitimidade e economicidade são vistos por parte da doutrina[310] como uma inovação positiva, a exemplo de Jacoby Fernandes que entende que esses parâmetros são muito relevantes para as auditorias operacionais, de desempenho e de resultados, sendo seu verdadeiro vetor. Nesta linha de raciocínio, as auditorias têm por principal objetivo coletar e analisar sistematicamente informações sobre características, processos e resultados de um programa, atividade ou organização, com base em critérios fundamentados, com o objetivo de aferir o desempenho da gestão governamental, subsidiar os mecanismos de responsabilização por desempenho e contribuir para aperfeiçoar a gestão pública[311].

André Rosilho e Nelson Saldanha alertam que esses parâmetros ensejam, não em avaliações propriamente jurídicas, mas políticas, morais e/ou econômicas[312] o que pode ser deveras problemático se puderem ser utilizados sob o viés punitivo, isto é, no controle corretivo, na medida em que são subjetivos.

Isso porque legitimidade e economicidade são conceitos de difícil precisão objetiva, o que enseja atualmente uma ampla discussão[313] sobre o verdadeiro significado desses parâmetros na análise do controle exercido pelo TCU.

Para buscar compreendê-los, utilizaremos das definições de Antônio Blecaute Costa Barbosa, a fim de facilitar a correta interpretação e aplicação desses

---

[310] Entendem pela assertividade da inserção: Juarez Freitas in FREITAS, Juarez. O controle dos atos administrativos, cit., p. 113-114; Frederico Pardini in PARDINI, **Tribunal de contas da União: órgão de destaque constitucional**, cit., p. 128-129. Jacoby Fernandes in Op. cit, p. 49.

[311] Com informações obtidas no portal do TCU. Disponível em: <https://portal.tcu.gov.br/controle-externo/normas-e-orientacoes/normas-de-fiscalizacao/auditoria-operacional.htm>. Acesso em 25 de nov.2021.

[312] ROSILHO, André. **Tribunal de Contas da União - Competências, Jurisdição e Instrumentos de Controle**. São Paulo: Quartier Latin, 2019, p. 124-127. SALDANHA, Nelson. **Filosofia do direito**. Rio de Janeiro: Ronovar, 1998, p. 123.

[313] São muitos os autores que analisam esses conceitos e os limites de sua aplicação, como os já citados Jacoby Fernandes, André Rosilho, Carlos Ari Sundfiel e Jacintho Arruda Camera, além das seguintes obras de referência: BUGARIN, Paulo Soares. **O princípio constitucional da economicidade na jurisprudência do Tribunal de Contas da União**. 2ª ed. Belo Horizonte: Fórum, 2011, p. 98, 103, 106, 111-117.

parâmetros no exercício do controle pelo TCU. O autor[314] conceitua legalidade como o critério que incide no exame da observância dos parâmetros constitucionais, legais e regulamentares aplicáveis ao gasto fiscalizado. É a verificação do cumprimento do princípio da legalidade pela Administração Pública.

Isso decorre da expressa previsão constitucional que determina que todos os atos da Administração têm de estar em conformidade com o ordenamento jurídico, impondo-se a observância não só das leis em sentido estrito, mas, também, das demais normas de atuação administrativa, constantes do texto constitucional e infraconstitucional[315]. Isto é, a análise da legalidade é, bem mais ampla do que a mera sujeição do administrador à lei; implica que o administrador deve estar submetido também ao Direito, ao ordenamento jurídico, às normas e aos princípios constitucionais, ou seja, a todo o regime jurídico acerca da matéria[316].

Já a legitimidade, para o autor, serve para aferir se o gasto realizado atendeu, de alguma forma, a uma necessidade coletiva se, de fato, o produto final gerado contribuiu para satisfazer os anseios da comunidade e trouxe algum benefício social.

A economicidade, por sua vez, constitui o instrumento de averiguação da relação custo-benefício dos gastos realizados pela Administração Pública. Se, de um lado, as fontes de receita são limitadas e, do outro, as necessidades são ilimitadas, maximizar o uso dos recursos com vistas a gerar mais proveitos para a população representa a essência desse critério de verificação das contas públicas.

A seguir, analisaremos como operam-se cada um desses parâmetros no âmbito das licitações e contratações públicas.

3.4.1. Controle de legalidade em matéria de licitações e contratos

Quando adentramos no tema do controle sobre licitações e contratações públicas, conforme tivemos oportunidade de verificar no capítulo anterior, o

---

[314] BARBOSA, Antonio Beclaute Costa. A legitimidade do gasto governamental no Brasil as condições de possibilidade do controle externo pelo Tribunal de Contas da União após a Constituição Federal de 1988. Editora Edgard Blücher Ltda. 2020. p.63.
[315] Este tema foi abordado no capítulo anterior.
[316] FIGUEIREDO, Lucia Valle. **Curso de direito administrativo**. 6 ed. São Paulo: Malheiros, 2006. p. 42.

regime jurídico que abrange tanto controle como os controlados é composto de uma série de disposições constitucionais e de normas legais e infralegais. Faz parte do regime jurídico e, portanto, dos parâmetros de legalidade a serem verificados pelo TCU, além das normas orçamentárias e de finanças públicas, todo o conjunto de regras que rege os procedimentos de licitação pública e, ainda, as normas infralegais que regulamentam as contratações.

Nesta visão, não é apenas sobre as normas de fiscalização contábil que o Tribunal analisa os atos, seguindo o posicionamento de Celso Antônio Bandeira de Mello colacionado nas suas palavras:

> A ilegalidade de uma despesa não decorre, apenas, da ausência de verba própria, da ubiquação em rubrica errada, pois a legalidade de uma despesa depende da observância de inúmeros requisitos. Eis porque sua análise pressupõe o amplo completo exame de todos os requisitos de validade do ato administrativo; vale dizer: da completa lisura dos pressupostos de validade do ato que se conduz à despesa. Aliás, se assim não o fora, jamais o Tribunal de Contas poderia verificar se houve ou não a licitação que deve preceder o contrato; jamais poderia verificar se foi correta a adjudicação que redundou no chamado contrato administrativo, celebrado com quem estava em 4° lugar, na classificação e, não, com quem estava em 1°. De outra parte, como dar-se por legal um contrato, dar-se por legítima a despesa, realizada em tais condições? [317]

Neste passo, todas as normas jurídicas que visam reger as etapas do processo licitatório e assegurar a probidade da contratação fazem parte do critério legal do controle exercido pelo TCU. Isto é, como órgão de proteção do erário público, em nome do qual realiza o controle das licitações e contratações públicas federais, o Tribunal deve realizar o confronto de todos os atos à luz das normas constantes do regime jurídico.

Cumpre ressalvar que o papel do Tribunal no controle e fiscalização das licitações e contratações públicas é sobre o gasto público, isto significa que o TCU

---

[317] BANDEIRA DE MELLO, Celso Antônio. **O Tribunal de Contas e sua jurisdição**. Revista do Tribunal de Contas do Município de São Paulo, v. 12, n. 38, p. 20-28, ago. 1983, p. 23.

não foi incumbido do controle de legalidade sob o prisma da proteção dos direitos individuais e coletivos, como bem destaca Francisco Sérgio Maia[318].

Essa missão foi deferida ao Ministério Público que, nos termos do art. 129 da Constituição, foi encarregado da defesa da ordem jurídica, do regime democrático e dos interesses sociais e individuais indisponíveis. Eventual violação deve ser levada à apreciação do Poder Judiciário pela parte prejudicada e pelas instâncias legitimadas de representação individual e coletiva, por meio de ação própria e remédios constitucionais.

Quer isto dizer que, embora o TCU colabore com a promoção e a tutela de tais direitos e liberdades haja vista a sua atuação em defesa da boa e regular aplicação dos recursos públicos[319], ele não age, diretamente, como um órgão de proteção dos direitos individuais e coletivos e dos interesses difusos e coletivos, devendo recorrer ao Judiciário nessa hipótese. É este o entendimento do próprio Tribunal[320] ao dispor que não é de sua competência tutelar direitos subjetivos de licitante ou contratado, os quais devem recorrer à via apropriada, isto é, esgotar a via administrativa no próprio órgão ou buscar a via judicial para satisfação de pretensão a direito aparentemente violado.

---

[318] ALVES, Francisco Sérgio Maia. **Controle corretivo de contratos de obras públicas efetuado pelo TCU e pelo Congresso Nacional**: marco jurídico e análise empírica de sua eficácia. 2016. 201 f. Dissertação (Mestrado em Direito) – Instituto CEUB de Pesquisa e Desenvolvimento, Centro Universitário de Brasília, Brasília, 2016. P. 55-58.

[319] Em sentido contrário entende Eduardo Lobo Torres, citado por Cezar Miola, ao firmar que: Também os gastos públicos são inteiramente voltados para os direitos humanos. [..]. De modo que as finanças públicas, em todas as suas dimensões - tributária, patrimonial, monetária, orçamentária, promocional, etc. - encontram-se em permanente e íntimo contato com os direitos fundamentais. Cabendo ao Tribunal de Contas, de acordo com o art. 70 da Constituição Federal, a fiscalização contábil, financeira, orçamentária, operacional patrimonial da União e das entidades da administração direta e indireta, quanto à legalidade, legitimidade e economicidade, segue-se que passa ele a exercer papel de suma importância no controle das garantias normativas ou principiológicas da liberdade, ou seja, no controle da segurança dos direitos fundamentais in MIOLA, Cezar. **Tribunal de Contas: Controle para a Cidadania. Revista do Tribunal de Contas do Estado do Rio Grande do Sul**. Porto Alegre, v. 14, n. 25, p. 203-227, 2. sem. 1996.

[320] Incumbir o TCU da análise dos atos administrativos praticados num processo licitatório, nos quais não se sobressaia o interesse público tem, na prática, o efeito de transformá-lo em nova instância recursal dos certames instaurados nos diversos órgãos e entidades da Administração Pública Federal, o que não encontra respaldo no direito pátrio. 8. Nessa situação, uma vez esgotadas as hipóteses recursais previstas na Lei 8.666/1993, resta ao licitante irresignado com o resultado da licitação recorrer ao Poder Judiciário, ante o disposto no art. 5.0, XXXV, da CF/1988. Acórdão 8.071/2010, 1.a Câm., rel. Min. Weder de Oliveira

Seu campo de atuação é a fiscalização contábil, financeira, orçamentária, operacional e patrimonial, com os parâmetros jurídicos voltados à tutela desses bens jurídicos. Somente nesse sentido, a ação do TCU protege a esfera de direitos individuais e coletivos, quando zela pelo escorreito manuseio dos recursos arrancados do contribuinte via tributação[321].

Dessa forma, o parâmetro de legalidade a ser utilizado no controle de contratos e licitações é o que compõe o regime jurídico acerca do tema, além das normas financeiras e orçamentárias. Neste âmbito, portanto, o Tribunal deve aferir se as normas vigentes acerca do tema foram observadas.

Ocorre que o tema se torna complexo na medida em que v.g. o órgão de controle se depara com ato praticado em obediência a norma que está em divergência com o ordenamento jurídico. Como deve o TCU se portar? É o que abordaremos a seguir.

3.4.1.1. Controle de legalidade e constitucionalidade de normas

Para responder à questão faz-se necessário diferenciar a atuação do Tribunal ao se deparar com uma norma incompatível com o ordenamento jurídico de um efetivo controle de constitucionalidade ou legalidade.

Isso porque, como bem explica Barroso e como já tivemos oportunidade de verificar no segundo capítulo, toda norma legal há de ser constitucional, uma vez que a Constituição é a Lei Maior no sistema jurídico, transcrito *in verbis*:

> Em todo ato de concretização do direito infraconstitucional estará envolvida, de forma explícita ou não, uma operação mental de controle de constitucionalidade. A razão é simples de demonstrar. Quando uma pretensão jurídica funda-se em uma norma que não integra a Constituição - uma lei ordinária, por exemplo, o intérprete, antes de aplicá-la, deverá certificar-se de que ela é constitucional. Se não for, não poderá fazê-la incidir, porque no conflito entre uma norma ordinária e a Constituição é esta que

---

[321] ALVES, Francisco Sérgio Maia. **Controle corretivo de contratos de obras públicas efetuado pelo TCU e pelo Congresso Nacional:** marco jurídico e análise empírica de sua eficácia. 2016. 201 f. Dissertação (Mestrado em Direito) - Instituto CEUB de Pesquisa e Desenvolvimento, Centro Universitário de Brasília, Brasília, 2016. P. 55-58.

deverá prevalecer. Aplicar uma norma inconstitucional significa deixar de aplicar a Constituição.[322]

No entanto, como bem esclarece o próprio Ministro não se trata de controle, mas de um processo de interpretação. Nesta senda, a antiga e ainda polêmica, Súmula n° 347, editada em 1963, pelo STF[323], que estabelece que a Corte de Contas, no exercício de suas atribuições, pode apreciar a constitucionalidade das leis e atos do Poder Público deve ser compreendida como a "apreciação" no caso concreto e não o controle difuso, competência constitucionalmente[324] estabelecida ao Supremo Tribunal Federal.

Aliás cumpre salientar que sobre a referida súmula, o próprio STF, em algumas oportunidades[325] manifestou-se sustentando sua insubsistência, sob o argumento de que não foi recepcionada pela Constituição Federal de 1988. A súmula, no entanto, permanece vigente.

Lado outro, o Ministro Marco Aurélio, no julgamento do MS n° 26.783 MC-ED[326] entendeu que eventual cancelamento da Súmula n° 347 representaria uma *capitis diminutio* das competências constitucionais atribuídas ao TCU, "uma vez que, para o exercício do poder de controle inerente às atividades de fiscalização e auditoria, o TCU passaria a se subordinar tão-somente à lei e não à Constituição Federal". Entendemos que não é assertado o entendimento na medida em que faz parte do ordenamento jurídico da matéria a observância da Constituição, não é necessária a edição de uma súmula para que isso ocorra; aliás, a interpretação

---

[322] BARROSO, Luís Roberto. **O controle de constitucionalidade no direito brasileiro**. 7. ed. Rio de Janeiro: Saraiva, 2016, p. 23.
[323] Supremo Tribunal Federal. Súmula 347 - O Tribunal de Contas, no exercício de suas atribuições, pode apreciar a constitucionalidade das leis e dos atos do poder público. Data de Aprovação: Sessão Plenária de 13/12/1963.
[324] Art. 102. Compete ao Supremo Tribunal Federal, precipuamente, a guarda da Constituição, cabendo-lhe: I- processar e julgar, originariamente: a) a ação direta de inconstitucionalidade de lei ou ato normativo federal ou estadual e a ação declaratória de constitucionalidade de lei ou ato normativo federal.
[325] STF. Plenário. MS 35410, Rel. Min. Alexandre de Moraes, julgado em 12/04/2021. Manifestaram-se expressamente pela superação da súmula: Ministros Alexandre de Moraes e Gilmar Mendes. Nesse mesmo sentido: MS 25.986/DF, rei. Min. Celso de Mello, julgado em 21.06.2006; MS 26.410 MC/DF, rel. Min. Ricardo Lewandowski, j. em 15.02.2007, DJ de 02.03.2007; MS 29.123-MC/DF.
[326] MS 26.783 MC-ED, Rel. Min. Marco Aurélio, julgado em 5/12/2011.

conforme à Constituição é dever de todas as autoridades públicas na aplicação de normas jurídicas[327].

Essa questão é relevante pois, como verificamos anteriormente, muitas são as normas legais e infralegais editadas acerca de contratações públicas. Ao adotar uma posição de deixar de aplicar uma norma porque não é conforme a Constituição, o Tribunal não só estaria julgando o caso concreto, mas também acabaria determinando aos órgãos de administração que deixassem de aplicar essa mesma norma para todos os demais casos idênticos, extrapolando os efeitos concretos e interpartes e tornando-os *erga omnes* e vinculantes no âmbito do TCU[328].

É que como verificamos no item 2.4.2.2. o Tribunal entende que suas manifestações têm efeito vinculante, de observância obrigatória e em caso de descumprimento deverá "arcar com o ônus decorrente". Posicionamento este que discordamos.

Nesse raciocínio, é evidente que a Constituição Federal outorgou ao STF a competência para a declaração de inconstitucionalidade, prerrogativa exclusiva do Poder Judiciário. Cabe ao Tribunal de Contas da União, portanto, interpretar no caso concreto, afastando da análise, leis que considere inconstitucionais. É o que explica o Min. Celso de Mello: "há que distinguir entre declaração de inconstitucionalidade e não aplicação de leis inconstitucionais, pois esta é obrigação de qualquer tribunal ou órgão de qualquer dos Poderes do Estado"[329]. Esse é o entendimento de Themístocles Brandão Cavalcanti, *in verbis*:

> Exerce o Tribunal de Contas o controle de constitucionalidade usando apenas da técnica da interpretação que conduz à valorização da Lei Maior. Neste ponto tem aplicado o princípio da supremacia da Constituição. Não pode, entretanto, anular o ato, nem anular a lei, mas apenas deixar de aplicá-la por inconstitucional.[330]

---

[327] BINENBOJM, Gustavo. **Uma teoria do direito administrativo:** direitos fundamentais, democracia e constitucionalização. 3. ed. Rio de Janeiro: Renovar, 2014, p. 68.
[328] Entendimento retirado do voto do relator do MS 35410, Rel. Min. Alexandre de Moraes.
[329] RMS 8.372/CE, Rel. Min. PEDRO CHAVES, Pleno.
[330] CAVALCANTI, Themístocles Brandão. O Tribunal de Contas - Órgão Constitucional - Funções Próprias e Funções Delegadas. *In:* **Revista de Direito Administrativo**, Rio de Janeiro, n .109, p. 8, jul./set. 1972.

Esclarece ainda o mesmo autor: "Não deve haver conflito entre a Constituição e as leis ordinárias, e quando ele se apresente manifesto, evidente, prevalece sempre a norma constitucional"[331].

Essa atuação prescinde do exame da validade do ato administrativo, que perpassa, necessariamente, pela adequação constitucional do fundamento legal no qual se fundamenta: se o órgão de controle concluir fundar-se o ato objeto de análise em norma legal contrária à Constituição da República, afastar-lhe-á a aplicação na espécie em foco.

Dessa forma, o TCU, com a função constitucional de controlar a validade de atos administrativos, poderá afastar a aplicação de lei ou ato normativo violador da Constituição, no caso concreto, mas como bem coloca Pedro Lenza, "que fique claro: isso não é controle de constitucionalidade!"[332].

Citamos como exemplo o dispositivo legal que abordamos anteriormente, acerca do dever do Tribunal de Contas promover eventos e capacitações, devidamente aprovado por meio de processo legislativo pelo Congresso Nacional. Entendemos que caso o TCU considere sua inconstitucionalidade, deve solicitar a proposição de ação direta de inconstitucionalidade ao legitimado para propô-la na forma do art. 103 da Constituição[333], à exemplo do Procurador-Geral da República.

Neste sentido, apenas a título exemplificativo, no âmbito do Tribunal de Contas do Distrito Federal, o Conselheiro Ronaldo Costa Couto, firmando entendimento, averbou:

> [...] II - sempre que, no exercício de suas atribuições, considerar lei ou ato normativo distrital incompatível com a Constituição Federal ou com a Lei Orgânica do Distrito Federal, esta Corte

---

[331] CAVALCANTI, Themístocles. O Tribunal de Contas e sua competência constitucional. **Revista de Direito Administrativo**, Rio de Janeiro, n. 3, 1946, p. 21.
[332] LENZA, Pedro. **Direito Constitucional Esquematizado**, 24. ed. – São Paulo: Saraiva Educação, 2020, versão digital, pág. 204.
[333] Art. 103. Podem propor a ação direta de inconstitucionalidade e a ação declaratória de constitucionalidade: I - o Presidente da República; II - a Mesa do Senado Federal; III - a Mesa da Câmara dos Deputados; IV - a Mesa de Assembléia Legislativa; IV - a Mesa de Assembléia Legislativa ou da Câmara Legislativa do Distrito Federal; V - o Governador de Estado; V - o Governador de Estado ou do Distrito Federal; VI - o Procurador-Geral da República; VII - o Conselho Federal da Ordem dos Advogados do Brasil; VIII - partido político com representação no Congresso Nacional; IX - confederação sindical ou entidade de classe de âmbito nacional.

comunicará o fato às autoridades competentes, solicitando providências para que não lhes dê aplicação, sob pena de serem julgados irregulares os atos praticados ao seu abrigo. [...][334]

Desta forma ao se deparar, no exercício de suas funções, com leis cujo conteúdo entenda inconstitucional, caberia ao TCU não a inércia, mas sim, como bem explica Gabriel Heller[335], duas opções, não mutuamente excludentes:

a) representar aos Chefes dos Poderes competentes, para que tomem as providências que entenderem pertinentes quanto à inconstitucionalidade aventada, bem como aos demais legitimados a provocar o controle concentrado, pelas mesmas razões, sem descuidar de ressaltar a urgência dessa atuação; e

b) alertar aos agentes públicos e aos eventuais beneficiários da legislação questionada sobre o entendimento do Tribunal de Contas acerca da (in)constitucionalidade das prescrições legais.

Apesar de não haver entendimento uníssono [336] pelo Tribunal, foi exatamente como se portou no caso de outro dispositivo da Lei nº 14.133/2021: acordaram os Ministros em "representar junto à Procuradoria-Geral da República com vistas ao ajuizamento de ação direta de inconstitucionalidade perante o Supremo Tribunal Federal" por entender inconstitucional o § 2º do art. 171 da Lei nº 14.133/2021[337].

Tomemos outro exemplo: o Tribunal ao apreciar um procedimento licitatório que ocorreu, com base em ditames de norma infralegal que não assegure a transparência e a competitividade, pode alertar o órgão que editou

---

[334] DISTRITO FEDERAL. Tribunal de Contas do Distrito Federal. Representação. Processo nº 2670/1998 (D). **Decisão nº 603/2000**. Relator: Conselheiro Ronaldo Costa Couto. Brasília, 17 de fevereiro de 2000. Disponível em: <http://www.tc.df.gov.br>. Acesso em: 9 fev. 2021.Grifos não constam do original.

[335] HELLER, Gabriel. **Controle externo e separação de poderes na constituição de 1988:** Fundamentos e eficácia jurídica das determinações e recomendações do Tribunal de Contas. 2019. Dissertação (Mestrado em Direito). Centro Universitário de Brasília - UNICEUB, Brasília, 2019, p. 109.

[336] Em sentido contrário: entendeu o Tribunal de Contas da União que seria inconstitucional o pagamento do "bônus eficiência" instituído pela Lei nº 13.464/2017, determinado a administração a supressão do pagamento do bônus. O STF ao analisar a questão, determinou que o TCU deixasse de afastar a incidência do bônus por entender que o Tribunal de Contas não exerce controle difuso de constitucionalidade. In: MS 35410 MC/DF, min rel. Alexandre de Moraes, julgamento em: 15.12.2017. No mesmo sentido: MS 35.812, Pleno, rel. Min. Alexandre de Moraes, j. em 12.04.2021.

[337] Acórdão nº 2463/2021 - Plenário. Relator: Ministro Bruno Dantas.

referida norma acerca de sua incompatibilidade com o regime jurídico da matéria e analisar a situação concreta a luz das normas que estão em harmonia com o regime jurídico. Neste caso, como a norma infralegal não está sujeita à mesma rigidez de uma norma legal, deve o TCU seguir apenas a opção "b)" exposta por Gabriel Heller.

Sob o viés punitivo, aqui prevalece o exposto no item 2.4.1.: o servidor do órgão que age com observância a referida norma não poderia ser punido; o controle neste caso é o que denominamos como preventivo, no sentido de alertar e recomendar, devendo sempre garantir a ampla defesa e o contraditório e, caso haja divergência entre órgão administrativo e Tribunal, cabe à Administração levar o conflito à apreciação do Poder Judiciário[338].

O que se admite e parece sustentar-se em lógica inafastável é que o Tribunal, ao aferir qualquer ato, verifique a conformidade com a hierarquia vertical das leis. Entendendo haver contraposição da regra de hierarquia inferior com a regra da hierarquia superior, deve recomendar aos órgãos competentes a retirada da norma desconforme.

Passaremos a analisar o controle sobre o parâmetro da legitimidade.

3.4.2. Controle de legitimidade e atuação sob atos discricionários

A inserção do controle sob o aspecto da legitimidade constitui uma inovação da Constituição vigente.

O parâmetro da legitimidade, para grande parte da doutrina, é de onde deriva o princípio da moralidade administrativa[339].

---

[338] Entendem deste modo: JUSTEN FILHO, Marçal. **Comentários à Lei de Licitações e Contratações Administrativas.** 1. ed. São Paulo: Thomson Reuters, 2021, p. 1598. SUNDFELD, Carlos Ari. CÂMARA, Jacintho Arruda. Competências de Controle dos Tribunais de Contas – Possibilidades e Limites. In: SUNDFELD, Carlos Ari. **Contratações públicas e o seu controle**. São Paulo: Malheiros, 2013, p. 201-202.

[339] Entendem deste modo: CARVALHO FILHO, José dos Santos. **Manual de direito administrativo**. 29ª ed. São Paulo: Editora Atlas, 2015. DI PIETRO, Maria Sylvia Zanella. *Direito administrativo*. 33 ed. Rev., atual. e ampl. – Rio de Janeiro: Atlas, 2020. MOREIRA NETO, Diogo de Figueiredo. *Curso de Direito Administrativo: parte introdutória, parte geral e parte especial*. 16. ed. rev. e atual. Rio de Janeiro: Forense, 2017. DECOMAIN, Pedro Roberto. **Tribunais de contas no Brasil**. São Paulo:

Muitas vezes utilizadas como sinônimos, moralidade e legitimidade têm como conceito posto por Alexandre de Moraes de que não basta ao administrador o cumprimento da estrita legalidade, devendo ele, no exercício da função pública: "respeitar os princípios éticos de razoabilidade e justiça, pois a moralidade constitui, a partir da Constituição de 1988, pressuposto de validade de todo ato da administração pública"[340].

A legitimidade, nesta senda, no âmbito das licitações e contratações públicas, abrange tanto os princípios da moralidade, da impessoalidade, da razoabilidade e da supremacia do interesse público como também os objetivos inscritos na Lei nº 14.133 do processo licitatório[341] na medida em que são os fins almejados com o processo licitatório.

Nesta linha de entendimento, o controle de legitimidade comporta o aspecto formal e material: o primeiro é a verificação de que se quem produz os atos possui legítimo poder para tal, já o segundo é se os fins almejados são legítimos.

Este parece ser o entendimento exposto no Código de Ética Profissional do Servidor Público, observe:

> Não poderá jamais desprezar o elemento ético de sua conduta. Assim, não terá que decidir somente entre o legal e o ilegal, o justo e o injusto, o conveniente e o inconveniente, o oportuno e o inoportuno, mas principalmente entre o honesto e o desonesto,

---

Dialética, 2006, p. 201-204. ROSILHO, André. **Tribunal de Contas da União - Competências, Jurisdição e Instrumentos de Controle**. São Paulo: Quartier Latin, 2019, p. 124-127. KANIA, Cláudio Augusto. **Relevo constitucional dos tribunais de contas no Brasil**. Rio de Janeiro: Lumen Juris, 2020, p. 15. JACOBY FERNANDES, Jorge Ulisses. **Coleção Jorge Ulisses Jacoby Fernandes de Direito Público**. Vol. 3 - Tribunais de contas no Brasil. 4 ed. Belo Horizonte: Fórum, 2016, p. 53-54. MEDAUAR, Odete. **Controle da administração pública**. 3ª ed.. São Paulo: Revista dos Tribunais, 2014, p. 46.

[340] MORAES, Alexandre de. **Direito Constitucional**. 24. ed. São Paulo: Atlas, 2009, p. 324.
[341] Art. 11. O processo licitatório tem por objetivos:
I - assegurar a seleção da proposta apta a gerar o resultado de contratação mais vantajoso para a Administração Pública, inclusive no que se refere ao ciclo de vida do objeto;
II - assegurar tratamento isonômico entre os licitantes, bem como a justa competição;
III - evitar contratações com sobrepreço ou com preços manifestamente inexequíveis e superfaturamento na execução dos contratos;
IV - incentivar a inovação e o desenvolvimento nacional sustentável.

consoante as regras contidas no art. 37, *caput*, e § 4º da Constituição Federal.[342]

Traduz o controle da legitimidade para Jacoby Fernandes[343] na aferição direta entre os motivos determinantes do ato administrativo e os resultados diretos e indiretos alcançados ou pretendidos. Nesse itinerário, desde a preparação do ato administrativo até a sua consumação, devem operar, em plenitude, os vetores da impessoalidade e da supremacia do interesse público, e citando José Nagel, sintetiza:

> Controle da Legitimidade - significa, por sua vez, não apenas a conformidade do ato às prescrições legais, mas também o atendimento aos princípios e fins da norma jurídica e, em tese, da moralidade e da finalidade pública, ou seja, a despesa pública para ser legítima precisa estar direcionada no sentido da concretização do bem comum.[344]

Isso posto, o controle não se limita a análise de subsunção a norma, mas visa analisar a finalidade alcançada com o ato administrativo. Ou, a que Celso Antônio denomina de pressuposto teleológico[345], o que para Ricardo Marcondes determina que "sempre que a Administração Pública escolher um meio de

---

[342] BRASIL. Decreto nº 1.171, de 22 de junho de 1994. Aprova o Código de Ética Profissional do Servidor Público Civil do Poder Executivo Federal. **Diário Oficial [da] República Federativa do Brasil**, Brasília, DF, 23 jun. 1994. Anexo, Código de Ética Profissional do Servidor Público Civil do Poder Executivo Federal, Capítulo I. Seção I, Das Regras Deontológicas.
[343] Art. 11. O processo licitatório tem por objetivos:
I - assegurar a seleção da proposta apta a gerar o resultado de contratação mais vantajoso para a Administração Pública, inclusive no que se refere ao ciclo de vida do objeto;
II - assegurar tratamento isonômico entre os licitantes, bem como a justa competição;
III - evitar contratações com sobrepreço ou com preços manifestamente inexequíveis e superfaturamento na execução dos contratos;
IV - incentivar a inovação e o desenvolvimento nacional sustentável.
[344] NAGEL, José. Normas gerais sobre fiscalização e julgamento a cargo do TCU. **Revista do Tribunal de Contas da União**, n. 74, 1997, p. 32.
[345] Celso Antônio Bandeira de Mello classifica os pressupostos de validade em cinco: subjetivo, que diz respeito ao sujeito que edita o ato; objetivo, que diz respeito aos requisitos procedimentais e ao motivo; teleológico, que diz respeito à finalidade; lógico, que diz respeito à causa; formalístico, que diz respeito à formalização. In BANDEIRA DE MELLO, Celso Antônio. Curso de direito administrativo. 34ª ed. São Paulo: Malheiros, 2019, p. 408-425.

concretização de um valor constitucional (princípio), deve escolher o melhor meio"[346].

Ocorre que, como bem assinala o Professor Márcio Cammarosano[347], todas essas conceituações utilizadas para compreender a legitimidade, na verdade, são compreendidas pelo próprio conceito de legalidade exposto alhures[348]: é que a observância aos princípios supracitados, consta do art. 5º da Lei nº 14.133/2021; o dever de ética consta do Código de Ética Profissional do Servidor Público; a observância ao interesse público, também. Isto é, precisamente o controle da legalidade no sentido amplo, da juridicidade dos atos da administração.

Como bem coloca o doutrinador o problema que gera insegurança jurídica é que doutrina e jurisprudência buscam alocar no princípio da moralidade administrativa, concepções fora do direito que apresentam um elevadíssimo grau de subjetividade. A moral aqui é a moral jurídica, que integra o Direito.

Nesta concepção de inafastabilidade da moral administrativa da legalidade em sentido amplo, passamos a analisar como esse parâmetro opera-se em matéria de licitações e contratações públicas, regidas pela Lei nº 14.133/2021.

Como tivemos oportunidade de analisar no capítulo 1, a Administração Pública goza de autonomia para gerir sua organização; é o administrador público, no uso de suas competências discricionárias, o agente legítimo incumbido de

---

[346] MARTINS, Ricardo Marcondes. Proporcionalidade e boa administração. Revista Internacional de Direito Público (RIDP), Belo Horizonte, ano 2, n. 2, p. 09-33, jan.-jun. 2017, p. 30-31.
[347] CAMMAROSANO, Márcio. O Princípio Constitucional da Moralidade e o Exercício da Função Administrativa, Belo Horizonte: Fórum, 2011. pp. 73-119.
[348] Cumpre assinalar, que a questão da legitimidade e da legalidade é tema deveras complexo que ocupa os pensamentos dos filósofos há alguns séculos, basta lembrar que Kelsen defendia em sua Teoria Pura do Direito que a legitimidade era estrita a observância da legalidade na medida em que a moral e a justiça deveriam ser afastadas da ciência do direito, conceito do positivismo estrito. Refutando essa teoria, Habermas propôs que o direito e a moral mantêm uma relação de simultaneidade em sua origem, que garante uma neutralidade normativa imediata para o Direito, e, por outro lado, há uma relação de complementaridade recíproca entre Direito e Moral em seu procedimento, com o que resta garantida a abertura do Direito ao universo moral. Já Hauriou entende que é uma moralidade objetiva, ou seja, uma moralidade própria da Administração Pública, o conjunto de regras de conduta tiradas da disciplina interior da administração. In HABERMAS, Jürgen. **Teoría de la acción comunicativa**, I: Racionalidad de la acción y racionalización social. Traduzido por Manuel Jiménez Redondo. Taurus Humanidades: Madrid, 1987, p. 343. KELSEN, Hans. **Teoria Pura do Direito**. Traduzido por João Baptista Machado. 6ª ed. São Paulo: Martins Fontes, 1998.

"escolher o melhor meio" sempre com vistas ao interesse público e em obediência à lei. É o que a doutrina intitula de discricionariedade administrativa[349].

Além disso, a doutrina administrativa é pacífica ao entender como atributo dos atos administrativos a presunção de legitimidade, donde os atos administrativos são reputados "verdadeiros e conformes ao Direito"[350]. Cabe destacar que não se trata de presunção absoluta e intocável. A hipótese é de presunção *iuris tantum* (ou relativa), sabido que pode ceder à prova em contrário.

Certo, portanto, que os atos administrativos são dotados de presunção de legitimidade, incluindo também, os atos discricionários. Egon Bockmann Moreira[351] reforça esse argumento valendo-se do direito comparado, para atribuir também como fundamento o princípio da deferência oriundo do direito americano[352] que, no seu entender, se aplica quando:

> [...] decisões proferidas por autoridades detentoras de competência específica – sobretudo de ordem técnica – precisam ser respeitadas pelos demais órgãos e entidades estatais (em especial o Poder Judiciário, o Ministério Público e as Cortes de Contas).

No âmbito das licitações e contratações públicas objetos deste estudo, por força da Lei nº 14.133/2021, essa questão ganha maior relevância, pois foram postas aos órgãos administrativos várias competências discricionárias[353] para

---

[349] Celso Antônio Bandeira de Mello ao definir o conceito de atos discricionários administrativos dispõe que: [...] fala-se em discricionariedade quando a disciplina legal faz remanescer em proveito e a cargo do administrador uma certa esfera de liberdade, perante o que caber-lhe-á preencher com seu juízo subjetivo, pessoal, o campo da indeterminação normativa, a fim de satisfazer no caso concreto a finalidade da lei. BANDEIRA DE MELLO, Celso Antônio. Curso de Direito Administrativo. 34. ed. rev. e atual. São Paulo: Malheiros, 2019, p. 245.

[350] BANDEIRA DE MELLO, Celso Antônio. **Curso de Direito Administrativo**. 34ª ed. São Paulo: Malheiros, 2019, p. 431. No mesmo sentido entendem Maria Sylvia Zanela Di Pietro, José dos Santos Carvalho Filho, entre outros.

[351] MOREIRA, Egon B. Crescimento econômico, discricionariedade e o princípio da deferência. **Direito do Estado**, 12 mai. 2016. Disponível em: <http://www.direitodoestado.com.br/colunistas/egonbockmann-moreira/crescimento-economico-discricionariedade-e-o-principio-dadeferencia>. Acesso em: 21 nov. 2020.

[352] A doutrina consagrada em Chevron U.S.A. Inc. v. NRDC o princípio da deferência: a Suprema Corte assentou o princípio de que as Courts devem aceitar o controle dado pela autoridade administrativa no escopo de uma interpretação razoável nos casos de ambiguidade de uma legislação.

[353] Na Lei nº 14.133/2021 constam 106 permissões para que o órgão licitante análise a viabilidade e a necessidade de adotar medidas postas na norma, isto é, atos administrativos discricionários.

decidir, no caso concreto, pela adoção de medidas para melhor persecução dos objetivos da licitação.

Observe que é a lei que dispõe sobre os espaços de discricionariedade e, sempre, com requisitos; essa competência, em regra, é condicionada a necessidade de motivação e pode ser restringida por meio de regulamento[354]. São muitos os atos praticados nesta matéria que envolvem o poder discricionário da Administração.

Por conseguinte, como já adiantado, o espaço de atuação do TCU sobre o parâmetro da legitimidade é tema que comporta divergências, tanto pela doutrina quanto pela jurisprudência e que podemos sintetizar em dois posicionamentos de maior adesão:

a) parte da doutrina[355] entende que o mérito da atividade administrativa não é passível de controle coercitivo ou repressivo pelo Tribunal de Contas, e que este poderia apenas exercer um controle preventivo; e
b) outra parte[356] entende que o Tribunal pode exercer controle coercitivo ou repressivo na análise do mérito quando verificado que a medida adotada à luz do interesse público não é a mais razoável ou proporcional.

O Tribunal de Contas da União tem se posicionado seguindo, em regra, o posicionamento exposto na alínea "b)" no sentido de que deve atuar analisando

---

[354] A determinação de praticar atos conforme regulamentos consta em 36 dispositivos, ao passo que a necessidade de motivar, além da expressa necessidade de observância ao princípio da motivação, consta textualmente expressa em 18 dispositivos.

[355] Entendem deste modo: SUNDFELD, Carlos Ari. CÂMARA, Jacintho Arruda. Competências de Controle dos Tribunais de Contas - Possibilidades e Limites. In: SUNDFELD, Carlos Ari. Contratações públicas e o seu controle. São Paulo: Malheiros, 2013, p. 194-196 e ROSILHO, André. Tribunal de Contas da União - Competências, Jurisdição e Instrumentos de Controle. São Paulo: Quartier Latin, 2019, p. 187-188, 339.

[356] Celso Antônio Bandeira de Mello e José dos Santos Carvalho Filho comungam da ideia de que o controle externo do mérito dos atos administrativos é possível quanto à causa, motivo e finalidade. Ausentes, ofendem o princípio da razoabilidade e proporcionalidade. Maria Sylvia Zanella Di Pietro, o controle da atividade administrativa está relacionado ao aspecto da legalidade ou de mérito da atividade a ser controlada, sendo que a legalidade pode ser verificada por qualquer sistema de controle,

se a escolha foi a que melhor atendeu ao interesse público e, caso não seja, pode emitir atos de comando[357].

Ocorre que o posicionamento do Tribunal é deveras problemático na medida em que reside sua atuação no seu conceito de interesse público, conceito este, dotado de conhecida "fluidez" e "inevitável vagueza e subjetividade"[358]. Isto é, o que é a melhor forma de atender ao interesse público para um, pode não ser para outro e, ainda, pode variar conforme o tempo.

É o que o próprio Ministro do TCU entende ao afirmar que "a nova forma de atuação do Poder Público, que enfatiza o processo administrativo como método prevalente, dificulta a pressuposição de um "interesse público" a priori. Ao contrário, o interesse público deve-se revelar no caminhar do processo"[359].

Esse posicionamento de "revelar" na análise do processo *in casu* qual seria o interesse público leva a formulação dos seguintes questionamentos: "A quem caberia definir o conteúdo normativo do interesse público? Quais seriam as implicações concretas de se argumentar que o interesse público deve-se revelar no caminhar do processo?[360]"

Em obra de referência[361] sobre o papel do controle do TCU sobre a regulação da infraestrutura, Thiago Reis e Pedro Dutra investigaram uma série de acórdãos do tribunal fundamentados em "interesse público" e concluíram que o recurso ao interesse público funciona como "uma válvula de escape, uma carta branca sempre à disposição do Tribunal quando a lei ou o contrato restringem a sua possibilidade de intervenção". A instabilidade da jurisprudência do Tribunal revela a fragilidade dos fundamentos jurídicos nela invocados, bem como uma

---

[357] Acórdão nº 4.079/2020, Plenário, rel. Min. Augusto Sherman. No mesmo sentido: Acórdão 3.510/2011, 1.a Câm., rei. Min. Weder de Oliveira; Acórdão 726/2008-TCU-Plenário; Acórdão 2.656/2019, Plenário, rei. Min. Ana Arraes; Acórdão 1.182/2018, Plenário, rei. Min. Benjamin Zymler).

[358] A expressão é de Gustavo Binenbojim In. BINENBOJIM, Gustavo. **Uma teoria do direito administrativo:** direitos fundamentais, democracia e constitucionalização. 3. ed. Rio de Janeiro: Renovar, 2014. p. 31.

[359] ZYMLER, Benjamin. Controle das finanças no Brasil, p. 19; reproduzido em ZYMLER, Benjamin. Direito administrativo e controle. Belo Horizonte: Fórum, p. 184.

[360] REIS, Thiago; DUTRA, Pedro. **O Soberano da Regulação:** O TCU e a infraestrutura. Editora Singular, 2020. p.142-170.

[361] REIS, Thiago; DUTRA, Pedro. **O Soberano da Regulação:** O TCU e a infraestrutura. Editora Singular, 2020. p.142-170.

visão imprecisa de fatos significativos em cujo contexto se dá sua interpretação do que seria o melhor meio para a administração agir.

Do ponto de vista da aplicação do direito, a *revelação* do interesse público, como feita pelo TCU, empregado com os significados que o próprio Tribunal empresta, caso a caso, parece demonstrar, como coloca Francisco Arlem que a única resposta correta nesses casos fosse "oriunda da intelecção proveniente do controlador e o gestor, porque não adivinhou a solução adequada dentro do plexo de possibilidades razoáveis, deve ser punido" [362].

Esse posicionamento do Tribunal tem levado a doutrina [363] inclusive a questionar se a discricionariedade administrativa chegou ao fim. Como coloca o mesmo autor, se antes havia uma barreira instransponível para os controladores, na apreciação dos atos administrativos discricionários, hoje não mais se controverte acerca dessa possibilidade, focando-se a discussão nos limites dessa intervenção, havendo quem defenda, inclusive, a possibilidade de controle até da própria conveniência e oportunidade administrativas, ou seja, do mérito, sendo possível encontrar decisões judiciais adotando esses critérios.

O resultado, como explica Batista Júnior e Sarah Campos [364] é que a cultura administrativa reinante, nesse contexto, é a do medo, a do receio da punição. Não se tenta aperfeiçoar ou buscar a solução adequada, mas o receio enraizado aponta sempre para a solução que mais se coadune com o posicionamento do TCU. Em

---

[362] SOUSA, Francisco Arlem de Queiroz. **Direito Administrativo do medo:** o controle administrativo da gestão pública no Brasil. 2021. 193 f. Dissertação (Mestrado em Direito) - Faculdade de Direito, Universidade Federal do Ceará, Fortaleza, 2021.

[363] Francisco Arlem aborda essa questão In. ARLEM, Francisco NASCIMENTO, Op. Cit. 108 e cita Thais Barberino do Nascimento que conduziu interessante pesquisa, na qual analisou artigos publicados na Revista de Direito Administrativo da Fundação Getúlio Vargas (FGV) desde 1988, após a promulgação da Constituição Federal, constando que desde 2001 não havia sido publicado mais nenhum artigo que assumisse uma postura mais restritiva de controle judicial dos atos administrativos, pelo contrário, a tendência foi de produção científica voltada a justificar um controle judicial cada vez mais intenso. Apud.
NASCIMENTO, Thais Barberino do. **Evolução do controle judicial da administração pública pós-88: uma análise por meio da RDA**. 2016. 62 f. Trabalho de conclusão de curso (Bacharelado em Direito) - FGV Direito Rio, Rio de Janeiro, 2016., p. 35-36.

[364] BATISTA JÚNIOR, Onofre Alves; CAMPOS, Sarah. **A Administração Pública consensual na modernidade líquida**. Fórum Administrativo - FA, Belo Horizonte, ano 14, n° 155, jan. 2014, p. 38. Disponível em: http://www.bidforum.com.br/PDI0006.aspx?pdiCntd=98989. Acesso em: 30 set. 2021.

suas palavras: "A eficiência administrativa e o bem comum são postos de lado em prol de uma atuação servil e, por vezes, medrosa e covarde".

Relembre que a discricionariedade é precisamente o campo de liberdade posto na lei para que o administrador, segundo critérios de conveniência e oportunidade, se decida entre duas ou mais soluções admissíveis perante ele, tendo em vista o exato atendimento da finalidade legal, dada a impossibilidade de ser objetivamente reconhecida qual delas seria a única adequada[365].

Locke[366], há quase dois séculos já apontava que a realidade da vida complexa e multifacetada torna impossível que o legislador preveja e regule hermeticamente todas as situações possíveis. Kelsen[367] no último capítulo da clássica obra Teoria Pura do Direito também apontou que a interpretação não pode, jamais, levar a uma reposta unívoca e correta. O máximo que a norma oferece é uma "moldura". E, dentro dela, várias são as aplicações possíveis da própria norma, todas elas legítimas. Ou ainda nas lições de Hart[368], havendo várias opções, deve-se considerar correta aquelas que respeitem os limites normativos impostos e foram razoáveis, proporcionais, podendo desta forma haver mais de uma opção correta.

Isto é, no âmbito das licitações e contratações públicas, onde o legislador intencionalmente permitiu que se verificasse sob os critérios de conveniência e oportunidade, como visto, mais de 100 hipóteses de escolha do administrador sob a égide da Lei nº 14.133/2021, podem haver mais de uma solução legítima e não caberia ao Tribunal de Contas da União definir qual é a mais correta e sancionar quem não a "adivinhou" previamente.

---

[365] Conceito de Celso Antônio Bandeira de Mello. No mesmo sentido Seabra Fagundes, a discricionariedade é um "aspecto do procedimento da Administração, de tal modo atrelado com circunstâncias e apreciações só perceptíveis ao administrador, dados os processos de indagação de que dispõe e a índole da função por ele exercida, que ao juiz é vedado penetrar no seu conhecimento". In. FAGUNDES, Miguel Seabra. Conceito de mérito no Direito Administrativo. Revista de Direito Administrativo, Rio de Janeiro, v. 23, p. 1-16, dez. 1951. ISSN 2238-5177. Disponível em: <http://bibliotecadigital.fgv.br/ojs/index.php/rda/article/view/11830/10758>. Acesso em: 10 set. 2021.
[366] LOCKE, John. **Dois Tratados sobre o Governo**. Tradução de Júlio Fischer. São Paulo: Martins Fontes, 2005. P. 514.
[367] KELSEN, Hans. **Teoria Pura do Direito**. Tradução de João Baptista Machado, 6ª edição, São Paulo: Martins Fontes, 1999. p. 387-388.
[368] HART, Herbert. **O conceito de Direito**. Tradução de Antônio de Oliveira Sette-Câmara. São Paulo: Martins Fontes, 2009. Capítulo VII.

Embasa nossa posição, a LINDB ao estabelecer em seu art. 20, parágrafo único[369] que as decisões, incluídas as do TCU, sejam pautadas por fundamentos concretos e não assentadas sobre valores jurídicos abstratos, demonstrando-se, inclusive a necessidade e a adequação da medida imposta, confrontada com possíveis alternativas. Veja, a indeterminação do conceito não é em si um problema, desde que decisões concretas fundadas no interesse público sejam acompanhadas de parâmetros objetivos e de justificativa razoável e suficiente.

E na forma do art. 22 do mesmo diploma legal[370], no exercício da função de controle, deve o TCU considerar as circunstâncias práticas que cercaram a atuação da Administração, especialmente os obstáculos e dificuldades e as limitações que estes impuseram ao gestor, frente às exigências legais da atividade que estiver a seu encargo.

Essas regras trazidas pela LINDB não configuram, a rigor, novos parâmetros de controle, mas, sem sombra de dúvidas, servem – e servem muito bem – ao propósito de densificação do significado dos parâmetros constitucionais da economicidade e legitimidade.

Desta forma entendemos que guarda razão os que se posicionam pela alínea "a)" onde é vedado ao TCU praticar "atos de comando"[371], a partir de juízos

---

[369] Art. 20. Nas esferas administrativa, controladora e judicial, não se decidirá com base em valores jurídicos abstratos sem que sejam consideradas as consequências práticas da decisão.
Parágrafo único. A motivação demonstrará a necessidade e a adequação da medida imposta ou da invalidação de ato, contrato, ajuste, processo ou norma administrativa, inclusive em face das possíveis alternativas

[370] Art. 22. Na interpretação de normas sobre gestão pública, serão considerados os obstáculos e as dificuldades reais do gestor e as exigências das políticas públicas a seu cargo, sem prejuízo dos direitos dos administrados. § 1º Em decisão sobre regularidade de conduta ou validade de ato, contrato, ajuste, processo ou norma administrativa, serão consideradas as circunstâncias práticas que houverem imposto, limitado ou condicionado a ação do agente.
§ 2º Na aplicação de sanções, serão consideradas a natureza e a gravidade da infração cometida, os danos que dela provierem para a administração pública, as circunstâncias agravantes ou atenuantes e os antecedentes do agente.
§ 3º As sanções aplicadas ao agente serão levadas em conta na dosimetria das demais sanções de mesma natureza e relativas ao mesmo fato.

[371] Expressão utilizada por André Rosilho In: SUNDFELD, Carlos Ari. ROSILHO, André (org.). **Tribunal de Contas da União no Direito e na Realidade**. 1. ed. São Paulo: Almedina, 2020

formulados sob os parâmetros da legitimidade e da economicidade[372]. Permitir que o órgão de controle pudesse valer-se do controle coercitivo (julgando contas como irregulares, aplicando sanções, ordenando a prática de atos por terceiros e tomando medidas cautelares) por meio de parâmetros não pautados pela legalidade importaria em deslocar a discricionariedade que, por força da Constituição, é da administração pública (que exerce função administrativa) para o controlador (ao qual, por óbvio, compete fiscalizar, mas não gerir e administrar).

Admitir que o Tribunal viesse a sancionar ou a praticar atos de comando em função da constatação de supostas práticas ilegítimas ou antieconômicas em matérias essencialmente administrativas acabaria conferindo ao TCU a possibilidade de concretamente pressionar o órgão administrativo a incorporar suas preferências à práticas administrativas lícitas, porém dissonantes de suas opiniões, isto é, distintas da sua visão[373].

Como bem coloca André Rosilho, nada impede – em verdade, é louvável que o faça – que o TCU, exercendo suas competências sob os parâmetros da legitimidade e economicidade, especialmente na chamada fiscalização operacional por meio das auditorias e inspeções, expeça recomendações, orientações ou mesmo diretrizes para o aprimoramento da atividade administrativa, desde que tais atos não se revistam de qualquer caráter cogente, muito menos sob a ameaça de aplicação de sanções[374].

Para Jacoby Fernandes, essa limitação configura um dos princípios do controle, qual seja o *princípio da aderência a diretrizes e normas*:

---

[372] Coadunam desta tese: Carlos Ari Sundfeld e Jacintho Arruda Câmara. SUNDFELD, Carlos Ari. CÂMARA, Jacintho Arruda. **Competências de Controle dos Tribunais de Contas – Possibilidades e Limites**. *In*: SUNDFELD, Carlos Ari. **Contratações públicas e o seu controle**. São Paulo: Malheiros, 2013, p. 182-184. SALLES, Alexandre Aroeira. FUNGHI, Luís Henrique Baeta. **Substituição do regulador pelo controlador? A fiscalização do Tribunal de Contas da União nos contratos de concessão rodoviária**. *In*: SUNDFELD, Carlos Ari. ROSILHO, André (org.). **Tribunal de Contas da União no Direito e na Realidade**. 1. ed. São Paulo: Almedina, 2020, p. 296.
[373] ROSILHO, André. **Tribunal de Contas da União - Competências, Jurisdição e Instrumentos de Controle**. São Paulo: Quartier Latin, 2019, p. 337.
[374] SUNDFELD, Carlos Ari. CÂMARA, Jacintho Arruda. **Competências de Controle dos Tribunais de Contas – Possibilidades e Limites**. *In*: SUNDFELD, Carlos Ari. **Contratações públicas e o seu controle**. São Paulo: Malheiros, 2013, p. 188. ROSILHO, André. **Tribunal de Contas da União - Competências, Jurisdição e Instrumentos de Controle**. São Paulo: Quartier Latin, 2019, p. 316-317.

> Muitas vezes, o agente de controle é tentado a se colocar em posição de substituir o administrador, confundindo o desempenho de sua função. Ora, é bem provável que um agente de controle seja capaz de encontrar solução *mais ótima* do que a que foi aplicada, até porque tem a vantagem de chegar após o fato, aferindo as causas e consequências da decisão.
> Novamente aqui há estreita correlação entre *gerir* e *controlar*, corolário do princípio da segregação das funções.
> Quando busca o fiel cumprimento das normas e diretrizes, o órgão de controle também tolera, por dever de lógica, um conjunto de interpretações consideradas juridicamente razoáveis e ações que não tiveram o rendimento *ótimo*, por terem sofrido os efeitos de fatores razoavelmente imprevistos[375].

A sua intervenção constitui medida excepcional pautada no seu papel constitucional. É que o papel do TCU, nobremente posto pela Constituição Federal é de proteção do erário público, quando é chamado a intervir no curso da gestão administrativa, tal como no curso de uma licitação ou contratação é essencial que haja o respeito à autonomia e discricionaridade do administrador pautado nas normas que regem a matéria, na medida que, em regra, as contratações públicas visam atender a interesses do órgão (interesses públicos secundários) e interesses da coletividade (interesses públicos primários) e gozam de presunção de legitimidade.

Trata-se de presunções *juris tantum* que podem ser revertidas se – e somente se – houver prova em sentido contrário, sendo da parte a quem interessa infirmar o ato, o ônus probatório[376].

Por isso, o mérito da atuação discricionária se sujeita a revisão, somente com prova em sentido contrário, pois presume-se que um ato administrativo praticado sob a regência da Lei nº 14.133/2021 pelo órgão administrativo é legítimo. E mesmo nesses casos, considerados os mais graves, que ensejam a extremada

---

[375] JACOBY FERNANDES, Jorge Ulisses. Coleção Jorge Ulisses Jacoby Fernandes de Direito Público. Vol. 3 - Tribunais de contas no Brasil. 4 ed. Belo Horizonte: Fórum, 2016, p. 47-49.
[376] MEIRELLES, Hely Lopes. **Direto administrativo brasileiro**. 44ª ed. São Paulo: Malheiros, 2020, p. 161. BANDEIRA DE MELLO, Celso Antônio. **Curso de Direito Administrativo**. 34ª ed. São Paulo: Malheiros, 2019, p. 431.

atuação do TCU, deve haver uma "autocontenção dos poderes e grande deferência às escolhas de gestão que não afrontaram a juridicidade"[377].

Como bem sintetiza Gabriel Heller[378], os gestores públicos são dotados de competências próprias para concretizar as finalidades postas pelo constituinte e pelo legislador, sendo-lhes devida deferência para que desenvolvam suas atividades da maneira que reputarem adequada, contanto que na baliza da legalidade.

3.4.3. Controle sobre o parâmetro da economicidade e a Lei nº 14.133/2021

Nos valendo do conceito exposto por Jacoby Fernandes, citando José Nagel, o controle da economicidade tem sido definido com pequenas variações, como o que:

> [...]visa aferir a relação entre o custo e o benefício das atividades e resultados obtidos pelos administradores na gestão orçamentária, financeira e patrimonial, pelos aspectos da eficiência e eficácia e à luz de critérios ou parâmetros de desempenho. Posto que, nem tudo que é de custo reduzido atende bem a coletividade.[379]

Assim como o parâmetro anterior, o que ocorre na prática, é que "aferir a relação entre o custo e o benefício" e "pelos aspectos de eficiência e eficácia" são expressões muito subjetivas, razoavelmente abstratas, o que torna o aspecto "econômico" um ponto sensível sobre a competência do controle no âmbito das contratações públicas.

A princípio, a inclusão do parâmetro de economicidade poderia induzir a um controle de mérito, uma vez que é necessário para verificar sobre o aspecto econômico da decisão escolhida se é esta, dentre as opções do administrador (discricionariedade), uma decisão economicamente adequada.

Isto é, para que o Tribunal afira se um procedimento licitatório foi econômico ou houve uma relação equilibrada entre custo e benefício deve

---

[377] JACOBY FERNANDES, Op. Cit.
[378] HELLER, Gabriel. **Controle externo e separação de poderes na constituição de 1988**: fundamentos e eficácia jurídica das determinações e recomendações do Tribunal de Contas. 2019. p. 143 f. Dissertação (Mestrado em Direito) - Centro Universitário de Brasília (UNICEUB), Brasília, 2019.
[379] NAGEL, José. Normas gerais sobre fiscalização e julgamento a cargo do TCU. **Revista do Tribunal de Contas da União**, nº 74, 1997. Disponível em: <http://www.tcu.gov.br>. Acesso em: 22 out. 2021.

adentrar em uma análise específica sobre o que foi - ou não, benéfico ao órgão, o que inclui uma complexa e profunda análise de interesse público, sob os aspectos primários e secundários, em relação ao valor despendido. Entendemos, no entanto, que na seara das licitações e contratações públicas o parâmetro da economicidade é deveras limitado pela norma que rege a matéria.

Isso porque a Lei nº 14.133/2021 [380] estabeleceu de forma acurada procedimentos para que a Administração Pública selecione a proposta apta a gerar o resultado de contratação mais vantajoso para si, o que significa que a relação "custo-benefício" segue os ditames desta lei em matéria de licitações e contratos.

As possibilidades de escolha e tomada de decisões neste tema são postas pela própria lei para que a Administração possa escolher pelo que entende mais adequado. Escolhas que, conforme exposto alhures, encontram também seus limites na própria lei, em regulamentos (caso haja), na observância dos princípios e impõe a necessidade de motivação do administrador.

Além disso, o próprio legislador dispôs que as licitações e contratações buscam, não só a proposta mais vantajosa e o dispêndio de recursos que propiciem maior eficácia e economicidade ao erário à luz do interesse público, mas são também um instrumento para políticas públicas e fomento [381]. Portanto, o parâmetro da economicidade não é limitado pela aferição do custo-benefício, mas, repisa-se: pela observância aos ditames legais.

Cita-se a exemplo, a preferência às microempresas e empresas de pequeno porte, estabelecida pela Lei Complementar nº 123/2006, onde a Administração

---

[380] Art. 11. O processo licitatório tem por objetivos: I - assegurar a seleção da proposta apta a gerar o resultado de contratação mais vantajoso para a Administração Pública, inclusive no que se refere ao ciclo de vida do objeto;

[381] Prova disso são os dispositivos da Lei nº 14.133/2021 que estabelecem: como um dos objetivos da licitação a garantia do desenvolvimento nacional sustentável (art. 11, IV); o fomento ao uso da mão de obra prisional e das vítimas de violência doméstica (art. 25, § 9º), a possibilidade estabelecer margem de preferência para bens manufaturados e serviços nacionais e para bens reciclados, recicláveis ou biodegradáveis (art. 26); a possibilidade de restrição de procedimento as startups (art. 81, § 4º), a preferência as microempresas e empresas de pequeno porte (art. 4º).

deve contratar empresas definidas neste rol se a proposta for de até 10% (dez por cento) superiores à proposta mais bem classificada[382].

Desta forma, nos filiando a tese de Rodrigo Pinto de Campos e Carlos Ari Sundfeld, entendemos que o controle do Tribunal de Contas da União acerca do parâmetro econômico no âmbito das licitações e contratações públicas regidas pela Lei nº 14.133/2021 é limitado porque:

> a) a maneira prevista pelo ordenamento jurídico brasileiro para a determinação dos preços adequados dos contratos administrativos é a realização de prévia e regular licitação; isto é: se houve certame licitatório regularmente processado, os preços dele advindos são os melhores que se poderia ter obtido naquele momento e naquelas condições, fruto das estratégias empresariais empregadas por cada licitante e do conjunto de fatores influentes na precificação àquela altura; e
>
> b) a competência para a aferição da legitimidade dos preços constantes das propostas comerciais formuladas pelos particulares da Administração Pública, e o momento de seu exercício é previsto na legislação, previamente à celebração do contrato[383].

Neste aspecto, entendemos que não cabe ao Tribunal analisar sob sua perspectiva o que seria o melhor custo-benefício acerca dos procedimentos dispostos na Lei nº 14.133/2021, precisamente porque a lei já cuidou de definir o que é a proposta mais vantajosa.

Esse posicionamento não é o adotado pelo Tribunal: por vezes, o TCU extrapola suas competências, como alerta Floriano Marques de Azevedo[384], ao emitir opiniões, recomendações, exigências ou proibições que, mesmo sem dizê-

---

[382] Art. 44. Nas licitações será assegurada, como critério de desempate, preferência de contratação para as microempresas e empresas de pequeno porte. (Vide Lei nº 14.133, de 2021)
§ 1º Entende-se por empate aquelas situações em que as propostas apresentadas pelas microempresas e empresas de pequeno porte sejam iguais ou até 10% (dez por cento) superiores à proposta mais bem classificada.
§ 2º Na modalidade de pregão, o intervalo percentual estabelecido no § 1º deste artigo será de até 5% (cinco por cento) superior ao melhor preço.
[383] SUNDFELD, Carlos Ari; CAMPOS, Rodrigo Pinto de. **O Tribunal de Contas e os preços dos contratos administrativos.** Revista Síntese Responsabilidade Pública, São Paulo: IOB, ano 1, n.º 04, p. 9-14, ISSN2236-3033, ago./set., 2011. p.4.
[384] MARQUES NETO, Floriano de Azevedo, PALMA, Juliana, MORENO, Maís (Org.). **Observatório do Controle da Administração Pública:** Relatório de pesquisa bianual – O Controle das Agências Reguladoras pelo Tribunal de Contas da União. São Paulo: Universidade de São Paulo, 2019. 183 p.

lo, se baseiam não em razões jurídicas, mas em razões políticas, isto é, em convicções de seus agentes quanto às decisões administrativas que seriam mais convenientes ou oportunas[385].

Essa atuação tem dado ensejo a diagnósticos, segundo os quais o órgão de controle estaria tentando capturar as políticas públicas e assumir indevidamente a discricionariedade dos gestores, agindo como "gestor de segundo grau"[386] e ainda, legislando, inclusive, sobrepondo-se à lei.

Cita-se outro exemplo, de caso recente[387], onde a unidade técnica do tribunal suspeitou haver sobrepreço na contratação de materiais, equipamentos e serviços pela Petrobras, pois o valor de referência utilizado era supostamente inadequado de acordo com a metodologia utilizada pelo TCU para aferir o valor de referência. Metodologia esta que não consta da lei.

Após a apresentação de justificativas técnicas pelos responsáveis, a unidade técnica reconheceu a inadequação do método de cálculo por ela utilizado. Ocorre que a unidade decidiu então utilizar um novo método de cálculo, chegando a um novo orçamento paradigma (item 121) e concluiu que, por este novo método houve sobrepreço (menor do que o inicialmente apontado, mas ainda sobrepreço). O novo paradigma foi a proposta desclassificada pela Petrobras por considerar o preço inexequível, em seguida, propôs julgar irregulares as contas além de condenar os responsáveis em débito de forma solidária, pelo dano equivalente à diferença entre o valor da proposta contratada e o valor da proposta ajustada da empresa desclassificada. Felizmente, o Ministro-Relator divergiu da unidade técnica, merecendo transcrição o seguinte trecho de seu voto:

> Em síntese, não me parece seguro, para garantir uma condenação justa, o método sugerido pela SeinfraElétrica, de adoção do preço de uma outra proposta de licitante como referencial de preço. Ainda que a intenção tenha sido afastar qualquer crítica ao referencial antes adotado, a metodologia destoa da prática desta Casa.

---

[385] Cita-se à exemplo o Acórdão nº 2.901/2016-Plenário, onde o TCU condenou em débito e multa o órgão e a empresa contratada por entender que o valor estava acima do mercado, ainda que a proposta da contratada tenha ficado abaixo do limite do orçamento base do poder público. Chama atenção que o próprio MP/TCU entendeu que o parâmetro usado pela unidade técnica não era o mais adequado, sugerindo o uso de outro parâmetro.
[386] Expressão utilizada por Carlos Ari Sundfeld. Op. Cit.
[387] Acórdão nº 1.093/2021- Plenário. Relator Ministro Vital do Rego.

> Assim, frente à ausência de outro referencial que possa ser adotado, ante às dificuldades encontradas pela unidade técnica, reforço que não há segurança para se afirmar se há e qual seria o possível prejuízo atrelado ao Contrato 0800.0040676.08.2. Como dito, não é possível nem mesmo afirmar que o débito sugerido pela unidade técnica atende ao que dispõe o art. 210, § 1º, inciso II, do Regimento Interno do TCU.
>
> Por todo exposto, posiciono-me por afastar o potencial prejuízo apontado e julgar regulares as contas da empresa contratada, dos responsáveis pela elaboração do orçamento base da Petrobras, dos integrantes da comissão de licitação e do representante da Estatal que assinou o contrato.

Perceba a tamanha insegurança que o posicionamento da unidade técnica acaba por gerar: ora utiliza uma metodologia, ora outra. Ainda sobre esse caso, importante mencionar que o primeiro método utilizado pela unidade técnica do Tribunal somente foi verificado inviável, após a apresentação de defesa, elementos adicionais e, ainda, outros documentos pela empresa. E mesmo assim, a unidade técnica propôs a condenação dos responsáveis inclusive, com multa e débito.

Veja, não é legítimo supor a ocorrência de desvios de conduta na relação entre licitantes, ou entre eles e as autoridades administrativas, somente pelo fato de os preços obtidos no certame serem superiores aos constantes de uma tabela de referência do Tribunal de Contas.

Como bem asseveram Carlos Ari Sundfeld e Rodrigo Pinto Campos[388] "preços podem ser altos por razões momentâneas de mercado, como o excesso de demanda, e por falta de interesse de um número significativo de empresas, sem que isso tenha algo a ver com acertos escusos". Complementam, ainda que, "Administração tem de contratar pelos preços que pode obter, com processos limpos. É isso o que diz a lei. Nada há de ilícito em preços que, segundo o critério de alguém, sejam considerados altos".

Ainda neste sentido, a própria Lei nº 14.133/2021, estabelece a diferença entre "sobrepreço" que é o preço acima do mercado e que não significa, de pronto, uma irregularidade, do "superfaturamento"[389] que é caracterizado por

---

[388] SUNDFELD, Carlos Ari. CAMPOS, Rodrigo Pinto de. **O Tribunal de Contas e o preço dos contratos administrativos.** *In:* SUNDFELD, Carlos Ari. **Contratações públicas e o seu controle.** São Paulo: Malheiros, 2013, p. 223.
[389] Art. 6º LVI e LVII.

"dano" à administração e caracteriza-se por medições em quantidade superiores ao efetivamente executado, deficiências e alterações que resultem em diminuição da qualidade, entre outros. Veja: nada de preços acima de uma referência estabelecida pelo próprio TCU, para condenar empresas e gestores.

Na teoria, permanece o posicionamento de que, se a administração, na pessoa do agente público, obedeceu aos ditames legais, v.g. realizou pesquisa de preços e conduziu o processo nos ditames da Lei nº 14.133/2021, não poderia o TCU sancioná-lo. Na prática o que ocorre é que o Tribunal de Contas fixa parâmetros próprios[390] de aferição de economicidade e se a administração não os segue, é punida.

A maneira prevista pelo ordenamento jurídico brasileiro para a determinação dos preços adequados dos contratos administrativos é, em regra, a realização de prévia e regular licitação; isto é, se houve certame licitatório regularmente processado, os preços dele advindos são os melhores que se poderia ter obtido naquele momento, fruto das estratégias empresariais empregadas por cada licitante e do conjunto de fatores influentes na precificação àquela altura.

Ademais, a competência para a aferição da legitimidade dos preços constantes das propostas formuladas pelos licitantes é da administração que na pessoa do agente da licitação suporta o ônus de ter de decidir.

E aqui, prevalece o que já expomos nos parâmetros anteriores: o Tribunal de Contas tem, sim, competência para apurar eventual ocorrência de abusos no exercício pelos gestores públicos, de sua tarefa de decidir quanto a preços de contratos administrativos. Mas essa apuração tem de partir da análise dos ditames legais.

Sobre este parâmetro, portanto, à luz da Lei nº 14.133/2021 e da autonomia administrativa do órgão, os poderes do Tribunal são limitados.

Ou seja, entendemos que o controle sobre o parâmetro da economicidade se encontra limitado no âmbito das licitações e contratações públicas pela Lei que

---

[390] Cita-se como outro exemplo o Acórdão nº 2.400/2006 – Plenário que dispõe que a pesquisa de preços a ser efetivada pelos gestores do Ministério, em conjunto com as contratadas, deve se amoldar aos parâmetros considerados válidos pelo Tribunal. Cita-se ainda, o Acórdão nº 1267/2019 – Plenário de Relatoria do Ministro Aroldo Cedraz, onde o Tribunal utilizou para verificar se o valor estava compatível com o mercado o Sistema de Custos Referenciais de Obra (SICRO). Ocorre que há época (1996) não havia nenhuma disposição legal acerca do SICRO como tabela de referência, mas na visão do TCU "isso não tira sua legitimidade como ferramenta para verificação dos preços de mercado".

rege a matéria. Da mesma forma do parâmetro anterior, para este caso, entendemos que se as disposições legais forem cumpridas (parâmetro de legalidade) somente cabe ao Tribunal se valer do denominado "controle preventivo" proferindo recomendações e alertas que na esteira do art. 170, inc. II da Lei nº 14.133/2021 devem oportunizar a manifestação do órgão para verificar sobre a possibilidade de implementar tais recomendações.

CAPÍTULO 4

PODERES DO TCU EM MATÉRIA DE CONTRATAÇÕES PÚBLICAS

O presente capítulo destina-se a analisar quais são os poderes dados ao TCU para que exerça sua função de órgão de controle, fiscalizando as contratações públicas regidas pela Lei nº 14.133/2021, isto é, quais são as competências fixadas pelo ordenamento jurídico para que o Tribunal atue e sobre quem este pode atuar.

Para tanto, como visto alhures, o meio pelo qual o Tribunal desempenha suas competências é denominado de processo e são asseguradas garantias àqueles que estão sob sua jurisdição, por força do regime jurídico que rege a matéria.

Nesta senda, em matéria de licitações e contratos públicos cabe ao Tribunal realizar diligências perante o órgão licitante para verificar indícios de irregularidades ou ilegalidades, podendo fazê-lo na forma do exposto no item 3.2.: mediante provocação ou de ofício.

Sobre a realização de diligências pelo Tribunal, a Lei nº 14.133/2021 expressamente prevê que, para realização de suas atividades, os órgãos de controle deverão ter acesso irrestrito aos documentos e às informações necessárias à realização dos trabalhos, inclusive aos documentos classificados pelo órgão ou entidade nos termos como sigilosos[391]. Isso significa que, ao Tribunal, devem ser fornecidos todos os documentos necessários para que proceda a sua análise.

Dispõe o RITCU[392] sobre o tema que, verificado procedimento de que possa resultar dano ao erário ou irregularidade grave, no curso da fiscalização, a equipe representará, desde logo, com suporte em elementos **concretos e convincentes**, ao dirigente da unidade técnica, o qual submeterá a matéria ao respectivo relator, com parecer conclusivo.

---

[391] Art. 169, § 2º.
[392] Art. 246.

Aqui, importante rememorar que, conforme exposto no capítulo anterior, os poderes dados ao TCU no exercício do controle corretivo diferenciam-se do controle repressivo. Na primeira espécie de controle, é possível obstar a continuidade de um ato ilegal ou saná-lo, a depender da gravidade do ato praticado, inclusive, a Lei nº 14.133/2021[393] permite ao Tribunal sustar a continuidade de um processo licitatório obstando sua continuação.

Já no controle repressivo, em regra, o ato já foi consumado, não sendo possível utilizar de medidas para saná-lo, cabendo ao Tribunal buscar o ressarcimento ao erário - quando houver dano e, pode aplicar sanção aos responsáveis em caso de ilegalidade de despesa ou irregularidade de contas. Sendo, no entanto, passível convalidar o ato, ou manter os efeitos, devem essas possibilidades também serem consideradas na decisão, conforme consta do parágrafo único do art. 21 da LINDB.

Como se vê, o Tribunal detém importantes competências em matéria de contratações públicas. Exatamente pelas consequências práticas dessas competências, a Lei nº 14.133/2021[394] buscou trazer expressamente a necessidade de que a Corte de Contas analise, sobre os critérios de oportunidade e conveniência, as consequências de sua intervenção. No mesmo sentido dispõe o art. 21 da LINDB ao determinar que a decisão deve indicar de modo expresso suas consequências jurídicas e administrativas.

Além disso, a Lei nº 14.133/2021 ainda cuidou de dispor, em seu art. 171 a necessidade de o Tribunal viabilizar oportunidade de manifestação aos gestores sobre possíveis propostas de encaminhamento que terão impacto significativo nas rotinas de trabalho e a adoção de procedimentos objetivos e imparciais e elaboração de relatórios tecnicamente fundamentados.

Desta feita, à luz da Constituição Federal, da Lei nº 14.133/2021 e da Lei Orgânica e Regimento Interno do TCU, cabe ao Tribunal, de forma sucinta:

---

[393] Art. 171. §1º.
[394] Art. 170.

a) assinar prazo para que o órgão na pessoa do responsável adote providências para sanar a ilegalidade[395];

b) em caso de urgência, de fundado receio de grave lesão ao erário, ao interesse público, ou de risco de ineficácia da decisão de mérito, poderá, de ofício ou mediante provocação, adotar medida cautelar[396];

c) sustar, se não atendido, a execução do ato impugnado, comunicando a decisão à Câmara dos Deputados e ao Senado Federal[397];

d) no caso de contrato, comunicar ao Congresso Nacional para que proceda a sustação[398];

e) aplicar aos responsáveis, em caso de ilegalidade de despesa ou irregularidade de contas, as sanções previstas em lei, que estabelecerá, entre outras cominações, multa proporcional ao dano causado ao erário[399];

f) julgar contas[400], inclusive, determinando o ressarcimento do débito ao erário; e

g) representar ao Poder competente sobre irregularidades ou abusos apurados[401].

---

[395] Na forma do Art. 71, inc. IX da CF e da Lei nº 8.443/1992 que estabelece: Art. 45. Verificada a ilegalidade de ato ou contrato, o Tribunal, na forma estabelecida no Regimento Interno, assinará prazo para que o responsável adote as providências necessárias ao exato cumprimento da lei, fazendo indicação expressa dos dispositivos a serem observados.
[396] Na forma do art. 171 §1º da Lei nº 14.133/2021 e art. 44 da Lei nº 8.443/1992.
[397] Na forma do art. 71, inc. X da CF e §1. do art. 45 da Lei nº 8.443/1992.
[398] Art. 71. § 1º No caso de contrato, o ato de sustação será adotado diretamente pelo Congresso Nacional, que solicitará, de imediato, ao Poder Executivo as medidas cabíveis e §2. do art. 45 da Lei nº 8.443/1992.
[399] Estabelece a Constituição Federal: Art. 71. VIII - aplicar aos responsáveis, em caso de ilegalidade de despesa ou irregularidade de contas, as sanções previstas em lei, que estabelecerá, entre outras cominações, multa proporcional ao dano causado ao erário; e a Lei nº 8.443/1992 estabelece em seu art. 1º inc. IX - aplicar aos responsáveis as sanções previstas nos arts. 57 a 61 desta Lei;
[400] Art. 71. [...] II - julgar as contas dos administradores e demais responsáveis por dinheiros, bens e valores públicos da administração direta e indireta, incluídas as fundações e sociedades instituídas e mantidas pelo Poder Público federal, e as contas daqueles que derem causa a perda, extravio ou outra irregularidade de que resulte prejuízo ao erário público; Art. 1º, inc. I da LOTCU.
[401] Art. 71. XI - representar ao Poder competente sobre irregularidades ou abusos apurados.

Caso as providências não sejam realizadas ou as razões de justificativa não sejam aceitas, pode o Tribunal, na forma do inc. III do §1º do art. 45 e in. II do art. 58 da Lei nº 8.443/1992, aplicar multa.

A execução de atos de comando [402] ou por meio do exercício de "competências corretivas" se dá mediante as determinações que devem fixar prazo para adoção das medidas, são deliberações de natureza mandamental que impõe ao destinatário a adoção, em prazo fixado, de providências concretas e imediatas com a finalidade de prevenir, corrigir irregularidade, remover seus efeitos ou abster-se de executar atos irregulares[403]. As determinações têm maior poder de coação, haja vista a previsão de sanções[404], caso sejam descumpridas.

Já as recomendações, estas podem ser entendidas como sugestões ou advertências aos administrados, que normalmente não dão ensejo a penalidades diretas, salvo se reiteradamente ignoradas. São conceituadas pelo TCU[405] como deliberações de natureza colaborativa que apresenta ao destinatário oportunidades de melhoria, com a finalidade de contribuir para o aperfeiçoamento da gestão ou dos programas e ações de governo.

E, por fim, existe a figura da "ciência" da deliberação de natureza declaratória que cientifica o destinatário sobre a ocorrência de irregularidade, quando as circunstâncias não exigirem providências concretas e imediatas, sendo suficiente, para fins do controle, induzir a prevenção de situações futuras análogas[406]; é utilizada quando constatadas falhas formais ou descumprimento de leis, normas ou jurisprudência que não ensejem aplicação de multa aos responsáveis.

Uma interessante inovação advinda da Resolução nº 315/2020 do TCU é o que o Tribunal denominou de "Construção Participativa das Deliberações", onde na forma do disposto, em seu art. 14, a unidade técnica instrutiva deve oportunizar aos destinatários das deliberações a apresentação de comentários sobre as propostas de determinação e/ou recomendação, solicitando, em prazo

---

[402] André Rosilho utiliza em sua obra, a nomenclatura "atos de comando" que ao nosso ver equiparam-se às determinações proferidas pelo órgão.
[403] Na forma que dispõe o art. 2º, inc. I da Resolução nº 315/2020 - TCU.
[404] Art. 268, incs. IV, VII e VIII, do Regimento Interno do TCU.
[405] Na forma que dispõe o art. 2º, inc. III da Resolução nº 315/2020 - TCU.
[406] Art. 2º, inc. II da Resolução nº 315/2020 - TCU.

compatível, informações quanto às consequências práticas da implementação das medidas aventadas e eventuais alternativas.

A resolução representa ainda, uma boa prática, porque na visão de André Rosilho[407] o Tribunal, em certos casos, teria procurado atribuir efeito cogente a recomendações, aproximando-as, na prática, de determinações, com o advento da resolução, ao definir o objeto de cada tipo de deliberação também tipifica quando e como estas são aplicadas, isto é, promove segurança jurídica aos jurisdicionados.

Além disso, o art. 11, inc. II §1º e 2º da mesma norma infralegal, prevê a necessidade de que as recomendações sejam baseadas em "critérios, tais como leis, regulamentos, boas práticas e técnicas de comparação (*benchmarks*)" e "agregue valor à unidade jurisdicionada, baixando custos, simplificando processos de trabalho e aprimorando a eficácia dos serviços", o que demonstra a observância a LINDB na medida que seu art. 20 estabelece que as autoridades deverão considerar "consequências práticas da decisão".

A seguir, abordaremos como operam-se essas competências do Tribunal de Contas da União em matéria de contratações públicas.

4.1. Análise da gravidade do ato praticado

O primeiro passo para que se possa estabelecer qual é o instrumento cabível ao Tribunal de Contas da União para que atue sobre as contratações públicas é analisar a gravidade do ato praticado. Isso porque, atos considerados como falta de caráter formal ou impropriedade exigem uma atuação comedida do Tribunal de Contas da União, já atos considerados ilegais ou irregulares comportam uma atuação mais impositiva do Tribunal.

Da mesma forma, em relação ao sujeito que praticou tais atos, é necessário verificar sua conduta, isso porque só é possível sancioná-lo no caso de dolo ou erro grosseiro.

Além disso, na forma do art. 170 da Lei nº 14.133/2021, essa análise deve pautar-se nos critérios de oportunidade, materialidade, relevância e risco. Quando

---

[407] ROSILHO, André. Simplificação do controle pelo Tribunal de Contas da União. **Jota.** 06 de maio de 2020. Disponível em: https://sbdp.org.br/wp/wp-content/uploads/2020/05/Andr%C3%A90605.pdf. Acesso em 5 de nov. 2021.

diante de atos com iminente risco é permitido à Corte de Contas que utilize de medidas para obstá-los. Abordaremos estes temas na sequência.

4.1.1. Impropriedades formais

As denominadas impropriedades formais, por não serem configuradas como atos *contra legem*, limitam o TCU no sentido de que este pode apenas exercer o controle preventivo, como defendido neste estudo, isto é, proferir recomendações ou dar ciência[408] ao órgão administrativo e, ainda, na forma do art. 171, inc. I, da Lei nº 14.133/2021, devem para tanto, viabilizar a oportunidade para que o órgão se manifeste sobre as possíveis propostas de encaminhamento. Nesta esteira, dispõe o art. 169, do mesmo diploma legal:

> Art. 169 § 3º [...]
> I - quando constatarem simples impropriedade formal, adotarão medidas para o seu saneamento e para a mitigação de riscos de sua nova ocorrência, preferencialmente com o aperfeiçoamento dos controles preventivos e com a capacitação dos agentes públicos responsáveis;

Observe que o controle exercido pelo TCU nesta hipótese é o denominado preventivo na medida em que visa obstar a "nova ocorrência" da impropriedade e, aqui, ao nosso ver, prevalece todo o exposto no capítulo anterior no sentido da deferência a autonomia administrativa do órgão. Sobre o tema, dispõe o RITCU que:

> Art. 250. Ao apreciar processo relativo à fiscalização de atos e contratos,
> o relator ou o Tribunal:
> [...]
> II – determinará a adoção de providências corretivas por parte do responsável ou de quem lhe haja sucedido quando verificadas tão somente falhas de natureza formal ou outras impropriedades que não ensejem a aplicação de multa aos responsáveis ou que não configurem indícios de débito e o arquivamento ou apensamento do processo às respectivas contas, sem prejuízo do monitoramento do cumprimento das determinações;

---

[408] São estes os instrumentos postos ao TCU, na forma da Resolução nº 315/2020, para prevenir casos futuros ou que possuem natureza colaborativa.

III – recomendará a adoção de providências quando verificadas oportunidades de melhoria de desempenho, encaminhando os autos à unidade técnica competente, para fins de monitoramento do cumprimento das determinações;

Consta do inc. II, deste dispositivo a expressão "determinará", que para nós, diverge do dispositivo constante da Lei nº 14.133/2021 e da tese aqui adotada, na medida em que determinações são de caráter coercitivo e o não cumprimento pode acarretar sanção. Também diverge da própria resolução do Tribunal na medida em que o instrumento para "falhas formais ou descumprimento de leis, normas ou jurisprudência que não ensejem aplicação de multa aos responsáveis" é a ciência[409].

A despeito disso, em diversas oportunidades [410], o Tribunal tem se pronunciado no sentido de que "não se anula o procedimento diante de meras omissões ou irregularidades formais na documentação ou nas propostas desde que, por sua irrelevância, não causem prejuízo à Administração ou aos licitantes".

Pelos normativos supracitados, entendemos que o posicionamento do Tribunal de não anular o certame por conta de falhas formais é correto, mas que também não poderia proferir nenhum ato de comando, no bojo do certame por este motivo, na medida que, falhas meramente formais, ao nosso ver, não exigem providências concretas e imediatas, sendo suficiente, para fins do controle, induzir a prevenção de situações futuras análogas, exercer, portanto, controle preventivo.

A seguir verificaremos as competências para o Tribunal agir em caso de ilegalidade em procedimentos licitatórios e em contratos.

4.1.2. Da verificação e sustação de ato ilegal

Compete ainda, ao Tribunal, na forma da Constituição, "assinar prazo para que o órgão ou entidade adote as providências necessárias ao exato cumprimento da lei, se verificada ilegalidade" e ainda "aplicar aos responsáveis, em caso de ilegalidade de despesa ou irregularidade de contas, as sanções previstas em lei, que

---

[409] Art. 2º, inc. II da Resolução nº 315/2020 - TCU.
[410] Neste sentido: Decisão nº 178/96 - Plenário, Ata nº 14/96, Decisão nº 367/95 - Plenário - Ata nº 35/95, Decisão nº 681/2000 - Plenário, Ata nº 33/2000 e Decisão nº 17/2001 - Plenário, Ata nº 02/2001.

estabelecerá, entre outras cominações, multa proporcional ao dano causado ao erário".

Sobre este tema André Rosilho[411] entende que o Tribunal de Contas tem a competência para estabelecer prazo para adoção de providências necessárias à eliminação de ilegalidades. Caso contrário, cabe-lhe "sustar, se não atendido, a execução do ato impugnado, comunicando a decisão à Câmara dos Deputados e ao Senado Federal", isto é, as expressões "assinar prazo" e "se não atendido" na visão do autor, significam que a possibilidade do TCU de sustar atos só pode ocorrer caso a Administração, não atenda, dentro do prazo, às providências exaradas pelo órgão.

Nesse sentido, nesta hipótese, a forma como o TCU profere sua decisão é por meio da determinação que, como já visto, possui caráter coercitivo (ato de comando) na medida em que impõe ao destinatário a adoção, em prazo fixado, de providências concretas e imediatas com a finalidade de corrigir ilegalidade. Portanto, o instrumento cabível para o Tribunal agir em um procedimento licitatório se verificada ilegalidade é assinar prazo para que o órgão ou entidade adote as providências necessárias ao exato cumprimento da lei.

A sustação do ato, desta feita, não é admissível se o TCU não houver fixado prazo razoável para seu saneamento, tendo sido a Administração devida e previamente intimada para fazê-lo. A prévia oitiva da Administração, por ocasião da indicação do prazo para a correção da irregularidade apontada, como aponta Barroso[412], é, portanto, indispensável à caracterização da hipótese que habilita o TCU a determinada a sustação do ato impugnado.

Sobre a natureza da sustação de atos, Jacoby Fernandes[413] entende que a sustação pode se dar de forma cautelar ou definitiva: terá natureza meramente cautelar, quando determinada no curso de um processo, visando resguardar o patrimônio público; natureza decisória definitiva quando as providências forem incompatíveis com a continuidade do ato.

---

[411] ROSILHO: André. Op. Cit, p. 266.
[412] BARROSO, Luís Roberto. Tribunais de Contas: Algumas competências controvertidas. *In*: Temas de Direito Constitucional. 2ª ed., t. I. Rio de Janeiro: Renovar, 2006, p. 237.
[413] Jacoby Fernandes. Op. Cit. p. 567.

Para Eduardo Jordão[414] a sustação condiz precisamente em uma medida cautelar pois: não anula o ato administrativo nem decide definitivamente sobre sua regularidade. Consiste em providência para evitar que se realizem os efeitos de ato que causaria danos ao erário público até a solução definitiva da questão – medida cautelar, portanto. Mas não uma cautelar *inaudita altera parte*.

A divergência entre Jordão e Jacoby reside na análise prática dos efeitos da sustação: é que efetivamente sustar não significa anular, mas como antes da edição da Lei nº 14.133/2021 não havia prazo para que o Tribunal de Contas da União decidisse sobre o mérito do ato sustado, como, por exemplo, no caso de um procedimento licitatório, muitas vezes o órgão administrativo preferia iniciar outro procedimento, o que acabaria por tornar definitiva a sustação.

Entendemos ainda, que a sustação do ato é cabível apenas quando há a possibilidade de correção; se não há essa possibilidade deve o Tribunal determinar que o órgão anule o ato. Nesta senda, entendemos que a sustação tem natureza exclusivamente [415] cautelar e, portanto, indispensáveis os pressupostos do *periculum in mora* e o *fumus boni iuris*.

Já quanto à necessidade de ouvir o órgão ou adotar medida cautelar *inaudita altera parte*, a discussão cinge-se na redação do seguinte dispositivo do RITCU:

> Art. 276. O Plenário, o relator, ou, na hipótese do art. 28, inciso XVI, o Presidente, em caso de urgência, de fundado receio de grave lesão ao erário ou a direito alheio ou de risco de ineficácia da decisão de mérito, poderá, de ofício ou mediante provocação, adotar medida cautelar, **com ou sem a prévia oitiva da parte,**

---

[414] JORDÃO, Eduardo. Quanto e qual poder de cautela para o TCU? **Jota.** Disponível em: https://sbdp.org.br/wp/wp-content/uploads/2020/01/02.01.20-Quanto-e-qual-poder-de-cautela-para-o-TCU_-JOTA-Info.pdf. Acesso em 1 de nov. 2021.

[415] Esse entendimento não é uníssono, Francisco Sérgio Maia Alves, por exemplo, entende que faltam à sustação duas das características principais das deliberações acautelatórias: a adoção mediante cognição rasteira e a finalidade de resguardar a efetividade de uma decisão posterior de mérito. Para ele, a sustação, do contrato implica em impedir definitivamente sua continuidade, cabendo à Administração, caso tenha interesse em satisfazer a prestação pública pertinente, proceder a novo procedimento de contratação. O ato de sustação opera no plano da eficácia do contrato administrativo, constituindo hipótese ensejadora de sua extinção, por gerar o dever de anular. ALVES, Francisco Sérgio Maia. **Controle corretivo de contratos de obras públicas efetuado pelo TCU e pelo Congresso Nacional**: marco jurídico e análise empírica de sua eficácia. 2016. Dissertação (Mestrado em Direito) - Instituto CEUB de Pesquisa e Desenvolvimento, Centro Universitário de Brasília, Brasília, 2016, p. 63-65.

determinando, entre outras providências, a suspensão do ato ou do procedimento impugnado, até que o Tribunal decida sobre o mérito da questão suscitada, nos termos do art. 45 da Lei nº 8.443, de 1992[416].

Isto é, da leitura do dispositivo poderia o Tribunal adotar a medida cautelar "com ou sem a prévia oitiva da parte". Poderia, então, proferir uma liminar *inaudita altera partes*.

O STF se pronunciou sobre a constitucionalidade desse dispositivo[417] entendendo que o TCU detém competências implícitas[418] para expedição de medidas cautelares para prevenir lesão ao erário e garantir a efetividade de suas decisões, quando presentes os pressupostos de temor plausível diante de iminente ofensa à ordem jurídica (*fumus boni iuris*), em prejuízo do erário ou de terceiro, e de perigo na demora (*periculum in mora*), inclusive *inaudita altera partes*, poder imanente à jurisdição, tendo por base constitucional o inciso XXXV do artigo 5º.

Destaca-se que ficou vencido o Ministro Carlos Ayres Britto que, como afirmou o Ministro Sepúlveda Pertence na sessão[419], "é um especialista em matéria de Tribunal de Contas". Isto é relevante, pois entendemos que o posicionamento vencido do Ministro Carlos Ayres Britto, no sentido de que, tem, sim, o TCU competência para sustar atos, mas encontra-se vinculado pelo texto constitucional pelo qual dispõe que deve, antes, assinar prazo, parece ser a correta compreensão do dispositivo constitucional, no sentido de que o ato somente pode ser sustado, caso não ocorra a correção da irregularidade no prazo assinalado[420].

---

[416] Trecho em negrito não consta do original.
[417] BRASIL. Supremo Tribunal Federal. MS nº 24.510-7/DF. Relatora: Ministra Ellen Gracie. **Diário da Justiça [da] República Federativa do Brasil**, Brasília, DF, 19 nov. 2003.
[418] Advinda da teoria dos poderes implícitos originada no ordenamento jurídico dos EUA a partir do precedente McCulloch x Maryland. Com base nesta teoria, o Ministro propõe que a Constituição seja interpretada de modo a expandir os poderes do TCU que tenham natureza instrumental – a tutela cautelar seria, em sua visão, um instrumento necessário e compatível com o sistema de controle externo.
[419] Consta do seu voto no MS nº 24.510-7/DF, p. 33.
[420] ROSILHO, André. **Tribunal de Contas da União** - Competências, Jurisdição e Instrumentos de Controle. São Paulo: Quartier Latin, 2019, p. 267-270.

Entender em sentido contrário, como coloca Eduardo Jordão é desmantelar e ignorar a sistemática específica que a própria Constituição previu para a hipótese de sustação de atos[421].

Observe que, nesta senda, a doutrina reconhece a sustação de ato como uma medida cautelar na medida em que visa obstar a continuidade do ato, de propósito instrumental, não definitivo[422]. A questão que para nós subsiste é no fato de dever ou não oportunizar que o órgão se manifeste antes da sustação do ato.

É que a sistemática do TCU implica em determinar ao órgão administrativo para que execute as providências estabelecidas; a competência para controlar não compreende a competência para exercitar diretamente as atribuições objeto desse controle. Trata-se de um postulado fundamental decorrente da segregação de funções estatais, por isso, o Tribunal deve assinar prazo para que o órgão tome as providências necessárias.

E aqui prevalece o entendimento, como já defendido no capítulo anterior, de que, como órgão de controle externo, o Tribunal de Contas da União - em que pese sua competência técnica, não conhece as especificidades do órgão: é o administrador público, o agente capaz de avaliar a viabilidade e o "melhor" interesse público para que se possa adotar ou não as medidas determinadas.

Aqui, também prevalece para nós, o posicionamento já exposto no sentido de que pode o órgão, inclusive, divergir do Tribunal ou apresentar justificativa, também defendido, por Carlos Ari Sundfield e Jacintho Arruda Câmara, observe:

---

[421] JORDÃO, Eduardo. Quanto e qual poder de cautela para o TCU? **Jota.** Disponível em: https://sbdp.org.br/wp/wp-content/uploads/2020/01/02.01.20-Quanto-e-qual-poder-de-cautela-para-o-TCU_-JOTA-Info.pdf. Acesso em 1 de nov. 2021.
[422] NETO, Giuseppe Giamundo. As garantias no processo no Tribunal de Contas da União. São Paulo: Thomson Reuters Brasil, 2019, p. 150-152. CABRAL, Flávio Garcia. Medidas cautelares administrativas: regime jurídico da cautelaridade administrativa. Belo Horizonte: Fórum, 2021, p. 161-162. DECOMAIN, Pedro Roberto. Tribunais de contas no Brasil. São Paulo: Dialética, 2006, p. 127. JUSTEN FILHO, Marçal. **Comentários à Lei de Licitações e Contratos Administrativos.** 18ª ed.. São Paulo: Thomson Reuters Brasil, 2019, p. 1598. SUNDFELD, Carlos Ari. CÂMARA, Jacintho Arruda. **Competências de Controle dos Tribunais de Contas – Possibilidades e Limites.** *In:* SUNDFELD, Carlos Ari. **Contratações públicas e o seu controle.** São Paulo: Malheiros, 2013, p. 197. JORDÃO, Eduardo. **A intervenção do Tribunal de Contas da União sobre Editais de licitação não publicados: controlador ou administrador?** *In:* SUNDFELD, Carlos Ari. ROSILHO, André (org.). **Tribunal de Contas da União no Direito e na Realidade.** 1. ed. São Paulo: Almedina, 2020, p. 343.

O fato de o Tribunal de Contas apontar uma irregularidade, e definir prazo para o responsável corrigi-la, e de este não aceitar a recomendação não pode ser juridicamente qualificado como recusa ilegal. O Direito não dá mais valor à opinião do fiscal que à opinião do fiscalizado. O que se tem é um conflito de visões sobre o que é certo ou errado[423].

Esse entendimento mostra-se compatível também com a competência sancionadora do Tribunal, no caso já aludido, de que o órgão pode não adotar as providências determinadas pelo TCU – desde que, motivadamente, na medida em que o RITCU em seu art. 261, §1º estabelece que: "O responsável que injustificadamente deixar de adotar as medidas de que trata o caput, no prazo de quinze dias, contados da ciência da decisão deste Tribunal, ficará sujeito a multa e ao ressarcimento das quantias pagas após essa data".

Veja: sanciona-se quando, injustificadamente deixar de cumprir, levando a entender que poderá justificar o não cumprimento. Caso haja divergências, como já expusemos, no entendimento de Marçal Justen Filho, a via cabível é a judicial ou o pedido de reconsideração.

Além disso, os recentes normativos legais e infralegais parecem oportunizar ao órgão a análise da viabilidade da medida imposta, como o já citado art. 14 da Resolução nº 315/2020[424], o §1º do art. 22 da LINDB[425] e o inc. I do art. 171 da Lei nº 14.133/2021[426].

Tudo isso parece contribuir para o entendimento de que, ao órgão deve ser oportunizada manifestação e concedido prazo para que este saneie a ilegalidade.

---

[423] SUNDFELD, Carlos Ari; CÂMARA, Jacintho Arruda. Op. Cit. p. 201.
[424] Que determina que deve oportunizar aos destinatários das deliberações a apresentação de comentários sobre as propostas de determinação e/ou recomendação, solicitando, em prazo compatível, informações quanto às consequências práticas da implementação das medidas aventadas e eventuais alternativas.
[425] Que determina que "serão consideradas as circunstâncias práticas que houverem imposto, limitado ou condicionado a ação do agente".
[426] Dispõe que na fiscalização de controle será observado a viabilização de oportunidade de manifestação aos gestores sobre possíveis propostas de encaminhamento que terão impacto significativo nas rotinas de trabalho dos órgãos e entidades fiscalizados, a fim de que eles disponibilizem subsídios para avaliação prévia da relação entre custo e benefício dessas possíveis proposições.

Na grande maioria dos casos[427], no entanto, o Tribunal tem determinado a sustação, sem que antes assine prazo ou dê oportunidade de manifestação prévia.

Pode parecer sútil a diferença, mas na prática não é: se o Tribunal assina prazo para que o órgão adote as providências que ele entende cabíveis para sanar a ilegalidade é evidente que pode o órgão manifestar-se em sentido contrário. Se essa etapa não é cumprida e o TCU determina imediatamente a sustação, além de interferir diretamente sobre a atividade administrativa, cujos atos, regra geral, gozam dos atributos da presunção de legitimidade e de veracidade, acabam também, por gerar insegurança jurídica, uma vez que, não raras vezes[428], o TCU tem revogado a medida liminar após a manifestação dos interessados que conseguem demonstrar a ausência de ilegalidades apontadas.

E caso se verifiquem eventuais perdas e danos decorrentes da medida cautelar, deveria ser buscada a via judicial[429]. Marçal Justen Filho critica essa metodologia propondo que se for evidenciada a improcedência da imputação de defeito que justificou a providência acautelatória, deveria promover, de modo automático e imediato, a indenização aos interessados pelas perdas e pelos danos verificadas[430].

Além disso, a Lei nº 14.133/2021[431] dispôs de duas obrigações para que o Tribunal de Contas suspenda cautelarmente o procedimento licitatório: deve definir objetivamente as causas da ordem da suspensão e assegurar o modo como será garantido o atendimento do interesse público obstado pela suspensão da licitação, no caso de objetos essenciais ou de contratação por emergência.

Essas disposições são muito relevantes porque, além de estarem em consonância com o dispositivo da LINDB[432], também propiciam segurança ao agente público. A suspensão cautelar do procedimento licitatório implicará efeitos relevantes, em vista da impossibilidade de contratação destinada a satisfazer

---

[427] TCU. Acórdão nº 2805/2021 – Plenário. Relator Jorge Oliveira.
[428] Cita-se como exemplo as recentes deliberações constantes dos: Acórdão nº 2443/2021 – Plenário e Acórdão nº 2427/2021 – Plenário.
[429] Eventuais perdas e danos sofridos por ambas as partes deverão ser solucionados, naturalmente, no âmbito da Justiça In. Acórdão nº 3075/2012 – TCU – Plenário. Relator Raimundo Carreiro.
[430] Justen Filho, Marçal. Op cit. pp. 1698-1710.
[431] Art. 171, inc. II, §1º.
[432] O já citado art. 21 que determina que nas decisões deve-se indicar de modo expresso suas consequências e condições para que a regularização ocorra de modo proporcional e equânime e sem prejuízo aos interesses gerais.

necessidades administrativas e coletivas. É condição indispensável à validade do provimento cautelar a definição das soluções a serem adotadas para evitar danos aos interesses envolvidos.

Nesta senda, a Lei nº 14.133/2021[433] inovou ao colocar prazo de 25 dias (com possível prorrogação) para que o TCU se pronuncie, definitivamente, sobre o mérito da irregularidade que tenha dado causa à suspensão. Não dispôs, no entanto, sobre as consequências de o TCU não cumprir esse prazo.

Entendemos que, para que o prazo fixado não seja reduzida à inutilidade, quando extrapolado, sem um pronunciamento definitivo do Tribunal, a suspensão cautelar deve perder efeito jurídico. Como coloca Marçal Justen Filho[434], não faria sentido o legislador definir um prazo máximo para tal pronunciamento, sem que o desrespeito a este limite produzisse qualquer efeito. Tal intelecção tornaria inútil a própria definição de prazo estabelecida pelo legislador.

Em que pese as já adiantadas críticas[435] acerca do prazo fixado para a decisão de mérito do TCU, a definição de um prazo, para a grande maioria da doutrina[436], é bem-vinda para evitar o chamado "periculum in mora reverso", isto é, o risco de que a eventual demora na apreciação do mérito acarrete maiores prejuízos ao interesse público. Claramente demonstra o intuito do legislador criar um efeito inibidor ao uso irrestrito da cautelar de sustação.

---

[433] Art. 171. Na fiscalização de controle será observado o seguinte: [...] § 1º Ao suspender cautelarmente o processo licitatório, o tribunal de contas deverá pronunciar-se definitivamente sobre o mérito da irregularidade que tenha dado causa à suspensão no prazo de 25 (vinte e cinco) dias úteis, contado da data do recebimento das informações a que se refere o § 2º deste artigo, prorrogável por igual período uma única vez, e definirá objetivamente:
I - as causas da ordem de suspensão;
II - o modo como será garantido o atendimento do interesse público obstado pela suspensão da licitação, no caso de objetos essenciais ou de contratação por emergência.
[434] Ibidem.
[435] Estipuladas no sentido de entenderem inexequível para a apreciação de processos que envolvam questões de elevada complexidade, o que poderia prejudicar o próprio órgão licitante e a empresa interessada, quanto ao exercício do contraditório e da ampla defesa, conforme apontamos no item 2.2.
[436] Defendem a definição deste prazo: Marçal Justen Filho, Jacoby Fernandes, Thiago Araújo, Cardoso; Ferreira, Fernando; Teixeira, Daniella Felix.

4.1.3. Da sustação de contratos e a Lei nº 14.133/2021

Outro tema de grande relevância diz respeito à possibilidade de o Tribunal sustar contratos, e mais, fazê-lo cautelarmente.

É que a Constituição estabelece em seu art. 71, § 1º, que: "No caso de contrato, o ato de sustação será adotado diretamente pelo Congresso Nacional, que solicitará, de imediato, ao Poder Executivo as medidas cabíveis"[437].

Da leitura do dispositivo parece claro que o TCU não detém, na origem, poderes para sustar contratos diretamente, cabendo-lhe tão somente comunicar a ilegalidade identificada e não sanada ao Congresso Nacional, a quem caberá, como coloca José Afonso da Silva[438], sob o embasamento técnico fornecido pela Corte de Contas, o exercício do juízo político sobre a conveniência da sustação do contrato.

A distinção no tratamento posto claramente pela Constituição Federal à sustação de atos e à sustação de contratos tem razão de ser, como bem explica, Carlos Ari Sundfeld e Jacintho Arruda Câmara[439] pois, diferentemente do ato administrativo que é editado unilateralmente, pela Administração, o contrato decorre de acordo de vontades entre ela e a pessoa contratada que geram obrigações futuras e que são muitas vezes, estratégicos sob o ponto de vista político.

Tirar tal atribuição de um órgão técnico – o Tribunal de Contas – para outorgá-la a um órgão político – o Congresso Nacional, justifica-se, pois, a decisão sobre sustação dos contratos administrativos não obedece só a critérios jurídico-formais, mas a critérios políticos, como explica Maria Sylvia Zanella Di Pietro:

---

[437] Na opinião de Marçal Justen Filho a redação do art. 71 da CF/1988 não se refere à sustação de contratos quando praticados por unidade administrativa do Poder Judiciário. Os §§ 1 e 2 dão a entender que se trata de contratos praticados no seio do Poder Executivo. Deve-se entender que, em se tratando de contratos praticados no âmbito do Poder Legislativo e do Poder Judiciário, se aplica apenas o inc. XI do dispositivo constitucional apontado. O Tribunal de Contas apenas poderia representar ao Poder competente acerca das irregularidades ou abusos apurados.
[438] SILVA, José Afonso da. **Curso de Direito Constitucional Positivo**. 43ª ed. São Paulo: Malheiros, 2020, p. 770-771.
[439] SUNDFELD, Carlos Ari. CÂMARA, Jacintho Arruda. **Competências de Controle dos Tribunais de Contas – Possibilidades e Limites**. In: SUNDFELD, Carlos Ari. **Contratações públicas e o seu controle**. São Paulo: Malheiros, 2013, p. 201.

> Não se quis que a decisão fosse baseada em critérios de estrita legalidade, já que grande parte dos contratos administrativos tem por objeto o fornecimento de bens ou serviços, a execução de obras públicas, a prestação de serviços públicos, muitas vezes de alta complexidade e envolvendo a consecução de interesses essenciais da coletividade, que restariam lesados pela paralisação determinada por critérios estritamente técnico-formais.[440]

O que cabe ao TCU neste caso, repisa-se, é, por meio de sua atuação técnica, prover subsídios à decisão do Congresso Nacional, que emitirá suas considerações de ordem sociopolíticas. Este posicionamento mostra-se em consonância com as leis orçamentárias, a exemplo da Lei nº 14.194/2021, que estabelece:

> Art. 138. O Congresso Nacional considerará, na sua deliberação pelo bloqueio ou desbloqueio da execução física, orçamentária e financeira de empreendimentos, contratos, convênios, etapas, parcelas ou subtrechos relativos aos subtítulos de obras e serviços com indícios de irregularidades graves: [...]
> II - as razões apresentadas pelos órgãos e entidades responsáveis pela execução, que devem abordar, em especial:
> a) os impactos sociais, econômicos e financeiros decorrentes do atraso na fruição dos benefícios do empreendimento pela população;
> b) os riscos sociais, ambientais e à segurança da população local, decorrentes do atraso na fruição dos benefícios do empreendimento;
> c) a motivação social e ambiental do empreendimento; [...]
> i) empregos diretos e indiretos perdidos em razão da paralisação; [...]
> § 4º Para fins deste artigo, o Tribunal de Contas da União subsidiará a deliberação do Congresso Nacional, com o envio de informações e avaliações acerca de potenciais prejuízos econômicos e sociais advindos da paralisação.

Interessante observar que da leitura do dispositivo supracitado, fica claro também, que para que o Congresso delibere pela sustação do contrato é necessário ouvir o órgão administrativo. Tudo isso justifica, a proteção qualificada

---

[440] DI PIETRO, Maria Sylvia Zanella. **O papel dos Tribunais de Contas no controle dos contratos administrativos**. Revista Interesse Público. Belo Horizonte, ano 15, n. 82, nov./dez. 2013. Disponível em: https://www.editoraforum.com.br/noticias/o-papel-dos-tribunais-de-contas-no-controle-dos-contratos-administrativos/. Acesso em 22 set. 2021.

do contrato, evitando que fique em situação de instabilidade frente aos órgãos de controle, por isso, apenas o Congresso teria competência cautelar para sustar a execução dos contratos.

Nesta linha de raciocínio, verificada pelo Tribunal de Contas ilegalidade relativa a um contrato, deve ser fixado prazo para a correção. Se as medidas apropriadas não forem adotadas, cabe ao Tribunal de Contas comunicar o ocorrido ao Congresso Nacional.

Decisão do Tribunal de Contas que tivesse efeito de intervir diretamente na execução de contratos configuraria, portanto, usurpação de competência constitucionalmente posta a outro órgão.

Ocorre que este não é o posicionamento majoritário jurisprudencial. A jurisprudência da Corte de Contas[441] é antiga e firme no sentido de que não se inserem nas suas competências quaisquer controvérsias, entre os entes da administração federal e contratados privados, acerca do cumprimento de cláusulas contratuais, para salvaguarda dos interesses e direitos das partes contratadas, salvo quando tais questões afetarem o patrimônio público ou o interesse da Administração (interesse público em sentido estrito). Isto é, novamente, entende o Tribunal que pode agir quando as questões contratuais afetarem interesse público.

O Supremo Tribunal Federal[442] já decidiu que, em que pese o Tribunal de Contas da União não poder sustar ou anular contratos, pode determinar à autoridade administrativa que promova a anulação do contrato, pode ainda,

---

[441] Acórdão nº 4.079/2020, Plenário, rel. Min. Augusto Sherman. No mesmo sentido: Acórdão nº 3.510/2011, 1.a Câm., rel. Min. Weder de Oliveira; Acórdão nº 726/2008-TCU-Plenário; Acórdão nº 2.656/2019, Plenário, rel. Min. Ana Arraes; Acórdão 1.182/2018, Plenário, rel. Min. Benjamin Zymler.

[442] Entende o STF que: no exercício do poder geral de cautela, o Tribunal de Contas pode determinar medidas, em caráter precário, que assegurem o resultado final dos processos administrativos. Isso inclui, dadas as peculiaridades da espécie vertente, a possibilidade de sustação de alguns dos efeitos decorrentes de contratos potencialmente danosos ao interesse público e aos princípios dispostos no art. 37 da Constituição da República. Vide SS 5.182/MA, decisão monocrática, rel. Min. Cármen Lúcia, j. em 27.06.2017, DJe de 01.08.2017.

determinar a suspensão dos pagamentos à contratada – o que, na prática, enseja a própria paralisação do contrato[443].

Segundo Carlos Ari Sundfeld e Jacintho Arruda Câmara, a expressão "decidir a respeito" não implica que o TCU pode efetivar a sustação do contrato. O entendimento de que o TCU não detém a competência de sustar contratos administrativos também é adotado por outros doutrinadores de renome[444].

Nesta senda, em que pese a relevância no campo doutrinário, da discussão se o TCU poderia efetivamente sustar contratos, especialmente, diante do silêncio do Congresso, ao nosso ver, em termos práticos, não merece maiores dilações. Prova disso é que o TCU só solicitou ao Congresso que sustasse contratos em uma única ocasião[445].

Em última análise, as decisões do STF[446] reconhecem a competência antes negada ao Tribunal de Contas, pois, na ponta, o cumprimento da determinação dada pelo TCU à Administração Pública, resulta na anulação do contrato.

Portanto, embora o TCU defenda não estar determinando a suspensão ou anulação, e sim que a autoridade administrativa tome as devidas providências para o exato cumprimento da lei, na prática, está determinando a anulação, pois esta é a consequência lógica da providência tomada pela autoridade administrativa[447].

---

[443] EMENTA: I. Tribunal de Contas: competência: contratos administrativos (CF, art. 71, IX e §§ 1º e 2º). O Tribunal de Contas da União - embora não tenha poder para anular ou sustar contratos administrativos - tem competência, conforme o art. 71, IX, para determinar à autoridade administrativa que promova a anulação do contrato e, se for o caso, da licitação de que se originou. BRASIL. Supremo Tribunal Federal. Mandado de Segurança nº 23550/DF. Relator: Ministro Marco Aurélio. Relator do Acórdão: Ministro Sepúlveda Pertence. Brasília, 04 de abril de 2001. **Diário da Justiça [da] República Federativa do Brasil**, 31 out. 2001, p. 6.

[444] Cita-se à exemplo: Luís Roberto Barroso, Eros Roberto Grau, Marcos Juruena Villela Souto, Rodrigo de Pinho Bertoccelli e Mauro Roberto Gomes de Mattos.

[445] Decreto Legislativo nº 106/95. BRASIL. Congresso Nacional. Decreto Legislativo nº 106, de 31 de agosto de 1995. Susta a execução do contrato firmado entre a FUFMS - Fundação Universidade Federal de Mato Grosso do Sul – e a AME – Assistência ao Menor Enfermo –, por encontrar-se eivado de irregularidade, contrariando os ditames das Leis nºs 6.019, de 1974, e 7.102, de 1983, bem como do Decreto-lei nº 2.300, de 1986. (Publicado no DOU de 01/09/1995, p. 013469, col. 2). Disponível em: <http://wwwt.senado.gov.br/legbras/>. Acessado em: 27 out. 2021.

[446] No mesmo sentido são as seguintes decisões do STF: MS 5.182, Rel. Min. Cármen Lúcia, decisão monocrática, j. 27-06-2017, DJ 02-08-2017 e, MS 35.038 AgR, Rel. Min. Rosa Weber, Primeira Turma, j. 12-11-2019, DJ 05-03-2020.

[447] ROSILHO, André. Op. Cit.

Essas determinações utilizadas pelo TCU alcançam por meio indireto aquilo que a Constituição diretamente quis evitar, ao reservar ao Congresso Nacional a competência para a sustação de contratos administrativos.

Importante assinalar que a Lei nº 14.133/2021, ao dispor acerca da possibilidade da adoção de medida cautelar de suspenção imposta pelos órgãos de controle, limitou-se a suspensão de procedimentos licitatórios. Nesta senda, o art. 147 ao tratar do procedimento de suspensão ou declaração de nulidade do contrato teve como destinatário a administração[448] e que somente será adotada na hipótese em que se revelar medida de interesse público, com avaliação, dentre outros, de onze aspectos[449].

Perceba, que estes aspectos são inerentes à realidade do contrato, por isso a regra tem sua razão de ser: a administração, em geral, está mais habilitada jurídica e tecnicamente do que os tribunais de contas para verificar se a interrupção do contrato se revela medida de interesse público – por exemplo, diante da "motivação social e ambiental do contrato" na medida em que, além de ser detentora da autonomia e discricionariedade postas na lei para tal é quem conhece a realidade e as necessidades que originaram o contrato.

---

[448] Conrado Tristão, entende que tanto a administração quando o Tribunal de Conta são os destinatários do dispositivo, na medida em que o legislador colocou "Poder Público" https://www.jota.info/opiniao-e-analise/colunas/controle-publico/tribunais-de-contas-podem-sustar-contratos-15092021

[449] O rol é exemplificativo. São os seguintes aspectos postos na Lei:
I - impactos econômicos e financeiros decorrentes do atraso na fruição dos benefícios do objeto do contrato;
II - riscos sociais, ambientais e à segurança da população local decorrentes do atraso na fruição dos benefícios do objeto do contrato;
III - motivação social e ambiental do contrato;
IV - custo da deterioração ou da perda das parcelas executadas;
V - despesa necessária à preservação das instalações e dos serviços já executados;
VI - despesa inerente à desmobilização e ao posterior retorno às atividades;
VII - medidas efetivamente adotadas pelo titular do órgão ou entidade para o saneamento dos indícios de irregularidades apontados;
VIII - custo total e estágio de execução física e financeira dos contratos, dos convênios, das obras ou das parcelas envolvidas;
IX - fechamento de postos de trabalho diretos e indiretos em razão da paralisação;
X - custo para realização de nova licitação ou celebração de novo contrato;
XI - custo de oportunidade do capital durante o período de paralisação.

O dispositivo denota claramente a incorporação da lógica do art. 21 da LINDB que dispõe sobre a necessidade de indicar de modo expresso as consequências jurídicas e administrativas no caso de invalidação de ato ou contrato.

E mais importante: esclarece que a própria administração pode decidir por não buscar a paralização de contrato com possível irregularidade, quando entender que o resultado seria negativo ao interesse público[450]. Em sentido similar já decidiu o STF[451] ao entender que não poderia o TCU determinar à Administração Pública a realização de nova licitação, a escolha insere-se no âmbito de discricionariedade da Administração.

Desta feita, ao nosso ver, o legislador buscou "empoderar" ou, ao menos, deixar claro que a competência para decidir sobre a sustação ou anulação é da administração. Na medida em que a lei cuidou de prever o que deve ser feito quando verificadas irregularidades, consequentemente, impôs uma necessidade de evolução no posicionamento da Corte de Contas e do próprio STF para limitar a interferência do TCU nas contratações, inclusive pelas vias indiretas.

Abordaremos a seguir as demais medidas cautelares postas pela Lei Orgânica do TCU que podem ser utilizadas no âmbito das contratações públicas.

4.2. Afastamento temporário e indisponibilidade de bens do agente público

Antes de adentrar no tema, uma ressalva deveras relevante: como bem apontam Thiago Cardoso, Fernando Ferreira e Daniella Felix[452], o único provimento de natureza cautelar posto na Lei nº 14.133/2021 ao Tribunal de Contas da União é a suspensão cautelar do procedimento licitatório. Parece que o legislador optou por admitir um poder de cautela, não amplo e geral, tal como

---

[450] Art. 147. [...]Parágrafo único. Caso a paralisação ou anulação não se revele medida de interesse público, o poder público deverá optar pela continuidade do contrato e pela solução da irregularidade por meio de indenização por perdas e danos, sem prejuízo da apuração de responsabilidade e da aplicação de penalidades cabíveis.

[451] BRASIL. **Supremo Tribunal Federal**, MS 24.785, Rel. Min. Joaquim Barbosa, Tribunal Pleno, j. 08-09-2004, DJ 03-02-2006.

[452] ARAUJO, Thiago Cardoso; FERREIRA, Fernando; TEIXEIRA, Daniella Felix. **Migalhas**, 18 mai. 2021. O poder geral de cautela do TCU e a nova lei de licitações. Disponível em: https://www.migalhas.com.br/depeso/345640/o-poder-geral-de-cautela-do-tcu-e-a-nova-lei-de-licitacoes Acesso em: 21 de outubro de 2021.

se vê no art. 276 do RITCU e nas decisões do STF, mas circunscrito aos procedimentos da Lei nº 14.133/21.

Esta ressalva é relevante porque existe um grande debate acerca de o Tribunal de Contas efetivamente ter um poder geral de cautela, para além da sustação do ato e nos leva a refletir se as medidas cautelares que serão abordadas neste tópico operam-se também no caso das contratações públicas regidas pela Lei nº 14.133/2021.

Na opinião dos referidos autores, "somente o tempo" para mostrar qual entendimento irá prevalecer: se se trata de um poder de cautela restrito a sustação da licitação ou a consagração de um poder geral de cautela. Para eles: "Tudo dependerá do jogo institucional a ser jogado entre o TCU e o STF, a quem cabe, por determinação constitucional, o papel de modulador da atuação do primeiro"[453].

Enquanto não se decide sobre a questão, parece claro que as medidas cautelares dispostas na Lei Orgânica do TCU podem ser aplicadas no curso da fiscalização de controle sobre as contratações e licitações públicas, pois a referida lei estabelece que em "qualquer apuração" pode o Tribunal aplicar as seguintes medidas cautelares, observe:

> Art. 44. No início ou no curso de qualquer apuração, o Tribunal, de ofício ou a requerimento do Ministério Público, determinará, cautelarmente, o **afastamento temporário do responsável**, se existirem indícios suficientes de que, prosseguindo no exercício de suas funções, possa retardar ou dificultar a realização de auditoria ou inspeção, causar novos danos ao Erário ou inviabilizar o seu ressarcimento.
> § 1º Estará solidariamente responsável a autoridade superior competente que, no prazo determinado pelo Tribunal, deixar de atender à determinação prevista no caput deste artigo.
> § 2º Nas mesmas circunstâncias do caput deste artigo e do parágrafo anterior, poderá o Tribunal, sem prejuízo das medidas previstas nos arts. 60 e 61 desta Lei, decretar, por prazo não superior a um ano, a indisponibilidade de bens do responsável, tantos quantos considerados bastantes para garantir o ressarcimento dos danos em apuração.[454]

---

[453] Ibidem.
[454] Trecho em negrito não consta do original.

Veja que da leitura do dispositivo é possível determinar cautelarmente duas medidas: o afastamento temporário do responsável e a indisponibilidade de bens "se existirem indícios suficientes de que, prosseguindo no exercício de suas funções, possa retardar ou dificultar a realização de auditoria ou inspeção, causar novos danos ao Erário ou inviabilizar o seu ressarcimento", isto é, precisamente o perigo na demora e o *fumus bom iurus*.

São, claramente medidas excepcionalíssimas, que visam atuar diretamente sobre o responsável com consequências bastantes severas: afastando-o de sua função e bloqueando seus bens. Neste tópico cuidaremos de analisar as medidas com relação aos agentes públicos; a questão de haver "outros responsáveis" será abordada no último item deste capítulo.

Importante mencionar que as medidas aqui dispostas foram objeto de análise de constitucionalidade pelo STF, que entendeu pela sua constitucionalidade com base no "poder geral de cautela" reconhecido ao TCU como decorrência de suas atribuições constitucionais[455].

Em que pese as duas medidas parecerem ter os mesmos requisitos para sua aplicação, a jurisprudência tem dado tratamentos distintos, motivo pelo qual, primeiro, teceremos comentários acerca do afastamento para, em seguida, abordarmos a questão da indisponibilidade de bens.

Pois bem, a medida cautelar de afastamento é determinada pelo Tribunal, mas compete à autoridade administrativa competente, hierarquicamente superior ao servidor a ser afastado, implementá-la. Veja que neste caso também, na forma do §1º deste artigo, o TCU deve assinar prazo para o cumprimento pela autoridade da medida imposta e estabelece, inclusive, responsabilidade solidária no caso de seu descumprimento.

Interessante observar que o dispositivo não estipula prazo para o afastamento temporário[456], o que ao nosso ver, pressupõe que deve perdurar

---

[455] MS 33092, Relator(a): Min. Gilmar Mendes, Segunda Turma, julgado em 24/03/2015, Processo Eletrônico DJe-160 Divulg. 14/08/2015 Public. 17/08/2015.

[456] Interessante notar que a Lei nº 8.112/1990 ao prever medida similar de afastamento, especifica que esta não pode ultrapassar o prazo de sessenta dias prorrogáveis por igual período, observe: Art. 147. Como medida cautelar e a fim de que o servidor não venha a influir na apuração da irregularidade, a autoridade instauradora do processo disciplinar poderá determinar o seu afastamento

somente enquanto estiverem presentes os motivos que ensejaram a adoção da medida[457].

Na prática, como observa Jacoby Fernandes [458], o ato de afastamento temporário de autoridade tem sido usado com muita cautela pelas Cortes de Contas[459]. Em sua opinião, não porque inocorrentes os motivos determinantes, mas porque são raros os casos de continuidade delitiva após a inspeção ou no curso desta.

Os casos verificados, cingiram-se à sonegação de informações e obstrução indevida ao exercício do controle. Neste tema, interessante observar que a Lei nº 14.133/2021 também prevê que os órgãos de controle deverão ter acesso irrestrito aos documentos e às informações necessárias, como já exposto e que a administração deve prestar todas as informações cabíveis, sob pena, de apuração de responsabilidade e reparação do prejuízo causado ao erário no caso de descumprimento[460].

Feitos esses apontamentos, passaremos a abordar a questão da indisponibilidade de bens, esta sim, utilizada com maior amplitude pelo TCU[461].

Como já abordamos, a leitura do dispositivo parece condicionar a imposição desta medida à necessidade de indícios de que o agente possa "causar novos danos ao Erário ou inviabilizar o seu ressarcimento". Deste modo, ao contrário da medida anterior, parece certo de que há a necessidade de ter ocorrido dispêndio de recursos públicos, o que nos leva a afirmar que somente é possível

---

do exercício do cargo, pelo prazo de até 60 (sessenta) dias, sem prejuízo da remuneração. Parágrafo único. O afastamento poderá ser prorrogado por igual prazo, findo o qual cessarão os seus efeitos, ainda que não concluído o processo.

[457] No caso mais recente de medida cautelar de afastamento, verificamos que a medida perdurou por seis meses. Vide: Acórdãos nº 2069/2017 e nº 293/2018 ambos do Plenário.

[458] OP. Cit. p. 421-422.

[459] O doutrinador verificou o uso da medida em dois episódios: Decisão nº 203/1992 - Plenário. Relator: Ministro Fernando Gonçalves. Acórdão nº 179/1996 - Plenário. Relator: Ministro Lincoln Magalhães da Rocha. Em outro caso verificamos também alerta, mas não a afetiva decretação de afastamento a exemplo do Acórdão nº 131/2014 - TCU - Plenário. Rel. Min. Sub. Augusto Sherman Cavalcanti. Já em 2017 por meio do Acórdão nº 2069/2017 - TCU - Plenário, o Tribunal determinou o afastamento cautelar de sete servidores e em 2018, de um único servidor.

[460] Art. 171. § 4º O descumprimento do disposto no § 2º deste artigo ensejará a apuração de responsabilidade e a obrigação de reparação do prejuízo causado ao erário.

[461] Em pesquisa no sítio eletrônico do TCU, verificamos a decretação de indisponibilidade de bens no âmbito de licitações e contratações em cerca de 400 acórdãos.

quando finalizado o procedimento licitatório e iniciada a contratação com a contraprestação pecuniária pela administração. Afinal, antes disso, não houve efetivamente um dano.

Quanto ao objetivo de evitar novos danos, ao nosso ver, parece que a sustação de pagamentos ao contratado – medida que, como vimos, é permitida ao TCU à luz da jurisprudência do STF, supre essa ocorrência de forma mais efetiva do que decretar a indisponibilidade de bens, porque novos danos ao erário só podem ocorrer com novos dispêndios de recurso pela administração.

Já quanto à indisponibilidade de bens como medida para evitar a inviabilidade do ressarcimento ao erário, parece claro que, em reforço aos pressupostos de qualquer medida cautelar (*periculum in mora* e *fumus boms iuris*), é necessário que haja indícios de dilapidação do patrimônio por parte dos responsáveis ou de qualquer outra ação tendente a inviabilizar o ressarcimento ao erário. Observe que no caso desta medida, o dispositivo limitou o prazo a um ano. Nesta senda, entendemos que a possibilidade de decretar esta medida específica *inaudita altera parte* demonstra adequada para evitar o risco de sua ineficácia.

Este raciocínio não condiz com o entendimento jurisprudencial vigente. O Tribunal de Contas da União entende que a decretação de indisponibilidade de bens, não necessita ser precedida de indícios, embora deva ser verificada, a presença de conduta reprovável que represente riscos significativos de desfazimento de bens que possa prejudicar o ressarcimento ao erário[462]. Entende ainda, que para tipificar como conduta reprovável não é necessário analisar a intenção do agente, isto é, dispensa-se a comprovação da má-fé dos responsáveis[463].

Por este entendimento, portanto, a verificação de um possível dano é elemento suficiente para decretar a indisponibilidade de bens do agente público, pouco importando se houve alguma conduta intencional que contribuiu para tal ou alguma tentativa de dilapidação do patrimônio ou qualquer outra ação tendente a inviabilizar o ressarcimento ao erário.

---

[462] Acórdão nº 3057/2016-Plenário. Relator: Ministro Benjamin Zymler.
[463] BRASIL. Tribunal de Contas da União. Processo TC nº 425.022/1996-0. Acórdão nº 780/2004 - Plenário. Relator: Ministro Marcos Bemquerer Costa. **Diário Oficial da União [da] República Federativa do Brasil**, Brasília, DF, 2 jul. 2004.

Essa interpretação decorre da compreensão do TCU[464] de que a medida de indisponibilidade de bens pode ser adotada em circunstâncias diferentes da cautelar de afastamento do responsável, não sendo necessários indícios de ocorrência de alguma das três circunstâncias, expressamente previstas, no caput do citado artigo: possibilidade de retardar ou dificultar a realização de auditoria ou inspeção; causar novos danos ao Erário; ou inviabilizar o ressarcimento dos danos, para o Tribunal o *periculum in mora* é presumido.

Outro ponto relevante do uso desta medida é que o TCU entende não ser necessário realizar a individualização da conduta e do débito atribuível a cada responsável, pois a "medida cautelar tem caráter precário, sendo adotada a partir de cognição sumária"[465]. Não seria possível, nesta etapa processual, realizar a individualização de condutas, de maneira que de cada responsável fosse retido apenas o valor suficiente para o ressarcimento da parcela do débito que lhe seria atribuível.

Deste modo, a sistemática do Tribunal é proceder imputando solidariamente a todos que entende como "responsáveis" o valor presumido do dano, para efeitos de indisponibilidade de bens, tantos quantos bastem para garantir o ressarcimento ao erário.

Um exemplo, pode auxiliar na dimensão das consequências desta medida: o Tribunal[466] decretou cautelarmente a indisponibilidade de bens de cinco responsáveis determinando que a medida deve alcançar os bens considerados necessários, para garantir o integral ressarcimento do débito em apuração imputado a cada responsável. O valor do débito: R$ 37.396.525,97 (trinta e sete milhões e trezentos e noventa e seis mil, quinhentos e vinte cinco reais e noventa e sete centavos). Três dos responsáveis recebiam anualmente cerca de 280 mil reais[467], ao passo que dois faturavam cerca de cinco bilhões apenas naquele ano.

O que chama a atenção, neste modo de proceder é, como aponta o próprio Ministro do TCU, Walton Alencar[468], esse posicionamento que leva a medida de indisponibilidade de bens, a possibilidade de "ser adotada, de forma

---

[464] Cita-se a exemplos: Acórdãos 1.601/2017, 2.428/2016 e 224/2015, todos do Plenário.
[465] Acórdão nº 2734/2018-Plenário Relator Vital do Rêgo.
[466] Acórdão nº 296/2018 – Plenário. Relator Benjamin Zymler.
[467] Com informações obtidas no sítio eletrônico oficial da empresa: https://www.valec.gov.br/a-valec/empregados/remuneracao/remuneracao-e-beneficios-por-empregado. Acesso em: 30 out. 2021.
[468] Acórdão nº 2742/2018 - Plenário; Acórdão 2316/2021- Plenário Relator Bruno Dantas.

indiscriminada, em todas as tomadas de contas especiais" vez que, toda TCE é instaurada quando presentes indícios de dano ao erário. Nesta senda, o referido Ministro propõe, como forma de tentar limitar o uso da medida, que esta somente deve ocorrer:

> [...] dado o seu caráter de excepcionalidade e a complexidade dos procedimentos a serem observados, nos casos em que existam evidentes riscos de que o ressarcimento ao erário se tornará inviável, seja pela suspeita de possíveis ações dos responsáveis com esse intuito, seja pelo elevado montante dos débitos apurados.

O que soa problemático nesta solução é presumir o perigo da demora pelo "elevado montante dos débitos apurados" que leva a conclusão de que, em toda TCE instaurada com elevado montante de débitos, isto é, na grande maioria das contratações públicas federais, seria possível decretar a indisponibilidade de bens. Este também foi o entendimento do STF no MS nº 33.092/DF de Relatório do Ministro Gilmar Mendes.

Filiar-se a este entendimento, ao nosso ver, é uma afronta a própria natureza da medida cautelar e conduz ao cenário já apontado da insegurança e do que tem se denominado de "apagão das canetas", o medo dos gestores públicos em tomar decisões. Que agente público gostaria de ser incumbido de contratações de "elevado montante" sabendo que pode ter a indisponibilidade de seus bens pelo simples fato de, *a priori*, haver indícios de dano ao erário[469]?

Fortalece nossa linha de argumentação, o fato de que o TCU, nos termos dos arts. 4º e 5º, da Lei nº 8.730/1993, dispõe de livre acesso aos dados das declarações de bens e rendas de todos os que exercem mandatos eletivos e cargos, empregos ou funções de confiança, na administração direta, indireta e fundacional, de qualquer dos Poderes da União, o que torna muito mais fácil verificar se existem indícios de locupletamento.

Entendemos que esse entendimento jurisprudencial necessita ser reavaliado, especialmente, com o advento das recentes alterações advindas da Lei nº 14.230/2021, na Lei de Improbidade Administrativa, isto porque, em que pese

---

[469] Para se ter uma ideia da dimensão deste posicionamento, a média de processos de TCE analisados por ano em âmbito federal pelo TCU é de 1.524 – com dados levantados entre 2002-2020, obtidos de levantamento da CGU in https://www.gov.br/cgu/pt-br/assuntos/auditoria-e-fiscalizacao/tomadas-de-contas-especiais. Acesso em: 30 out. 2021.

não serem aplicadas diretamente ao tema objeto deste estudo, improbidades administrativas são ilegalidades qualificadas, isto é, ainda mais graves.

Nesta senda, as alterações na referida norma, dentre outras inovações, especialmente no tocante à indisponibilidade de bens, foram no sentido de retirar a presunção do *periculum in mora*, e tornam necessária a "demonstração no caso concreto de perigo de dano irreparável ou de risco ao resultado útil do processo"[470], dispondo, inclusive, sobre a prévia oitiva do réu. E o novo texto legal foi restritivo e categórico ao afirmar que apenas nestas condições a liminar de indisponibilidade deverá ser deferida.

Já quanto a individualização da conduta para efeitos da indisponibilidade de bens, se antes vigia o mesmo posicionamento do TCU no sentido da responsabilidade solidária, agora a previsão do art. 17, § 6º, inciso I da Lei nº 14.230/2021, determina que a individualização da conduta dos réus deve ser realizada já na petição inicial. Portanto, para fins da cautelar de indisponibilidade de bens, a petição inicial deve, obrigatoriamente, estabelecer e indicar o percentual de participação de cada réu no dano, sob pena de indeferimento do pedido.

Observe que, em questão ainda mais gravosa como a improbidade, houve avanço para preservar os requisitos do *periculum in mora* e da individualização da conduta, por oportuno, devem ser obedecidos também em matéria de processos no Tribunal de Contas.

Exatamente pela dimensão e relevância desses instrumentos é que devem constituir-se em medidas excepcionais, apenas utilizadas quando eminente risco, quando não atendidas suas deliberações e sempre pautada pela análise das consequências do exercício do controle à luz do interesse público. Felizmente parece que o Tribunal caminha neste sentido, pois de acordo com levantamento feito pelo próprio órgão[471], em 2020 apenas três indisponibilidades de bens foram decretadas, ao passo que em 2017 foram 117.

---

[470] Lei nº 8.429, de 2 de junho de 1992. Art. 16, § 3º.
[471] As informações constam do Relatório Anual de Atividades do TCU, 2020. P. 35. Disponível em: https://portal.tcu.gov.br/data/files/99/64/46/8E/7298871003178887E18818A8/relatorio_anual_atividades_TCU_2020.pdf Acesso em: 27 de nov. de 2021.

Tais medidas não podem ser confundidas[472] com as sanções aplicáveis pelo TCU, as quais têm natureza retributiva, não têm a urgência como requisito para sua aplicação e pressupõem cognição exauriente[473] conforme abordaremos a seguir.

4.3. Do poder sancionador do Tribunal de Contas da União

A Constituição de 1988 expressamente outorgou ao Tribunal de Contas o poder sancionador, no inc. VII do art. 71, definindo que compete ao Tribunal: aplicar aos responsáveis, em caso de ilegalidade de despesa ou irregularidade de contas, as sanções previstas em lei, que estabelecerá, entre outras cominações, multa proporcional ao dano causado ao erário. Duas são as possíveis causas para a aplicação de sanções pelo Tribunal, portanto: "ilegalidade de despesa" e "irregularidade de contas". Esta última - produto do exercício da atribuição do TCU para julgar contas.

Trata-se de instrumento conferido pelo legislador constituinte para que melhor seja desempenhada a função de controle. Como coloca André Rosilho[474], os efeitos jurídicos dessa competência são imediatos e cogentes que, por terem viés punitivo, em regra, são praticados *a posteriori*, isto é, após a ocorrência de fatos ou a prática de atos por sujeitos passíveis de serem sancionados pelo Tribunal, afinal, não se pode punir condutas, atos ou fatos antes de se materializarem[475].

A tipificação das sanções deverá ocorrer com a observância das normas vigentes no ordenamento jurídico, como a disposta no art. 5º inc. LIV "ninguém será privado da liberdade ou de seus bens sem o devido processo legal". Isto é, na medida em que o TCU pode aplicar sanções, para que o faça, deve ser precedida da apuração dos fatos e da identificação de sua autoria, deve ainda obedecer a um

---

[472] Neste entendimento: OSÓRIO, Fábio Medina. **Direito Administrativo Sancionador**, 7ª ed. São Paulo: RT, 2019, p. 99. Em sentido contrário, Antônio Carlos Alves Pinto Serrano incluiu as medidas cautelares como sanções administrativas de competência do TCU In. SERRANO, Antônio Carlos Alves Pinto. **O Direito Administrativo Sancionador e a Individualização da Conduta nas Decisões dos Tribunais de Contas**. Dissertação (Mestrado) – PUC-SP. São Paulo, 2019. p. 161.
[473] ROSILHO, André. Op. Cit. 159.
[474] Ibidem.
[475] Como coloca Luigi Ferrajoli, a pena não é um *pirus*, é um *posterius*, não uma medida preventiva ou *anti delictum*, mas uma sanção retributiva ou *post delictum* In Pelegrini, Márcia. Op. Cit. (apud) Direito e Razão, p. 297.

rito processual em que seja garantida a oportunidade de defesa. Qualquer punição só pode ser aplicada após a oitiva do envolvido[476].

Com o advento da LINDB e com o reforço de sua observância pela Lei nº 14.133/2021, foram positivas algumas cautelas na aplicação de sanções, as quais abordaremos a seguir.

Importante ressalvar que as sanções dispostas na Lei nº 14.133/2021 são de aplicação do próprio órgão e que o poder sancionador do Tribunal de Contas da União é competência outorgada pela Constituição Federal e disciplinada por sua Lei Orgânica e Regimento Interno.

Desta forma, a LOTCU previu três diferentes tipos de sanção:

a) **Multa**[477]: que consiste no principal instrumento sancionatório posto à disposição do TCU e, é considerada, em sentido amplo, como a sanção imposta

---

[476] Este não é o entendimento do Tribunal, na forma do § 3º do art. 268 do Regimento Interno do TCU, entende que só é necessário a previa audiência dos responsáveis em alguns casos.

[477] Art. 57. Quando o responsável for julgado em débito, poderá ainda o Tribunal aplicar-lhe multa de até cem por cento do valor atualizado do dano causado ao Erário.
Art. 58. O Tribunal poderá aplicar multa de Cr$ 42.000.000,00 (quarenta e dois milhões de cruzeiros), ou valor equivalente em outra moeda que venha a ser adotada como moeda nacional, aos responsáveis por:
I - contas julgadas irregulares de que não resulte débito, nos termos do parágrafo único do art. 19 desta Lei;
II - ato praticado com grave infração à norma legal ou regulamentar de natureza contábil, financeira, orçamentária, operacional e patrimonial;
III - ato de gestão ilegítimo ou antieconômico de que resulte injustificado dano ao Erário;
IV - não atendimento, no prazo fixado, sem causa justificada, a diligência do Relator ou a decisão do Tribunal;
V - obstrução ao livre exercício das inspeções e auditorias determinadas;
VI - sonegação de processo, documento ou informação, em inspeções ou auditorias realizadas pelo Tribunal;
VII - reincidência no descumprimento de determinação do Tribunal.
§ 1º Ficará sujeito à multa prevista no caput deste artigo aquele que deixar de dar cumprimento à decisão do Tribunal, salvo motivo justificado.
§ 2º O valor estabelecido no caput deste artigo será atualizado, periodicamente, por portaria da Presidência do Tribunal, com base na variação acumulada, no período, pelo índice utilizado para atualização dos créditos tributários da União.
§ 3º O Regimento Interno disporá sobre a gradação da multa prevista no caput deste artigo, em função da gravidade da infração.

à pessoa, por infringência à regra ou ao princípio de lei ou ao contrato, em virtude do que fica na *obrigação de pagar certa importância em dinheiro*[478].

A Constituição Federal, fixou critério e limite máximo para a aplicação de multa em caso de dano: há que ser proporcional à extensão do dano causado ao erário. Logo, não pode ultrapassar a 100% do valor do dano[479].

Em sentido contrário ao posicionamento defendido neste estudo, o art. 58, inc. II da LOTCU permite ao Tribunal que aplique multa nos casos de ato de gestão ilegítimo ou antieconômico. Isso decorre da compreensão do TCU, defendida em caso específico pelo STF[480], de entender que a expressão "irregularidade de contas" pode abrigar outras condutas não eivadas de ilegalidade.

O direito brasileiro não admite punições sem prévia cominação legal e sem prévia infração à lei na forma do art. 5°, inc. XXXIX, da Constituição Federal.

Desse modo, o raciocínio de André Rosilho[481] é que se o próprio texto constitucional dispôs que o julgamento de contas que resulte em declarações de irregularidade de contas é causa para a aplicação de sanções pelo Tribunal, e se a Constituição vedou que sujeitos sejam punidos sem prévia cominação legal, consequentemente, contas só possam ser julgadas irregulares em caso de expressa violação à Lei.

Outro argumento utilizado pelo autor que demonstra a coerência dessa linha de raciocínio é que na Constituição de 1967, onde não eram previstos os parâmetros de legitimidade e economicidade, já convencionava-se que o TCU, ao julgar contas de administradores e demais responsáveis, poderia, entre outras coisas, declará-las irregulares.

Demais argumentos utilizados pelos que defendem que contas só podem ser julgadas irregulares quando presentes ilegalidades[482] são semelhantes aos expostos

---

[478] SILVA, De Plácido e. **Vocabulário jurídico**. Rio de Janeiro: Forense, 16. ed., 1999, p. 544.
[479] CF art. 71, inc. XII.
[480] Nesta senda é o disposto no art. 16 da LOTCU. e no entendimento do STF constante do RE n° 190.985 Santa Catarina. Relator Min. Néri da Silveira. 14/0/1996. DJ 24/08/2001.
[481] ROSILHO, André. Op. Cit. p. 169-170.
[482] É o que coloca Odete Medauar no seguinte trecho: "Não se mostra fácil cogitar de apreciação do mérito das contas, isto é, de sua conveniência e oportunidade, por ser, em tese, privativa da autoridade

ao abordamos os parâmetros de legitimidade e economicidade e a vedação a proferir atos de comando no sentido de que são questões que envolvem discricionariedade, "privativa da autoridade detentora do poder legal de decidir a respeito da aplicação dos recursos públicos, salvo as despesas vinculadas por imposição legal".

b) **Inabilitação do responsável**[483] : recai sobre pessoas físicas, agentes públicos ou privados. Nesta hipótese, entendemos que o dispositivo legal é claro ao prever que a inabilitação só pode ocorrer quando considerada grave infração a norma legal.

Márcia Pelegrini[484] traz importantes apontamentos acerca da possibilidade de o Tribunal estabelecer esta sanção, pois: poderia significar intromissão indevida no âmbito da competência do poder executivo e que não possui, em sua visão, qualquer relação com a eficácia da função de controle. Entende como mais adequado que o Tribunal afaste temporariamente (medida cautelar) e determine que o órgão administrativo instaure procedimento disciplinar para apuração da conduta do agente, mas não, ele, mesmo, inabilitar[485].

O posicionamento da autora, ao nosso ver, mostra-se mais coerente com a concepção de órgão de controle externo e com a autonomia administrativa postos

---

detentora do poder legal de decidir a respeito da aplicação dos recursos públicos, salvo as despesas vinculadas por imposição legal Quanto à verificação da ocorrência de fatos justificadores ou de sua autêntica conformação, insere-se no âmbito da legalidade, como se afirma na jurisprudência pátria" (Odete Medauar, Controle da Administração Pública, cit., 3. ed., p. 144). No mesmo sentido: Sabrina Nunes Locken, "Em busca da legitimidade da judicatura de contas: o modelo constitucional", In Luiz Henrique Lima (coord.), Tribunais de Contas: Temas Polêmicos

[483] Art. 60. Sem prejuízo das sanções previstas na seção anterior e das penalidades administrativas, aplicáveis pelas autoridades competentes, por irregularidades constatadas pelo Tribunal de Contas da União, sempre que este, por maioria absoluta de seus membros, considerar grave a infração cometida, o responsável ficará inabilitado, por um período que variará de cinco a oito anos, para o exercício de cargo em comissão ou função de confiança no âmbito da Administração Pública.

[484] PELEGRINI, Márcia. A competência sancionatória do Tribunal de Contas no exercício da função controladora – contornos constitucionais, São Paulo, 2008. PUC-SP (tese de doutorado) pp. 147-150.

[485] Utiliza como linha de argumento a manifestação do Ministro Joaquim Barbosa na reclamação nº 2138 - DF que considerou que não cabe ao Juiz de primeira instância decretar a perda do cargo político por ser punição típica dos mecanismos de aferição de responsabilidade política no sistema presidencial de governo.

pela Constituição Federal. No entanto, este não é o posicionamento do TCU que tem utilizado comumente este instrumento[486].

c) **Declaração de inidoneidade**[487]: tem como pressuposto a fraude em licitação e recai sobre pessoas físicas e jurídicas que tiverem participado de certame licitatório.

O objetivo desta sanção é restringir temporariamente o direito de uma pessoa (jurídica ou física) em participar de licitações ou mesmo ser contratada pelo Poder Público. Assim, uma vez sancionada, a partir daquele momento, respeitado o prazo e a amplitude do efeito sancionatório, a empresa não poderá participar da licitação ou ser contratada pela Administração Pública. É cediço que o efeito desta sanção é *ex nunc*, não se comunicando aos contratos já vigentes.

Com o advento da Lei nº 14.133/2021, admitir à licitação e contratar empresa ou profissional declarado inidôneo passaram a ser tipificados como crime[488]. Consta ainda da Lei nº 14.133/2021, em seu art. 156, inc. IV, a previsão de penalidade com o mesmo título, questão que enseja discussões[489] acerca da sobreposição de competências. No entanto, como já adiantado, as sanções previstas nessa lei são de aplicação do órgão administrativo, no exercício de sua função administrativa de licitar e contratar, ao passo que a do TCU refere-se a sua competência constitucional de controle e, portanto, o STF entendeu, em duas oportunidades, que não haveria ofensa ao princípio do *non bis in idem*[490].

---

[486] De acordo com informações do próprio Tribunal, em 2020, foram 131 responsáveis inabilitados para o exercício de cargo em comissão, *vide*: https://portal.tcu.gov.br/data/files/99/64/46/8E/7298871003178887E18818A8/relatorio_anual_atividades_TCU_2020.pdf Acesso em 06 de nov. 2021.

[487] LOTCU. Art. 46. Verificada a ocorrência de fraude comprovada à licitação, o Tribunal declarará a inidoneidade do licitante fraudador para participar, por até cinco anos, de licitação na Administração Pública Federal.

[488] Art. 337-M. Admitir à licitação empresa ou profissional declarado inidôneo:
Pena - reclusão, de 1 (um) ano a 3 (três) anos, e multa.
§ 1º Celebrar contrato com empresa ou profissional declarado inidôneo:
Pena - reclusão, de 3 (três) anos a 6 (seis) anos, e multa.

[489] Na vigência da Lei nº 8.666/1993, como aponta Marcia Pelegrini, parte da doutrina entende que a lei especifica sobre o tema revogou o dispositivo da LOTCU e cita como defensor dessa tese o Professor Floriano de Azevedo Marques Neto. In Os Tribunais de Contas e o sancionamento administrativo de licitantes e contratados. Apud. PELLEGRINI, Marcia. Op. Cit.

[490] Nesse sentido já decidiu o STF no MS 30.788 e no Pet 3.606 AgR/DF (DJU de 27.10.2006), o Plenário do STF.

Entendemos, entretanto, que as disposições postas na Lei nº 14.133/2021 como condicionantes para que o órgão administrativo aplique a sanção de inidoneidade poderiam servir também ao TCU, na medida em que prevê os requisitos objetos para aplicação da sanção[491], estabelece o processo para aplicação da sanção com o objetivo de zelar pelo contraditório e ampla defesa, inovações que certamente propiciam maior segurança jurídica.

Além disso referida lei prevê, ainda, a possibilidade de reabilitação do licitante condenado em pena de inidoneidade e os requisitos para que isso ocorra[492]. Interessante observar que o Cadastro Nacional de Empresas Inidôneas e Suspensas (CEIS) reúne pessoas físicas e jurídicas impedidas de licitar com a Administração Pública e é obrigatório seu preenchimento por todos os entes federativos. A penalidade aplicada pelo TCU também deve integrar o CEIS.

Feitos esses breves apontamentos, analisaremos três requisitos para a imposição da sanção, que ao nosso ver, são relevantes e tiveram alterações substâncias com a promulgação da LINDB e da Lei nº 14.133/2021, quais sejam: individualização da conduta, verificação da conduta e dosimetria da pena.

Nesta senda, consta da LINDB o seguinte dispositivo:

> Art. 22. Na interpretação de normas sobre gestão pública, serão considerados os obstáculos e as dificuldades reais do gestor e as exigências das políticas públicas a seu cargo, sem prejuízo dos direitos dos administrados.
> [..]
> § 2º Na aplicação de sanções, serão consideradas a natureza e a gravidade da infração cometida, os danos que dela provierem para a administração pública, as circunstâncias agravantes ou atenuantes e os antecedentes do agente.

---

[491] Art. 156, § 1º Na aplicação das sanções serão considerados:
I - a natureza e a gravidade da infração cometida;
II - as peculiaridades do caso concreto;
III - as circunstâncias agravantes ou atenuantes;
IV - os danos que dela provierem para a Administração Pública;
V - a implantação ou o aperfeiçoamento de programa de integridade, conforme normas e orientações dos órgãos de controle.
[492] Art. 163. É admitida a reabilitação do licitante ou contratado perante a própria autoridade que aplicou a penalidade, exigidos, cumulativamente:[...].

> § 3º As sanções aplicadas ao agente serão levadas em conta na dosimetria das demais sanções de mesma natureza e relativas ao mesmo fato.

A punição, instituída em norma geral e abstrata, é concretizada por meio de decisão que examine as condições da realidade e permitam a individualização do sancionamento, isto é, o dispositivo veda que o sancionamento seja aplicado considerando-se exclusivamente a previsão legislativa em abstrato. Reforça também a necessidade de haver nexo de causalidade entre o ato ilícito e a conduta do agente.

É indispensável, não apenas a subsunção dos fatos em vista da previsão legal ou regulamentar, mas necessário ponderar todas as circunstâncias no processo de dosimetria da sanção; não basta a existência do ato ilegal para que a punição possa ocorrer, é necessário verificar a maneira de agir do agente público.

Individualizar a conduta é exatamente analisar a ação individual do agente que contribuiu para a ocorrência do ato ilegal examinando os contornos fáticos e normativos concernentes a conduta. As dificuldades concretas consistem na identificação das peculiaridades que circundam tais comportamentos. Nesta senda, também tem se posicionado o TCU ao afirmar que deve ser analisada a ação ou omissão do agente público para fins de individualização de sua conduta[493].

Interessante verificar decisão recente do Tribunal, valendo-se do dispositivo supracitado da LINDB, no sentido de que:

> Quando constatada a adoção de medidas corretivas e tempestivas para sanear a irregularidade, bem como a ausência de lesão ao erário, deve-se considerar tais atenuantes em favor do responsável, podendo o TCU, inclusive, deixar de aplicar as penalidades estabelecidas na Lei 8.443/1992, em vista do disposto no art. 22, § 2º, do Decreto-lei 4.657/1942 (Lindb) [494].

A individualização da conduta, bem como a análise das circunstâncias e dificuldades reais do agente e seus antecedentes são, portanto, requisitos obrigatórios para a aplicação da sanção e podem, inclusive, afastar sua aplicação.

---

[493] Acordão nº 247/2002.
[494] Acórdão nº 1736/2021 Plenário (Representação, Relator Ministro-Substituto Augusto Sherman)

Como bem sugere Yasser Gabriel[495] seria interessante que, futuramente, o Tribunal elaborasse norma específica prevendo critérios de dosimetria para suas sanções. Enquanto não o faz, é importante que utilize dos parâmetros aqui apresentados, dispostos pela LINDB, especialmente no âmbito das contratações públicas. Os parâmetros para dosimetria da pena considerados pela autoridade sancionadora devem ficar claros. É preciso dar segurança jurídica aos integrantes da sociedade.

Outra questão relevante neste tema é o art. 28 da LINDB que estabelece: "O agente público responderá pessoalmente por suas decisões ou opiniões técnicas em caso de dolo ou erro grosseiro". Desta feita, a partir da edição da Lei nº 13.655/2018, o agente responde em caso de dolo ou erro grosseiro. Aboliu então a conduta culposa de forma ampla.

Floriano Marques Neto e Rafael Veras Freitas explicam que o objetivo do dispositivo é gerar maior segurança para o agente público. De outro lado, implica em um ônus de fundamentação para o órgão controlador, que deve demonstrar, por intermédio de provas concretas, que o ato praticado pelo agente público restou maculado pela intenção de malferir a probidade administrativa[496] ou que não agiu com a prudência necessária ao cargo que ocupa.

O dolo, de modo geral, parece guardar uniformidade de entendimento quanto ao seu conceito na medida em que há muito tempo é tipificado como a vontade livre e consciente de praticar a conduta criminosa. A questão que gera divergência é o conceito de erro grosseiro e como o TCU pauta sua análise sob as circunstâncias fáticas que caracterizam como tal. Outra questão que faz com que o "erro grosseiro" tenha maior destaque é que tem sido mais utilizado pelo Tribunal como fundamentação para o exercício de seu poder sancionador do que o dolo[497], uma vez que sua definição é mais subjetiva.

---

[495] https://sbdp.org.br/wp-content/uploads/2020/06/Yasser10.06.pdf
[496] MARQUES NETO; Floriano de Azevedo. FREITAS, Rafael Véras de. **Comentários à Lei nº 13.655/2018 (Lei de Segurança para a Inovação Pública)**. Belo Horizonte: Fórum, 2019. p. 137.
[497] Conforme consta do Relatório de Pesquisa 2021: Aplicação dos Novos Dispositivos da Lei de Introdução às Normas do Direito Brasileiro (LINDB) pelo Tribunal de Contas da União elaborado pelo Observatório TCU, dos 91 acórdãos analisados acerca de imputação de sanção, apenas cinco fundamentaram a condenação na existência de dolo. Em todos os demais casos, o TCU apontou para a existência de erro grosseiro ou culpa. Disponível em: https://sbdp.org.br/wp-content/uploads/2021/09/Relatorio-LINDB-pelo-TCU.pdf. Acesso em: 05 nov. 2021.

O art. 12, §1º do Decreto nº 9.830/2019, que regulamenta a LINDB, conceituou como erro grosseiro o "erro manifesto, evidente e inescusável praticado com culpa grave, caracterizado por ação ou omissão com elevado grau de negligência, imprudência ou imperícia". Observe que por essa conceituação, fica evidente que para sua tipificação é necessário analisar a conduta do agente no contexto fático, elemento subjetivo, portanto.

Ocorre que, o relatório elaborado pelo denominado "Observatório TCU"[498], ao analisar como o Tribunal vem aplicando o erro grosseiro em suas decisões, verificou que este nem sempre avalia os elementos subjetivos do agente público para decidir se o erro cometido é escusável ou não.

Pelo contrário, a pesquisa concluiu que grande parte das decisões em que o Tribunal imputa aos gestores a prática de "erro grosseiro" ocorre de maneira abstrata, sem uma análise minuciosa de suas condutas individuais e respectivas culpas[499]. Na verdade, o que o TCU tem feito é determinar que algumas condutas, obviamente ilícitas, serão presumidas como erro grosseiro em vez de se concentrar na verificação dos fatores subjetivos que tornariam essa violação aceitável ou não[500].

Esse posicionamento, como bem colocam Eduardo Jordão e Conrado Tristão[501] deixa, de ser uma questão probatória importante ou um ônus argumentativo para o tribunal, transformando-se em mera janela para o exercício assistemático de tipificação de condutas.

Sobre o poder sancionador, por fim, cumpre destacar outro dispositivo da LINDB que passou a prever expressamente no ordenamento jurídico a

---

[498] RELATÓRIO DE PESQUISA 2021. Aplicação dos Novos Dispositivos da Lei de Introdução às Normas do Direito Brasileiro (LINDB) pelo Tribunal de Contas da União. Disponível em: https://sbdp.org.br/wp/wp-content/uploads/2021/09/Relatorio-LINDB-pelo-TCU.pdf. Acesso em: 05 nov. 2021.
[499] O estudo apontou 18 enunciados do TCU neste sentido. Ibidem. p. 23.
[500] Para fins de responsabilização perante o TCU, pode ser tipificada como erro grosseiro (art. 28 do Decreto-lei nº 4.657/1942 – Lei de Introdução às Normas do Direito Brasileiro) a realização de pagamento antecipado sem justificativa do interesse público na sua adoção e sem as devidas garantias que assegurem o pleno cumprimento do objeto pactuado. (Acórdão 185/2019 – Plenário, Boletim de Jurisprudência n. 252/2019.
[501] JORDÃO, Eduardo; TRISTÃO, Conrado. **O que é erro grosseiro para o TCU?** Disponível em: https://sbdp.org.br/wp/wp-content/uploads/2020/05/Jord%C3%A3o_Trist%C3%A3o_2705.pdf Acesso em 05 nov. 2021.

possibilidade de celebração de compromisso com os interessados, trata-se do art. 26, disposto *in verbis*[502]:

> Art. 26. Para eliminar irregularidade, incerteza jurídica ou situação contenciosa na aplicação do direito público, inclusive no caso de expedição de licença, a autoridade administrativa poderá, após oitiva do órgão jurídico e, quando for o caso, após realização de consulta pública, e presentes razões de relevante interesse geral, celebrar compromisso com os interessados, observada a legislação aplicável, o qual só produzirá efeitos a partir de sua publicação oficial.
> § 1º O compromisso referido no caput deste artigo:
> I - buscará solução jurídica proporcional, equânime, eficiente e compatível com os interesses gerais;

Como se observa, o dispositivo trouxe uma permissão genérica para que a Administração Pública, na pessoa da autoridade administrativa do órgão, celebre compromisso de modo a eliminar irregularidade, incerteza jurídica ou situação contenciosa na aplicação do direito público.

Entendemos que também é passível de aplicação pelo TCU, na medida em que os dispositivos legais, acerca do poder sancionador do Tribunal dispõem que este "poderá" aplicar sanção, isto é, trata-se de uma competência discricionária do Tribunal à luz das questões já abordadas acerca da conduta do agente e do particular. Outro permissivo legal que reforça essa possibilidade consta do CPC[503].

---

[502] BRASIL. Lei nº 13.655, de 2018. Inclui no Decreto-Lei nº 4.657, de 4 de setembro de 1942 (Lei de Introdução às Normas do Direito Brasileiro), disposições sobre segurança jurídica e eficiência na criação e na aplicação do direito público.
[503] Art. 3º. Não se excluirá da apreciação jurisdicional ameaça ou lesão a direito. [...]
§ 2º O Estado promoverá, sempre que possível, a solução consensual dos conflitos.
§ 3º A conciliação, a mediação e outros métodos de solução consensual de conflitos deverão ser estimulados por juízes, advogados, defensores públicos e membros do Ministério Público, inclusive no curso do processo judicial.

Soma-se a isso a compreensão de que as sanções aplicadas pelo TCU têm caráter instrumental[504], serve-se de meio e não fim, cabendo ao órgão a prévia consideração de sua efetividade.

Destaca-se que é altamente recomendável que o órgão regulamente o dispositivo por meio de normativo interno para permitir sua operacionalização visando garantir a impessoalidade e balizando o processo decisório, sempre que possível.

Nesse sentido, conforme aponta Marcia Pelegrini[505], algumas Cortes de Contas já incorporaram às suas leis orgânicas a figura do Termo de Ajustamento de Conduta - TAC[506] com contornos e especificidades fixadas nos respectivos normativos. Assemelhados aos contratos de gestão, referido instrumento consensual visa estabelecer metas em face da constatação de infrações para evitar que a conduta venha a se repetir visando assegurar as finalidades dissuasivas e reparatórias.

4.4. Da jurisdição do TCU sob sujeitos privados

Acerca da possibilidade de o Tribunal de Contas da União exercer o controle sobre agentes privados, particulares, nos valendo, novamente do art. 70 da Constituição Federal, o trecho final do parágrafo único, estabelece que:

> Prestará contas qualquer pessoa física ou jurídica, pública ou privada, que **utilize, arrecade, guarde, gerencie ou administre dinheiros, bens e valores públicos** ou pelos quais a União responda, ou que, em nome desta, assuma obrigações de natureza pecuniária.[507]

---

[504] Quando compreendemos que o objetivo do direito sancionador não é sancionar, mas sim de "restabelecer a ordem jurídica, compelindo o infrator a voltar a praticar o ato corretivo, ou desconvencendo-o a manter-se com a transgressão administrativa", conforme nos ensina Victor Carvalho, torna-se muito mais claro entender que a sanção tem caráter instrumental, isto é, não é um fim em si mesma. A sanção deve desempenhar uma função dissuasória e ter um nítido caráter prospectivo e preventivo,

[505] PELEGRINI, Márcia. **A consensualidade como medida alternativa para o exercício da competência punitiva dos Tribunais de Contas**. In: OLIVEIRA, José Roberto Pimenta. Direito Administrativo Sancionador – estudos em homenagem ao Professor Emérito da PUC-SP: Celso Antônio Bandeira de Mello. São Paulo: Malheiros, 2019, p. 412.

[506] À exemplo dos Tribunais de Contas do Goiás, Minas Gerais, Mato Grosso, Amazonas e Rio Grande do Norte.

[507] Trecho em negrito não consta do original.

Veja que, em regra, particulares não administram ou gerem recursos públicos e, portanto, não são incumbidos de prestar contas. A sua obrigação é contratual e o recebimento de recursos pelo ente ao privado, faz com que deixem de ser públicos.

Nesta senda, a ressalva ficaria apenas por conta dos particulares que, por força de lei, gerem recursos públicos e/ou são incumbidos de prestar contas[508]. A lógica é que a jurisdição do TCU abrange o erário e, em matéria de sujeitos, os que efetivamente gerem recursos públicos.

Isto é, o particular contratado pela Administração para fornecimento de bens ou serviços não é obrigado a prestar contas ao controlador externo, – uma vez que não é responsável por recursos públicos[509] –, não se podendo confundir seu eventual interesse em acompanhar processos de contas que possam culminar em resultados que lhes sejam desfavoráveis com sua submissão direta às deliberações da Corte de Contas[510].

Como bem coloca Jacoby Fernandes[511], note-se que não pode ser confundida a condição de prestar contas com o dever de responder pelo ressarcimento do erário. O primeiro, dever de prestar contas, submete indistintamente todos os administradores públicos e, ainda, os responsáveis por dinheiros, bens e valores públicos, bem como as contas daqueles que derem causa a perda, extravio ou outra irregularidade que cause dano ao erário.

O exame atento das competências dos Tribunais de Contas do Brasil revela que sua ação de controle externo se dirige aos agentes da Administração Pública,

---

[508] O Supremo Tribunal Federal já firmou seu entendimento no sentido de que:
[...] embora a entidade seja de direito privado sujeita-se à fiscalização do Estado, pois recebe recursos de origem estatal, e seus dirigentes prestam contas dos valores recebidos; quem gere dinheiro público ou administra bens ou interesses da comunidade deve prestar contas ao órgão competente para a fiscalização, no caso o Tribunal de Contas da União. (MS 21.6.444, relatado pelo Ministro Néri da Silveira, em julgamento do Plenário de 4 de novembro de 1993).
[509] Conforme dicção do art. 71, II, CF/88, não é administrador ou responsável por dinheiros, bens e valores públicos da administração direta e indireta.
[510] SUNDFELD, Carlos Ari. CÂMARA, Jacintho Arruda. **Limites da jurisdição dos Tribunais de Contas sobre particulares.** In: SUNDFELD, Carlos Ari. ROSILHO, André (org.). **Tribunal de Contas da União no Direito e na Realidade.** 1. ed. São Paulo: Almedina, 2020, p. 64-65. No mesmo sentido: BUGARIN, Paulo Soares. **O princípio constitucional da economicidade na jurisprudência do Tribunal de Contas da União.** 2ª ed. Belo Horizonte: Fórum, 2011, p. 65.
[511] JACOBY FERNANDES, Jorge Ulisses. **Tomada de Contas Especial:** Processo e Procedimento nos Tribunais de Contas e na Administração Pública. 4ª ed. Belo Horizonte: Fórum, 2017, p. 117-119.

por isso o texto constitucional é enfático ao referir-se a *contas*.[512] Note-se que o constituinte empregou a expressão *contas daqueles que derem causa* e não *responsabilidade daqueles que derem causa*.

Ocorre que, mais recentemente, o plenário do TCU[513] julgou incidente de uniformização de jurisprudência sobre a questão e decidiu no sentido de que a competência do TCU para julgar as contas de particulares, independe da coparticipação de agente público no cometimento do dano ao erário, desde que os atos inquinados decorram de vínculo jurídico entre o particular e a Administração no qual se verifiquem prejuízos ao interesse público.

Os argumentos utilizados cingem-se sobre a parte final do art. 71, inc. II, da Constituição Federal de 1988, ao prever que entre as competências de julgar contas ao Tribunal de Contas da União:

> "II - julgar as contas dos administradores e demais responsáveis por dinheiros, bens e valores públicos da administração direta e indireta, incluídas as fundações e sociedades instituídas e mantidas pelo Poder Público federal, **e as contas daqueles que derem causa a perda, extravio ou outra irregularidade de que resulte prejuízo ao erário público**[514];

A parte destacada, no entendimento do Tribunal demonstra tratar-se de uma outra competência, alude àqueles que derem causa a perda, extravio ou outra irregularidade de que resulte prejuízo ao erário público. Nesta linha, interpretar a segunda parte do inciso II, do art. 71, da Constituição Federal restringindo seu alcance às pessoas que já têm a obrigação constitucional de prestar contas, seria fazer dela algo absolutamente supérfluo[515]. Pela via interpretativa, incorretamente, estaria sendo ignorada a palavra "contas".

Ocorre que o Tribunal de Contas da União sumulou entendimento em 2007, exatamente em sentido contrário observe:

Súmula nº 187:

---

[512] Constituição Federal de 1988, Art. 71, II.
[513] Acórdão nº 321/2019 – Plenário.
[514] Trecho em negrito não consta do original.
[515] Os Ministros fazem uma ressalva a este posicionamento ao limitar o dano ao erário as matérias de um vínculo jurídico entre o agente privado e a Administração que denote ou derive de atos de gestão de coisa pública, exemplificam citando que a pichação, a depredação de bem público, o acidente envolvendo veículo, não seriam objeto de TCE.

> Sem prejuízo da adoção, pelas autoridades ou pelos órgãos competentes, nas instâncias próprias e distintas, das medidas administrativas, civis e penais cabíveis, dispensa-se, a juízo do Tribunal de Contas, a Tomada de Contas Especial, quando houver dano ou prejuízo financeiro ou patrimonial causado por pessoa estranha ao serviço público e sem conluio com servidor da Administração direta ou indireta e da fundação instituída ou mantida pelo Poder Público, e, ainda, de qualquer outra entidade que gerencie recurso público, independentemente de sua natureza jurídica ou do nível qualitativo no capital social[516].

Assim, v.g. no curso da tomada de contas especial ao verificar possível ocorrência de danos ao erário onde constata-se que o causador foi exclusivamente um terceiro, impõe-se o encerramento do processo[517]. Nesta senda, a responsabilização dos particulares deve ocorrer pela via judicial tanto na esfera cível quanto na penal, cabendo ao TCU, em tais casos, representar à autoridade competente na forma que dispõe o art. 71, XII, CF/88[518], ou ordenar ao gestor que represente.

Veja que, novamente, temos uma questão que gera insegurança jurídica: a súmula nº 187, supracitada encontra-se vigente e o entendimento do STF também é em sentido contrário.

---

[516] BRASIL. Tribunal de Contas da União. **Boletim TCU Especial**, Brasília, ano XL, n. 6, 4 dez. 2007.
[517] Cabe registrar notável excerto de voto do eminente Ministro Adhemar Paladini Ghisi "[...] 1. Não concordo, *data venia* com os pareceres pois, na minha compreensão, assiste razão ao responsável quando afirma que não está obrigado a apresentar prestação de contas ao Tribunal de Contas da União. Em verdade, a relação entre o mesmo e o INAMPS, é de simples usuário de serviço público e não de gestor de recursos públicos. 2. Ademais não está configurado a participação de agente público, condição hoje reconhecida por esta Corte para que seja instaurada TCE. Ressalto, a propósito, que esse entendimento tem se revelado amplamente majoritário no âmbito deste Tribunal. Menciono a Decisão TCU nº 31/1998 - Plenário, do qual fui Relator. [...]". BRASIL. Tribunal de Contas da União. **Processo TC nº 550.315/1997-7**. Ata nº 29/2000 - Plenário, Anexo I. Brasília, 28 de junho de 2000. Deixo, contudo, de propor o julgamento pela irregularidade das contas da empresa, tendo em vista que ela figura no presente caso não como pessoa que tenha se ocupado da gestão de recursos públicos e, por conseguinte, tenha a obrigação de prestar contas da aplicação desses recursos, tal como previsto no artigo 70, parágrafo único, da Constituição, mas tão somente como um particular contratado pela administração pública para lhe prestar serviços em troca de contraprestação financeira (Acórdão nº 4404/2016-TCU-Primeira Câmara).
[518] SUNDFELD, Carlos Ari. CÂMARA, Jacintho Arruda. **Limites da jurisdição dos Tribunais de Contas sobre particulares**. *In*: SUNDFELD, Carlos Ari. ROSILHO, André (org.). **Tribunal de Contas da União no Direito e na Realidade**. 1ª. ed. São Paulo: Almedina, 2020, p. 66-70.

Além disso, no bojo do processo que resultou este acórdão, a unidade técnica do Tribunal e a proposta de encaminhamento proferida pelo subprocurador-geral Lucas Rocha Furtado também são em sentido contrário. Pela relevância do tema e por entender que assiste razão nos argumentos utilizados na proposta de encaminhamento, transcreve-se o seguinte trecho:

> A tese de que o particular contratado pela Administração Pública deve ter suas contas julgadas irregulares, quando, nos termos do referido artigo 71, II, da CF, der 'causa a perda, extravio ou outra irregularidade de que resulte prejuízo ao erário público', **suscita, de plano, uma incômoda indagação: que contas?![...]**
> A meu ver, o Tribunal, órgão da Administração Pública especializado em contas, não pode, de forma nenhuma, negligenciar o mecanismo lógico básico – que, como já disse, **até uma bem educada criança apreende – do tradicionalíssimo e arraigado instituto da prestação de contas: somente aquele a quem se delega a administração da coisa alheia recai a obrigação de prestar contas.**
> Por isso, acatar a tese de que o Tribunal pode julgar contas do particular contratado pela Administração Pública representa, em minha opinião, **equívoco jurídico primário e grave, com potencial para disseminar insegurança jurídica entre jurisdicionados e expor o Tribunal a inevitáveis questionamentos perante o Supremo Tribunal Federal.**

O particular contratado pela Administração Pública para, em troca de contraprestação financeira, simplesmente lhe fornecer produtos, prestar serviços ou executar obras, de forma nenhuma atua incumbido da gestão pública e se não há essa delegação, não há, evidentemente, que se falar em contas ou em obrigação de prestar contas do particular contratado.

Interessante observar que este não era o entendimento do TCU. Pelo contrário, sua jurisprudência era pacífica em sentido contrário e, inclusive em artigo publicado de autoria de Ministro que participou desta recente deliberação, observe:

> Temos defendido, em oportunidades várias, que o particular, pessoa estranha ao serviço público, ainda que dolosamente cause dano ao Erário, não está sujeito a figurar como sujeito passivo do processo de Tomada de Contas Especial, a menos que tenha agido em conluio com algum agente público. Em todas essas hipóteses, a nosso ver, não abrange, a jurisdição do Tribunal de Contas da União, o processo e o julgamento de tais particulares. Aliás, tal

entendimento não é novo, nem discrepa da antiga e pacífica jurisprudência do próprio Tribunal de Contas da União[519].

Não há, no ordenamento jurídico brasileiro, nenhuma norma que obrigue o particular contratado pela Administração Pública a prestar contas das quantias que recebeu em pagamento pelo fornecimento de produtos, pela prestação de serviços ou pela execução de obras.

Se efetivamente houver uma mudança de entendimento neste sentido, ao nosso ver, claramente inconstitucional e ilógica, importante destacar que a luz do art. 24 da LINDB[520], devem ser levados em conta, as orientações gerais da época, sendo vedado que, com base em mudança posterior de orientação geral, se declarem inválidas situações plenamente constituídas ou, neste caso, que o Tribunal peça e julgue "contas" de particular.

Já em relação ao dever de ressarcir o erário, à luz da jurisprudência majoritária vigora hoje o entendimento de que submete indistintamente todos os que causam prejuízo, inclusive ao particular. Cumpre ressaltar que, parte da doutrina entende que mesmo neste caso[521], a função do Tribunal de Contas posta pela Constituição é de agir sobre a Administração Pública, na medida em que prevê a fiscalização contábil, financeira, orçamentária, operacional e patrimonial da União e das entidades da administração direta e indireta e que não poderia o Tribunal ter jurisdição sobre particulares, mesmo no caso de dano ao erário, esta matéria seria reservada ao Judiciário.

A Lei Orgânica do TCU, seguida pela jurisprudência majoritária, dispõe que no caso de dano ao erário ou desfalque ou desvio de dinheiros, bens ou

---

[519] ALENCAR, Walton. **O dano causado ao erário por particular e o instituto da tomada de contas especial**. Publicado na Revista do TCU em 1998-07-01 Edição n. 77 (1998). Disponível em: https://revista.tcu.gov.br/ojs/index.php/RTCU/article/view/1249/1301.
Acesso em: 30 out. 2021.

[520] Art. 24. A revisão, nas esferas administrativa, controladora ou judicial, quanto à validade de ato, contrato, ajuste, processo ou norma administrativa cuja produção já se houver completado levará em conta as orientações gerais da época, sendo vedado que, com base em mudança posterior de orientação geral, se declarem inválidas situações plenamente constituídas.
Parágrafo único. Consideram-se orientações gerais as interpretações e especificações contidas em atos públicos de caráter geral ou em jurisprudência judicial ou administrativa majoritária, e ainda as adotadas por prática administrativa reiterada e de amplo conhecimento público.

[521] Entendem deste modo Carlos Ari Sundfeld, Jacintho Arruda Câmara, André Rosilho.

valores públicos, ao particular pode ser fixada a responsabilidade solidária, observe:

> Art. 16. As contas serão julgadas:[...]
> III - irregulares, quando comprovada qualquer das seguintes:[...]
> c) dano ao Erário decorrente de ato de gestão ilegítimo ao antieconômico;
> d) desfalque ou desvio de dinheiros, bens ou valores públicos. [...]
> § 2º Nas hipóteses do inciso III, alíneas c e d deste artigo, o Tribunal, ao julgar irregulares as contas, fixará a responsabilidade solidária:
> a) do agente público que praticou o ato irregular, e
> b) **do terceiro que, como contratante ou parte interessada na prática do mesmo ato, de qualquer modo haja concorrido para o cometimento do dano apurado.**[522]

Entendemos que o Tribunal também pode buscar a responsabilidade do privado e exerce a jurisdição sob este sob o princípio da universalidade do juízo[523]. Em matéria de exercício do controle, a competência do Tribunal em matéria de fiscalização de recursos públicos atrairia sua competência acerca do privado quando concorre para o cometimento do dano.

Caso verifique-se na TCE que a responsabilidade é exclusivamente de terceiro deverá ocorrer está definição na conclusão do processo e imporá seu arquivamento – exatamente como dispõe a súmula nº 187/TCU. Assim, como leciona Jacoby Fernandes[524], os fatos registrados no processo vão constituir importante fonte de subsídio para a subsequente ação a que as autoridades deverão proceder para a recomposição do erário[525].

Esta forma de agir, para nós, mostra-se positiva, na medida em que a forma de fixar a responsabilidade do terceiro ao longo dos anos nos processos no TCU

---

[522] Trecho em negrito não consta do original.
[523] Para Jacoby de certo modo, coincide com o teor da Súmula 704 do Supremo Tribunal Federal: "[...] Não viola as garantias do juiz natural, da ampla defesa e do devido processo legal a atração por continência ou conexão do processo do co-réu ao foro por prerrogativa de função de um dos denunciados. [...]" Decisão de 24 de setembro de 2003. Diário da Justiça [da] República Federativa do Brasil, Brasília, DF, 09 out 2003, p. 6.
[524] JACOBY FERNANDES, Op. Cit.
[525] O doutrinador explica que existe uma ressalva neste entendimento que é quando o agente público for omisso em adotar providências que resguardem o erário. Nesse caso, a TCE apurará a conduta do agente público que poderá ser responsabilizado com multa correspondente de até cem por cento do valor atualizado do dano causado ao Erário, sem prejuízo de outras penalidades previstas em lei.

evoluiu em grande medida para assegurar sua oportunidade de defesa, bem como o conhecimento por este de fatos que podem ensejar sua responsabilização, zelando pela ampla defesa e contraditório, bem como o devido processo legal.

Isto é, o Tribunal ao fixar a responsabilidade, assegura que o particular tenha direito de conhecer os fatos imputados e possa ter oportunidade de defesa. Se coubesse apenas a ação regressiva ao particular, sua oportunidade de defesa seria cerceada, é por isso que o art. 250, inciso V, do Regimento Interno dispõe sobre a necessidade de oitiva dos interessados e da entidade fiscalizada, principalmente porque a decisão final do processo pode atingir a esfera de interesses jurídicos destes particulares[526].

Neste sentido é o posicionamento do STF, no bojo do MS n° 24.379 ao afirmar que a aferição da competência do Tribunal de Contas da União perpassa pela análise da existência de recursos públicos envolvidos no caso concreto submetido à análise daquela Corte de Contas, afirmando, inclusive, a possibilidade de aplicação de sanção administrativa ao particular envolvido no caso concreto[527].

Desta forma, ao particular deve ser imputado o ressarcimento do débito correspondente ao dano que concorreu para seu cometimento[528].

Especificamente quanto a expedição de cautelar e imputação de sanções ao particular, pela relevância do tema em matéria de contratações públicas, abordaremos a sistemática destas competências exercidas pelo TCU.

---

[526] Nesse sentido são os seguintes acórdãos do TCU, os Acórdãos n°s 2290/2014-TCU-Plenário. Ministro Relator José Múcio Monteiro. Publicado no DOU de 03/09/2014; 2663/2012-TCU-Plenário. Ministro Relator Walton Alencar Rodrigues. Publicado no DOU de 03/10/2012; e 650/2011-TCU-Plenário. Ministro Relator Walton Alencar Rodrigues. Publicado no DOU de 28/03/2011.

[527] Neste sentido: MS 24.379/DF, 1. T., rel. Min. Dias Toffoli, j. em 07.04.2015, DJe de 05.06.2015

[528] Além disso, divergiu da proposta que considera a construtora responsável solidária pela integralidade do débito decorrente da ausência de funcionalidade do objeto conveniado. Ressaltou que a contratada deve responder solidariamente pelo débito correspondente à inexecução de 90 metros de emissário de recalque, englobando serviços e materiais, haja vista ter percebido os correspondentes pagamentos, conforme demonstram notas fiscais e boletins de medição (peça 3, p. 195-201). ACÓRDÃO 3514/2017 - PRIMEIRA CÂMARA.

4.4.1. Sanção e medidas cautelares em face do particular

Quanto a possibilidade de o Tribunal adotar medidas cautelares diretamente contra o particular, como já adiantado, a discussão é específica quanto as disposições contidas no art. 44 da LOTCU. Isso porque, as demais cautelares são direcionadas ao órgão. Já o referido artigo também dispõe de "responsáveis", o que tem levado o Tribunal a adotar o mesmo posicionamento de que pode abranger privados.

Especificamente acerca do afastamento temporário, parece pacífico o entendimento já manifestado pelo STF[529] no sentido de que não se aplica às sociedades civis. Pressupõe o exercício de função pública e o fato de a pessoa jurídica estar integrada a Administração.

A discussão que reside é na questão da indisponibilidade de bens, contida no § 2º do art. 44 e, na possibilidade jurídica, ou não, de o Tribunal de Contas da União impor cautelar de indisponibilidade de bens em desfavor de particular.

O TCU sob o fundamento do poder geral de cautela entende que sim; já no âmbito do STF temos decisões monocráticas nos dois sentidos: o Ministro Marco Aurélio tem entendido[530] no sentido de que medida é limitada, por lei, aos gestores públicos, àqueles que estejam investidos na função pública[531]. Já os ministros Edson Fachin[532], Gilmar Mendes[533] e Rosa Weber[534] defendem que o TCU possuiria jurisdição direta sobre particulares contratados pela Administração, o que permitiria presumir a submissão desses mesmos particulares

---

[529] MS 21.636/RJ, cuja ementa segue abaixo: TRIBUNAL DE CONTAS DA UNIÃO - AUDITORIA E INSPEÇÃO - AFASTAMENTO DE DIRIGENTE - SOCIEDADE CIVIL. A norma inserta no artigo 44 da Lei n. 8.443, de 16 de julho de 1992.
[530] Vide: MS 34.392, MS 34.357, MS 34.410, MS 34.421 (todos esses casos foram extintos sem julgamento do mérito por perda superveniente do objeto).
[531] ROSILHO, André. Tribunal de Contas da União - Competências, Jurisdição e Instrumentos de Controle. São Paulo: Quartier Latin, 2019, p. 261-264. ROSILHO, André. Limites dos poderes cautelares do Tribunal de Contas da União e indisponibilidade de bens de particulares. In: SUNDFELD, Carlos Ari. ROSILHO, André (org.). Tribunal de Contas da União no Direito e na Realidade. 1. ed. São Paulo: Almedina, 2020, p. 86-90.
[532] Nesse sentido, vejam-se as decisões liminares proferidas no MS 34.793 e no MS 35.158.
[533] MS 35.623 e MS 35.555.
[534] MS 34.446, MS 35.404, MS 35.529 (todos esses casos foram extintos sem julgamento do mérito por perda superveniente do objeto).

às competências cautelares do TCU, inclusive para a decretação de indisponibilidade de bens.

Pela relevância do tema, em 2017, por proposta do relator, que foi acompanhado à unanimidade, os processos passaram por análise da 1ª turma do STF e foram deslocados para análise do plenário, o que possivelmente ocorrerá no julgamento do Mandado de Segurança nº 35.506 que, até o momento encontra-se suspenso.

Interessante destacar que sobre o tema, o Ministro Luís Roberto Barroso[535], em suas decisões liminares para suspender a indisponibilidade de bens, tem levado em conta a complexidade do caso *vis-à-vis* a incipiência da apuração dos fatos no processo de contas, especialmente na ausência de prévia oitiva da parte (ausência do *fumus boni iuris*), bem como a presença do chamado *periculum in mora reverso*, considerando o impacto da medida constritiva nas atividades do responsável associado à ausência, *a priori*, de evidências de dilapidação patrimonial (ausência do *periculum in mora*).

No mesmo sentido, o MPTCU proferiu parecer em caso específico[536], analisando que o momento do processo investigativo não seria o mais adequado para a decretação de indisponibilidade de bens. Isso porque ainda não haveria maturidade suficiente quanto à "quantificação do dano e identificação dos responsáveis", sendo difícil assegurar, "com máxima precisão, o valor devido e a cadeia de responsabilização dos diferentes agentes envolvidos".

Esses posicionamentos, certamente, observam com mais rigor as consequências práticas da imposição de tal medida tão severa e impactante, especialmente, no tocante a uma empresa, que possui obrigações de cunho trabalhista e tributário e que pode obstruir, inclusive, sua continuidade.

A posição correta para nós, no entanto, mostra-se a mesma exposta no item 4.2., no sentido de que o *periculum in mora* não é presumido, devendo ser verificados indícios de alguma conduta intencional que contribuiu para tal ou alguma tentativa de dilapidação do patrimônio ou qualquer outra ação tendente

---

[535] MS 34.754, MS 34.755, MS 34.757, MS 34.758, MS 34.870 e MS 34.738 (como já apontado, todos esses casos, à exceção do último, foram extintos sem julgamento do mérito por perda superveniente do objeto).
[536] Acórdão nº 874/2018 – Plenário.

a inviabilizar o ressarcimento ao erário, especialmente por força das alterações recentes da Lei de Improbidade Administrativa.

Coaduna-se com nossa linha de raciocínio o fato de o TCU utilizar da possibilidade do *periculum in mora* presumido, com base na Lei de Improbidade Administrativa, eis que:

> [...] essa indisponibilidade não necessita de indícios concretos sobre a dilapidação do patrimônio por parte dos responsáveis ou de qualquer outra ação tendente a inviabilizar o ressarcimento ao erário, tratando-se **de procedimento consentâneo com o modelo inerente à lei de improbidade administrativa** e com os preceitos do direito público[537].

Ora, se houve alteração legislativa em matéria de improbidade para passar a prever a necessidade de *periculum in mora* e individualização da conduta no uso da cautelar de indisponibilidade de bens, é certo e lógico que o TCU também adote este modelo. Vale lembrar que é o processo legislativo de edição de leis, feito pelos representantes do povo, o meio constitucionalmente erigido para impor obrigações.

Ocorre que no caso de particular, diferentemente do servidor público, o TCU não possui acesso direto as informações financeiras[538], devendo requerer o acesso ao Poder Judiciário. Nesta linha de raciocínio entendemos que para a aplicação da indisponibilidade, no caso de particular, deve prevalecer o mesmo disposto na Lei Orgânica acerca do arresto de bens, *in verbis*:

> Art. 61. O Tribunal poderá, por intermédio do Ministério Público, solicitar à Advocacia-Geral da União ou, conforme o caso, aos dirigentes das entidades que lhe sejam jurisdicionadas, as medidas necessárias ao arresto dos bens dos responsáveis julgados em débito, devendo ser ouvido quanto à liberação dos bens arrestados e sua restituição.

Se no caso das medidas constritivas fundadas em decisões terminativas deve o Tribunal proceder desse modo, com mais razão deveria fazê-lo em uma decisão acautelatória, de natureza precária e efêmera, sob cognição sumária[539]. Isto é,

---

[537] Acórdão nº 1.083/2017-TCU.
[538] Conforme decidido nos MS nº 22.934/DF e MS 22.801/DF – STF.
[539] Argumento utilizado pelo Min. Marco Aurélio em seu voto no MS nº 35.506.

mesmo quando verificado o requisito do *periculum in mora* – essencial ao nosso ver e muito difícil de ser verificado justamente porque o tribunal não tem acesso as informações financeiras - deve notificar a autoridade competente na forma do art. 71, XI, no caso, o Ministério Público.

Já quanto a possibilidade de aplicar sanção à privados nos valemos do texto constitucional ao dispor que:

> Art. 71. O controle externo, a cargo do Congresso Nacional, será exercido com o auxílio do Tribunal de Contas da União, ao qual compete:[...]
> VIII - aplicar aos responsáveis, em caso de ilegalidade de despesa ou irregularidade de contas, as sanções previstas em lei, que estabelecerá, entre outras cominações, multa proporcional ao dano causado ao erário.

Novamente, a discussão cinge-se em saber quais seriam os "responsáveis". Os que defendem a inviabilidade da jurisdição sob o privado[540], entendem que por uma interpretação sistemática – considerando o dispositivo anterior (art. 70) - seriam somente os legitimados para gerir despesas públicas e prestar contas.

Conforme verificamos acima, a doutrina e a jurisprudência, majoritariamente, entendem que a jurisdição abrange o privado quando constatada a existência de lesão ao erário através de conduta em coautoria com servidor público, posicionamento ao qual, nos filiamos.

Nesta senda, no exercício do poder sancionador, pode o Tribunal aplicar multa e a sanção de inidoneidade aos particulares. No caso da sanção de inidoneidade, em que pese haver discussões sobre a sobreposição de competências já apresentadas, o STF já se pronunciou sobre a sua legalidade[541] e a Lei nº 14.133/2021 nada dispôs sobre essa competência do Tribunal.

Vale lembrar que esta sanção, dada suas severas consequências, deve ser aplicada em casos efetivamente graves, nesta senda, interessante trazer decisão monocrática do STF na Medida Cautelar em Mandado de Segurança nº 35.435 [542], em que o Ministro Gilmar Mendes concedeu liminar para impedir a

---

[540] Nesta linha de posicionamento: Harrison Ferreira Leite.
[541] MS nº 24020.
[542] STF. Medida Cautelar em Mandado de Segurança nº 35.435. Relator Ministro Ricardo Lewandowski. Publicada em 03.06.2019.

decretação de inidoneidade da sociedade impetrante pelo Tribunal de Contas, ao argumento de que, tendo o TCU outros mecanismos sancionadores à sua disposição, não seria razoável "a sujeição da impetrante à sanção de inidoneidade poderia inviabilizar suas atividades, inclusive o cumprimento do acordo".

Cumpre destacar também que, como o conceito de fraude pressupõe a conduta dolosa do infrator (no caso, a conduta dos representantes da licitante que participou da fraude), é possível afirmar que a declaração de inidoneidade depende de conduta dolosa[543].

Acerca da multa, o próprio TCU entende que a hipótese descrita no inciso II do art. 58 é destinada aos gestores públicos[544]. Da mesma forma entendemos que as hipóteses descritas nos incisos seguintes[545] são claramente inerentes à Administração Pública. Já quanto a hipótese descrita no inc. I acerca de contas julgadas irregulares, pelo entendimento ao qual nos filiamos de que particulares não possuem contas, também não seria aplicável a estes.

Pelo exposto, a única sanção passível de aplicação pelo TCU ao particular é a prevista no art. 57 da Lei Orgânica do TCU acerca da multa proporcional ao dano. Nesta senda, entendemos relevante que o TCU utilize de critérios claros na aplicação destas sanções como os dispostos no §1º art. 156 da Lei nº 14.133/2021.

---

[543] Afirmação que consta no Relatório produzido pelo Observatório TCU acerca do uso da LINDB pelo Tribunal. Op. Cit. p. 33.
[544] Acórdão nº 1975/2013 - Plenário. Processual. Representação. Multa a particulares. A multa prevista no art. 58, inciso II, da Lei 8.443/92, não é aplicável a empresas e a terceiros que fraudam certame licitatório, destinando-se aos gestores de recursos públicos.
[545] São elas: III - ato de gestão ilegítimo ou antieconômico de que resulte injustificado dano ao Erário; IV - não atendimento, no prazo fixado, sem causa justificada, a diligência do Relator ou a decisão do Tribunal;
V - obstrução ao livre exercício das inspeções e auditorias determinadas;
VI - sonegação de processo, documento ou informação, em inspeções ou auditorias realizadas pelo Tribunal;
VII - reincidência no descumprimento de determinação do Tribunal.

CONCLUSÕES

Para adequada compreensão do tema "controle exercido pelo Tribunal de Contas da União em matéria de contratações públicas", algumas premissas se fizeram necessárias.

Inicialmente, assentar que a necessidade de controle dos gastos públicos, compreendido como mecanismos instituídos para a fiscalização, se faz presente desde a antiguidade. Isto decorre da compreensão de *respublica*, na medida em que os recursos são do povo e quem os gere não é seu proprietário, deve haver alguma forma de controle acerca desta atividade.

Nos primórdios, o controle dos gastos públicos era restrito aos registros contábeis. Ao longo do tempo, no entanto, com o aperfeiçoamento da máquina estatal, que passou a desempenhar tarefas, cada vez mais complexas, também o seu controle foi se aperfeiçoando.

Surge também, a concepção de que quem desempenha a função de fiscalizar as despesas públicas deve possuir autonomia para o desempenho probo dessa atividade. Desta forma, após complexas discussões, cria-se no Brasil, o Tribunal de Contas da União: uma "corporação distinta", mais afastada das "agitações políticas", vista como uma conquista para a sociedade.

Conforme tivemos oportunidade de verificar, desde sua criação, ao longo das Constituições, o Tribunal teve suas competências deveras expandidas, bem como a sua importância, ampliada. Com a promulgação da Constituição Federal de 1988, adquiriu, inclusive, uma nova dimensão: a competência para sancionar e para fiscalizar não só sob o aspecto legal, mas também para fiscalizar despesas sob o parâmetro da legitimidade e economicidade.

Atualmente, o Tribunal de Contas da União ostenta uma posição eminente na estrutura constitucional brasileira: ocupa a função de auxiliar do Poder Legislativo, mas não está subordinado hierarquicamente a esse Poder; exerce suas atribuições de forma autônoma e independente.

É um conjunto orgânico perfeitamente autônomo; instituto *sui generis*, posto de permeio entre os poderes políticos da Nação, o Legislativo e o Executivo, sem sujeição, porém, a qualquer deles. A sua autonomia é, portanto, condição imprescindível para o correto desempenho de suas funções.

Além disso, as competências definidas diretamente pelo poder constituinte para que o Tribunal desempenhe sua função de fiscalizar os gastos públicos federais, demonstram as suas especificidades: julga contas, realiza inspeções e auditorias, fiscaliza repasse de recursos, aplica sanção, entre outros.

Precisamente pelas peculiaridades das competências exercidas pelo Tribunal e, também, pela constatação de que não mais merece prosperar a visão tradicional tripartida que divide as funções tão somente em administrativa, judicial e legislativa, entendemos correto defender a autonomia da função de controle. Ao invés de tentar encaixá-la no modelo tradicional, porém colocando uma série de exceções ou predicativos, como função jurisdicional especial; função administrativa para judicial, é mais adequado tipificar o tribunal de contas como órgão autônomo que, igualmente detém função autônoma. Essa é a forma mais didática de compreender as competências postas pela Constituição ao Tribunal de Contas da União.

Essa compreensão facilita também, verificar quais leis aplicam-se aos Tribunais de Contas e que, a partir desta década, devem ser observadas por este, no desempenho de suas funções. Além disso, se a autonomia da função fosse irrelevante não cuidaria a LINDB de prever expressamente a sujeição do "controle" as suas disposições, colocando-o apartado, ao lado da sujeição dos órgãos administrativos e judiciais. Definiu expressamente a função controladora, ao lado da judicial e administrativa.

Verificamos também, nesse sentido, que uma lei específica para reger os processos no âmbito do controle externo é deveras interessante, especialmente pelo fato de sua Lei Orgânica ser escassa em matéria de processo e garantia dos seus jurisdicionados.

Tudo isso mostrou-se relevante para compreendermos a importância do controle, especialmente do controle externo dos gastos públicos, desempenhado, em âmbito federal, pelo TCU, para então, adentrarmos, especificamente, no âmbito das compras públicas e compreendermos o cenário jurídico que conduziu a promulgação da LINDB e da Lei nº 14.133/2021.

Com a expansão das competências do Tribunal, seja pelo advento da Constituição vigente, em especial instituindo o poder para sancionar e para analisar sob os parâmetros de legitimidade e economicidade os atos administrativos, verificamos que o Tribunal adquiriu poderes para fiscalizar, sobre inúmeros aspectos, o procedimento de contratações públicas, inclusive com ferramentas que garantem a efetividade do controle.

Com a possibilidade de imputar o ressarcimento ao erário inclusive, sobre o patrimônio do agente público, a possibilidade de adotar medidas cautelares e responsabilizar quem não segue sua jurisprudência, fizeram com que o TCU adquirisse um protagonismo nunca visto na história.

Se, por um lado, o protagonismo do Tribunal e a expansão do controle foram fundamentais para uma maior profissionalização no âmbito da gestão pública e seu aperfeiçoamento, por outro lado, gerou um cenário de grande instabilidade jurídica e receio dos agentes públicos.

Isso porque, como visto, há uma grande quantidade de decisões do Tribunal em matéria de licitações e contratações e, lamentavelmente, divergências no âmbito da jurisprudência que, ora permitem, ora não permitem que o Tribunal adote determinadas medidas. A mudança de entendimento acerca do tema, resultaram em elevada insegurança jurídica.

Além disso, o aumento quantitativo de condenações[546], somada ao grande apelo midiático que o tema licitações possui, tiveram por consequência que o agente público, que detém a competência para administrar e contratar com autonomia, passasse a tomar decisão, não por ser a mais justa e correta diante das circunstâncias de fato ou recomendada pela melhor técnica segundo seu juízo, mas sim porque o controlador decidiu de outra forma em caso similar. A Administração Pública não mais se preocupa em agir em busca do interesse público e sim em tentar se proteger antevendo respostas do TCU para evitar a

---

[546] Em pesquisa encomendada em 2019 pelo Grupo Infra 2038, em conjunto com Torreão Braz Advogados, concluiu-se que a frequência de condenações transitadas em julgado pelo TCU subiu de menos de 250 casos por ano antes de 2000 para mais de 1.500 casos por ano após 2010 (com exceção apenas em 2012, quando o número foi pouco abaixo de 1.500). Disponível em: https://159146a3-f37e-4128-a17e-52af8299c800.filesusr.com/ugd/63fe2f_d645374be53a426e8383a5d0aa1f80e6.pdf. Acesso em 06 nov. 2021.

perda do seu cargo ou de seu patrimônio[547]. O controle tem pautado a gestão pública.

Com isso a própria Administração passou a ver com bons olhos a ideia de o TCU exercer um controle prévio, com vistas a resguardar sua proteção. Mas, como vimos ser coautor do processo decisório não é o papel posto pela constituição ao Tribunal. O TCU não deve atuar como um gestor de segunda ordem, não deve substituir o papel do agente de contratação.

Há ainda uma questão intrigante: embora tenha havido esse crescimento dos casos de responsabilização de agentes públicos federais, isso não parece ter sido capaz de conter o *animus* para comportamentos corruptos entre os agentes[548].

Soma-se a isso, como aponta Francisco Arlem de Queiroz Sousa, os custos tanto em razão do deslocamento de servidores para atender as demandas dos órgãos de controle[549] quanto os custos do próprio TCU[550]. Isto leva a concluir também que o controle excessivo não gerou maior eficiente para a máquina pública.

Com esse movimento, que a doutrina passou a denominar como "apagão das canetas", não se verificam incentivos para decidir e a consequência é a paralisia da Administração Pública. O pensamento do agente público é de

---

[547] Rodrigo Arantes aponta que: "a boa gestão pública não é a prioridade da legislação brasileira, muito menos de seus intérpretes. A prioridade tem sido outra: limitar, controlar ao máximo e até ameaçar os gestores, em princípio suspeitos de alguma coisa." In: ARANTES, Rodrigo Eloy. O controle interno como apoio à gestão dos órgãos públicos? Uma análise sob a perspectiva dos gestores federais. 2016. 105 f. Dissertação (Mestrado em Políticas Públicas e Desenvolvimento) - Instituto de Pesquisa Econômica Aplicada, Brasília, 2016.

[548] Essa constatação é feita no seguinte estudo: CUNHA, Alexandre dos Santos; PINHEIRO, Maurício Mota Saboya; MEDEIROS, Bernardo Abreu de; MAGRO JÚNIOR, Breno Simões; PESSOA, Olívia Gomes; COLETTO, Sérgio Peçanha da Silva. Texto para discussão 2544. Análise do Quadro Crescente de Funcionários Públicos Responsabilizados por Irregularidades (2003-2018). Brasília: Rio de Janeiro: IPEA, 2020.

[549] O autor analisou demandas feitas pelos órgãos de controle no Departamento Nacional de Obras contra as Secas - DNOCS, em 2019, e verificou que equivale a uma média de 4,23 requerimentos por dia. In: SOUSA, Francisco Arlem de Queiroz. **Direito Administrativo do medo:** o controle administrativo da gestão pública no Brasil. 2021. 193 f. Dissertação (Mestrado em Direito) - Faculdade de Direito, Universidade Federal do Ceará, Fortaleza, 2021, p. 80.

[550] O autor verificou ainda, que entre 2008 e 2018, houve um aumento de 87% nas despesas do TCU. In: SOUSA, Francisco Arlem de Queiroz. **Direito Administrativo do medo:** o controle administrativo da gestão pública no Brasil. 2021. 193 f. Dissertação (Mestrado em Direito) - Faculdade de Direito, Universidade Federal do Ceará, Fortaleza, 2021, p. 80.

proteger-se e evitar ao máximo sua responsabilização ao invés de zelar pelo interesse público, inovando e impondo um verdadeiro protagonismo em prol da eficiência.

À vista disso, o Congresso Nacional passou a editar leis, em especial a LINDB, para propiciar maior segurança jurídica aos gestores impondo obrigações ao controle no sentido de atentar para as dificuldades concretas da gestão.

Já a recente Lei nº 14.133/2021, além de prever expressamente a submissão a LINDB, no âmbito das contratações públicas e, consequentemente, de seu controle, dispõe de um capítulo específico para o controle das contratações públicas, impondo obrigações também ao Tribunal de Contas da União. A lei ainda dispõe, de uma série de possibilidades para que o agente público decida, no caso concreto, qual é a melhor opção para atender a demanda da Administração. Esses espaços abertos são precisamente a competência discricionária administrativa.

Ambas as normas, ao nosso ver, propõem mudança na forma como o controle feito pelo TCU atua sobre contratações públicas e, por isso, o objeto do presente estudo foi a atuação do TCU, no âmbito das licitações e contratações públicas e como as referidas normas legais impactam em cada uma das competências do Tribunal nesta matéria.

Analisamos, nesta senda, o controle exercido pelo TCU, sob o aspecto temporal. Verificamos que a Lei nº 14.133/2021 dispõe claramente acerca de quem é o papel do controle prévio das contratações públicas: o controle interno do órgão administrativo. Além disso, verificamos que o controle prévio não só pelo regramento constitucional, mas sobre o aspecto produtivo, não deve ser realizado pelo Tribunal de Contas da União.

O TCU pode exercer um controle preventivo, sendo este o único passível de ser desempenhado em atos que não infrinjam o ordenamento jurídico e, que não se confunde com o prévio – abolido pela Constituição de 1964. No âmbito do controle preventivo pelo TCU, entendemos que está alocado o que o Tribunal denomina de "função didática" no sentido de auxiliar para evitar a ocorrência de novos atos ilegais.

Verificamos que o Tribunal, pode ainda, exercer um controle concomitante ao processo licitatório e, que, em regra, ocorre quando provocado a agir mediante representação ou denúncia e que abarca o controle corretivo no sentido de que é viável a correção do ato.

Exerce também o controle posterior, sendo este, sua principal competência a qual inclui o controle repressivo. O controle posterior ocorre, em regra, quando do julgamento das contas ou da tomada de contas especial, o que o diferencia é que não mais há a possibilidade de sanar o ato.

Passamos então a analisar os parâmetros constitucionais para o desempenho da fiscalização pelo TCU e concluímos que por força da Lei nº 14.133/2021, que cuidou de prever procedimentos minuciosos, com vistas a garantir seus objetivos, que os parâmetros da legitimidade e economicidade utilizados pelo TCU são limitados nesta matéria.

Isso decorre da concepção de que a preservação das zonas de discricionariedade de competência do administrador público tem sua razão de ser: é ele que detém o conhecimento das realidades internas do órgão para decidir, segundo critérios de conveniência e oportunidade, entre duas ou mais soluções admissíveis, tendo em vista o exato atendimento da finalidade legal. Sendo-lhes devida deferência para que desenvolvam suas atividades da maneira que reputarem adequada, contanto que nos quadrantes da legalidade.

A discricionariedade não pode ser vista como porta para a corrupção, ela é intrínseca a gestão.

Somente pelo parâmetro da legalidade, entendemos que pode o Tribunal exercer atos de comando em matéria de licitações e contratações públicas.

Nesta linha, passamos a verificar as competências específicas do Tribunal para agir sobre as contratações públicas. Verificamos que na ocorrência de impropriedades formais, a Lei nº 14.133/2021 propõe uma abordagem mais comedida do Tribunal, devendo este desempenhar um controle preventivo.

Já no tocante aos atos eivados de ilegalidade, isto é, na análise acerca do parâmetro de legalidade, o Tribunal tem competência para assinar prazo para que o órgão adote providências para sanar a ilegalidade. Nesta linha de raciocínio, na forma da LINDB e da própria Lei nº 14.133/2021, deve-se buscar, primeiramente, o saneamento do procedimento.

Caso as providências recomendadas pelo controle não sejam realizadas, detém o Tribunal a competência constitucional para sustar o ato. Esse entendimento também se mostra compatível com os recentes normativos do próprio TCU, no sentido de buscar ouvir o órgão para a construção de uma deliberação factível de ser implementada pelo órgão administrativo.

É como aponta Binenbojm [551] o movimento pelo qual o direito administrativo contemporâneo experimenta uma transformação radical, estando sob os influxos da razão pragmática. Nesse giro, decisões devem se basear por avaliação das consequências práticas, adaptando-se às exigências locais em um determinado contexto concreto sem necessariamente reverenciar premissas teóricas abstratas.

Nesta linha de raciocínio entendemos que a sustação tem natureza de medida cautelar e que é prevista expressamente na Lei nº 14.133/2021, com prazo certo para sua duração. Já quanto ao contrato, verificamos que a Constituição Federal buscou dar tratamento diferenciado a hipótese de sustação. Da mesma forma, a Lei nº 14.133/2021 exemplificou onze aspectos que devem ser considerados para que possa ser sustado, indicando que o legislador objetivou que esta medida seja utilizada com cautela.

Verificamos, ainda que, pelo posicionamento de algumas decisões proferidas pelo STF, em que pese o TCU, constitucionalmente, não poder sustar contratos diretamente, detém competências para demandar o órgão que o faça, o que na prática acarreta a sustação e que este posicionamento merece ser revisto.

Ainda no âmbito das cautelares, demonstramos que os requisitos do *fumus boni iuris* e do *periculum in mora* são essenciais para adoção de tais medidas, afinal, constituem-se, pelo ordenamento jurídico, em medidas excepcionais. A medida cautelar de afastamento temporário quase não tem sido utilizada pelo Tribunal, por outro lado, a forma como a indisponibilidade de bens tem sido adotada pelo TCU também deve ser revista, especialmente, com as alterações na Lei de Improbidade Administrativa.

Acerca da possibilidade de sancionar, verificamos também, que tanto a LINDB quanto a Lei nº 14.133/2021 trouxeram novos e importantes dispositivos acerca do tema. Em nossa visão a possibilidade de aplicar multa deve ser limitada aos agentes públicos que pratiquem atos *contralegem* e, ainda, quando verificada conduta dolosa ou erro grosseiro.

---

[551] BINENBOIJM, Gustavo. Uma teoria do direito administrativo: direitos fundamentais, democracia e constitucionalização. 3ª. ed. Rio de Janeiro: Renovar, 2014, p. 16.

Já a sanção de inabilitação de empresas para contratar, conforme defendido por Marcia Pelegrini, deveria ficar a cargo do próprio órgão administrativo, afinal este possui autonomia, inclusive, sobre seu pessoal.

Além disso as novas leis visam propor o uso destes instrumentos de maneira razoável e proporcional. Para tanto, a verificação da gravidade do ato praticado, a individualização da conduta, análise dos antecedentes e a determinação para levar em conta os obstáculos e as dificuldades reais do gestor demonstram que a sanção não é fim, é meio, instrumento para evitar a ocorrência de novas ilegalidades e como tal, pode ser inclusive afastado ou utilizado de outros meios para atingir o mesmo fim.

É neste ideal que se sustenta a possibilidade de utilização de termos de compromisso ao órgão e ao agente que infringe a lei. É também a valorização do gestor honesto, mas que nem sempre é devidamente capacitado para o desempenho de suas funções.

Este caminho inverso de empoderar o gestor público e de certa maneira, conter o órgão de controle, pode parecer contraditório, mas não é. Faz parte de uma democracia, tão nova quanto a nossa que, primeiro buscou criar controles e emponderá-los que agora propõe um comportamento mais colaborativo, dialógico, em busca da eficiência. A história nos mostrou que as sanções e condenações não foram o caminho mais eficiente para evitar a corrupção, os desvios e a falta de eficácia na gestão pública.

O bom controle deve cooperar com a gestão na solução dos problemas, levando em consideração as consequências jurídicas e administrativas de suas decisões. Nesta senda, a LINDB também prevê que as decisões não devem ser orientadas por valores abstratos, mas se pautar nos resultados práticos das ações para a sociedade, primando pela eficiência e promoção de bem-estar.

Como verificamos, a própria Corte de Contas tem se mostrado aderente a essa nova tendência, mas as decisões ainda são muito escassas e faltam normativos que propiciem previsibilidade na atuação do órgão e gerem balizas para a adequação comportamental da Administração Pública. É preciso ainda mais: que o TCU atue em prol da Administração Pública; qualquer controle que obste a atividade administrativa, desvirtua-se de seu papel.

Especialmente no âmbito das contratações públicas entendemos que é necessário permitir menos rigidez e maior flexibilidade para que diferentes soluções possam ser encontradas e aplicadas. As necessidades do Estado, especialmente, em âmbito federal, são complexas e exigem soluções arrojadas, sob pena de ficarmos muito aquém do desenvolvimento dos outros países.

Dessa forma, é necessário reconhecer que, por mais que haja um bom planejamento, não é possível ter certeza de sucesso: a tentativa e o erro são partes do processo.

Nosso entendimento decorre também, da verificação de que em matéria de dispêndio de recursos públicos federais, as contratações públicas representam apenas um por cento dos recursos dispendidos anualmente[552].

Assim, em que pese a relevância das contratações públicas, seja pela sua complexidade, grande apelo midiático, ou por envolver uma série de sujeitos – contratantes e contratados, o TCU como guardião dos recursos públicos federais, tem muitos outros dispêndios de recursos públicos para fiscalizar.

Desta forma, entendemos que a competência mais nobre posta ao Tribunal, com o advento da Constituição de 1988, é a análise da eficiência e eficácia das políticas públicas, da dívida pública e dos gastos com pessoal. Cabe ao Tribunal, portanto, especialmente por meio de suas auditorias operacionais e servindo-se dos parâmetros de economicidade e legitimidade, avaliar a efetividade dos gastos públicos à luz dos objetivos almejados e das imposições constantes das leis orçamentárias.

Muito mais útil e eficiente do que avaliar especificamente um processo de compras é verificar se o que se propôs como política pública que originou aquele processo, foi efetivamente alcançado.

O resultado destas avaliações deve servir de base para que o Legislativo aprimore as políticas públicas e práticas administrativas e sirva de subsídio para alocação de recursos na forma das leis orçamentárias e nos planos plurianuais.

Por todo exposto, entendemos que deve haver uma autocontenção da Corte de Contas em matéria de contratações públicas para que a autonomia administrativa constitucionalmente erigida seja preservada e que a concentração de esforços do TCU seja orientada a resultados, no sentido de contribuir

---

[552] O cálculo estimado teve por base o valor de contratos firmados no ano de 2020, R$ 35,54 bilhões comparado com o valor total pago de despesas públicas no mesmo ano, R$ 3,42 trilhões. Informações obtidas no Portal da Transparência. In: http://portaltransparencia.gov.br/contratos?ano=2020.

estrategicamente para a governança de maneira coordenada e, inclusive, que busque fomentar a inovação para que se possa alcançar o desenvolvimento sustentável.

ÍNDICE DE ASSUNTOS

Acórdão
    manifestações - regimento interno, atuação do TCU..........91

Acordo(s)
    possibilidade de celebração - processo de contratação pública..........61

Administração
    agente público - processo para realização de pesquisa de preços..........150
    alerta e recomendação ao servidor - ampla defesa e contraditório..........133
    atos praticados - discricionariedade, requisitos da lei..........138
    contratado particular - prestar contas ao controle externo..........190
    dano, irregularidade - sobrepreço, superfaturamento..........150
    dever de avaliar - fiscalização de controle.....110
    direta e indireta - competência de fiscalização do TCU..........43
    do órgão ou entidade - responsabilidade pela governança das contratações..........100
    esgotamento das medidas administrativas - TCE para ressarcimento do dano..........122
    intimada do prazo razoável - sustação do ato..........160
    limites da discricionariedade - legalidade, apreciação pelo judiciário..........35
    pública federal - Lei nº 9.784/1999, regula o processo administrativo..........79
    pública federal, controle interno - exercido por cada órgão e CGU..........102
    pública, contratação - processo de licitação pelo agente público..........96
    pública, controle - TCU, função de controle.41
    pública, controle interno dar auxílio - modelos de minutas..........101
    pública, função para o controle interno e externo..........20
    TCU circunstâncias de atuação - função de controle..........142

Agente(s)
    da licitação e licitante - legitimidade de preços para prévia para licitação..........150
    de controle, restrição - não impor obrigações ao controlado..........75
    de licitação, gestão de risco e controle preventivo - controle nas contratações públicas..........64
    público, administração - processo para realização de pesquisa de preços..........150
    público, processo de licitação - contratação pela administração pública..........96
    público, responsabilidade pessoal - processo de contratação pública..........61
    públicos - Tribunal de Contas, inconstitucionalidade..........132
    públicos, vinculação - julgados do TCU, caráter abstrato-normativo..........93

Ampla defesa
    e contraditório - alerta e recomendação do órgão ao servidor..........133
    e contraditório - processo do controle externo..........70
    princípios e regras - competência nas licitações do TCU..........57

Anulação
    pelo TC, possibilidade de correção ou não - ato de sustação..........161

Aposentadoria
    Lei nº 9.784/1999 - inaplicabilidade..........81

Arquivamento
    e conclusão do processo - TCE, responsabilidade exclusiva de terceiro....196

Assessoria
    jurídica, gestão de risco e controle preventivo - controle nas contratações públicas..........64

Atividade(s)
    administrativa - princípio da legalidade.........33
    do TCU pela LEI nº 14.133/2021 - acesso irrestrito aos documentos..........153
    e processos, riscos - controle preventivo, vantagem..........99

natureza do órgão - aplicabilidade da Lei nº
    9.784/1999...80
poder do controle - ato controlado.................26
policial - controle externo, conceito...............37

Ato(s)
administrativo regência da Lei nº 14.133/2021
    - atuação discricionária............................144
administrativo, recurso - controle no
    procedimento licitatório..........................111
administrativos - controle da legitimidade ...135
administrativos - controle do comércio exterior,
    conceito..37
administrativos, LINDB julgamento e análise -
    processo de controle.................................59
administrativos, validade - TCU, função
    constitucional..131
controlado - poder da atividade......................26
controle da legalidade - regime jurídico das
    contratações públicas, Lei nº 14.133/2021
   61
da Lei nº 14.133/2021, TCU - limite de
    fiscalização..96
de gestão, legalidade, legitimidade e
    economicidade - julgamento das contas
    anual e fiscalização.................................121
de natureza primária - instrução normativa,
    conceito..89
de sustação - anulação pelo TC, possibilidade de
    correção ou não.......................................161
e contratos para fiscalização, competência do
    Tribunal de Contas - editais publicados .105
formal, fase preparatória - Lei nº 14.133/2021,
    divulgação do edital de licitação...............97
ilegais ou irregulares - TCU, atuação 157
impugnado - TCU, manifestação dos gestores
   155
invalidade, consequências jurídicas - processo
    de contratação pública..............................60
normativos internos - TCU, desempenho das
    atribuições...87
normativos, previsão de consulta - processo de
    contratação pública...................................61
praticados pela administração -
    discricionariedade, requisitos da lei 138
sustação - prazo razoável, administração
    intimada...160
sustação, medida cautelar - manifestação do
    órgão, providências.................................162

Autoridade(s)
do órgão, gestão de risco e controle preventivo -
    controle nas contratações públicas...........64
pública, atuação na segurança jurídica -
    processo de contratação pública...............61
pública, orientação - função do controle
    interno apoia o controle externo -..........101

Bem(ns)
indisponibilidade - medida cautelar,
    ressarcimento ao erário..........................175

Capacitação
dever do TCU - controle nas contratações
    públicas...68
para desempenho das funções pelo tribunal de
    contas - controle nas contratações públicas
   67

CEIS .... v. também Cadastro Nacional de
    Empresas Inidôneas e Suspensas
licitante condenado, tipos de sanção - Lei
    Orgânica do TCU....................................184

Celeridade
na tramitação com garantia da razoável
    duração do processo - competência nas
    licitações do TCU......................................57

Competência
de fiscalização do TCU - entidades da
    administração direta e indireta.................43
do TCU nas licitações - normas jurídicas 56
e desempenho do TCU - auditorias e inspeções
   112
e função do TCU - poderes instrumentais e
    finalidades...43
TCU para apreciação e julgamento das contas -
    previsão na Constituição Federal e Lei
    Orgânica..120
Tribunal de Contas - processar e julgar de
    ofício..69

Competitividade
e transparência - procedimento licitatório,
    apreciação do Tribunal de Contas..........132

Congresso Nacional
atribuição exclusiva - princípio da reserva de
    competência..90
comunicação do Tribunal de Contas -
    suspensão do contrato por ilegalidade....168
e auxílio do TCU - fiscalização contábil,
    financeira e orçamentária..........................38

Constituição Federal
art. 37, XXI - controle das licitações pelo TCU -
    regime jurídico..55

disciplinado - TCU, competência privativa....87
e Lei Orgânica, previsão - TCU para apreciação e julgamento das contas 120
função - divisão dos poderes 31
processo de licitação - contratação pela administração pública 96

Contabilidade
trabalho de auditoria - planejamento e execução do orçamento 113

Contraditório
e ampla defesa - alerta e recomendação do órgão ao servidor 133
e ampla defesa - processo do controle externo 70
princípios e regras - competência nas licitações do TCU 57

Contraprestação
financeira, contratado particular pela administração - prestar contas ao controle externo 193

Contratação
e licitação - critérios de conveniência e oportunidade, escolha do administrador 141
e licitação - normas infralegais, segurança jurídica 83
e licitação, fiscalização pela Lei nº 14.133/2021 - controle do TCU 96
e licitações pelo controle - regime jurídico, parâmetros da legalidade 125
e licitações, controle preventivo pelo Tribunal de Contas - procedimentos ilegais 109
e licitações, legitimidade - princípios da moralidade, impessoalidade, razoabilidade e supremacia do interesse público 134
governança, responsabilidade - órgão ou entidade, alta administração 100
licitação - exercício da função administrativa .32
pela administração pública - processo de licitação pelo agente público 96
prevenir riscos - fiscal do contrato, controle interno dar auxílio 101
pública - controle prévio pelo TCU 102
pública em vigor, norma - Lei nº 14.133/2021, previsão de atuação do órgãos de controle 62
pública, controle - norma infralegais, ordenamento jurídico 82
pública, dano - Tribunal de Contas para exercer seus poderes 123
pública, fiscalização - TCU, atuação pela Lei nº 14.133/2021 123
pública, processo de controle - principais comandos 60
pública, regime jurídico - exercício do controle 53
pública, regime jurídico da Lei nº 14.133/2021 - controle da legalidade dos atos 61
públicas, controle - inovação da lei de licitação 62
públicas, controle pelo TCU - por processo ...69

Contratado
licitante, pessoa física ou jurídica, provocação - Tribunal de Contas pode agir de ofício 98
particular pela administração - prestar contas ao controle externo 190

Contrato(s)
e atos para fiscalização, competência do Tribunal de Contas - editais publicados .105
e licitação, indícios de irregularidades - TCU, realizar diligências nos órgãos 153
e licitações, poder regulamentar - TCU, lei orgânica 85
e licitações, TCU - auditoria por análise global 114
finalizado - controle posterior pela Lei nº 14.133/2021 119
fiscal, controle interno dar auxílio - prevenção de riscos na contratação 101
ou editais, análise pelo TCU - procedimento licitatório 106
suspensão por ilegalidade, Tribunal de Contas - comunicação ao Congresso Nacional 168
sustação pelo Congresso Nacional - TCU, manifestação dos gestores 155

Controle
ato controlado - poder da atividade 26
CF88 - estruturação e função 26
classificação - fiscalização do TCU 97
comércio exterior, conceito - atos administrativos 37
concentrado - inconstitucionalidade, representação dos chefes de poderes 132
da administração pública - TCU, função de controle 41
da legalidade dos atos - regime jurídico das contratações públicas, Lei nº 14.133/2021 61
das contratações públicas - norma infralegais, ordenamento jurídico 82

das licitações pelo TCU - regime jurídico - CF, art. 37, XXI 55
de contratação pública no processo - principais comandos 60
do processo - LINDB, julgamento e análise dos atos administrativos..............59
do TCU - licitação e contratação, fiscalização pela Lei nº 14.133/2021 96
exercício - regime jurídico das contratações públicas 53
exercido na licitação - provocação por pessoa física ou jurídica, ou Tribunal de Contas 111
externo, conceito - atividade de fiscalização...36
externo, concepção histórica - recursos públicos 19
externo, prestar contas - contratado particular pela administração 190
externo, processo - contraditório e ampla defesa 70
fiscalização - administração, dever de avaliar 110
função - TCU circunstâncias de atuação da administração 142
função exercida - fiscalização dos gastos públicos 30
função, caráter pedagógico - controle nas contratações públicas 68
início na Grécia - gastos públicos 19
interno apoia o controle externo, função - orientação da autoridade pública 101
interno da administração pública federal - exercido por cada órgão e CGU 102
interno e externo - função da administração pública 20
interno, conceito - atividade do próprio órgão 36
interno, gestão de risco e controle preventivo - controle nas contratações públicas 64
interno, orientação e inspeção - administrador público 100
judicial, conceito - constitucionalidade e legalidade 37
legitimidade - atos administrativos 135
legitimidade aspecto formal e material 134
licitações e contratações - regime jurídico, parâmetros da legalidade 125
nas contratações públicas - inovação da lei de licitação 62
nas contratações públicas pelo TCU - por processo 69

órgão de, ordenamento jurídico - surgimento no Brasil 21
órgão para fiscalizar e orientar - controle nas contratações públicas 68
órgão, previsão de atuação na Lei nº 14.133/2021 - norma das contratações públicas em vigor 62
órgãos, orientação - súmulas do TCU, garantia da uniformidade 93
pelo TCU - normas jurídicas do processo licitatório 126
posterior pela Lei nº 14.133/2021 - contrato finalizado 119
preventivo e gestão de risco - controle nas contratações públicas 63
preventivo nas licitações e contratações pelo Tribunal de Contas - procedimentos ilegais 109
preventivo pelo TCU - condutas ilegais 110
preventivo, manifestação do órgão - TCU, impropriedades formais 158
preventivo, vantagem - riscos em atividades e processos 99
prévio pelo TCU - contratação pública 102
princípio da economicidade - variações custo benefício 145
procedimento licitatório - ato administrativo, recurso 111
repressivo, TCU - ressarcimento ao erário, LINDB 154
responsabilidade - gestão financeira, fiscal e patrimonial 119
social, conceito - população e a sociedade civil 36
tipos - função administração 36

CPC ....v. também Código de Processo Civil
aplicação subsidiária e supletiva - Tribunal de Contas 76
decisões - LINDB, segurança jurídica 78
subsidiariamente - TCU deve motivar entendimento divergente 92

Critério(s)
de conveniência e oportunidade, escolha do administrador - licitação e contratação...141
e limite máximo - multa em caso de dano....181
e parâmetros de fiscalização - controle nas contratações públicas 65

Dano
à administração, irregularidade - sobrepreço, superfaturamento 150

ao erário - ressarcimento 195
contratação pública - Tribunal de Contas para
    exercer seus poderes 123
multa - fixou critério e limite máximo 181
ressarcimento pela TCE - administração
    esgotamento das medidas administrativas
    123

Declaração
de inidoneidade, tipos de sanção - Lei Orgânica
    do TCU 183

Denúncia
-objetivo para representação - TCU do
    regimento interno 116

Desempenho
e competência do TCU - auditorias e inspeções
    112

Devido processo legal
princípios e regras - competência nas licitações
    do TCU 57

Diligência(s)
nos órgãos pelo TCU - licitação e contratos,
    indícios de irregularidades 153

Discricionariedade
requisitos da lei - atos praticados pela
    administração 138

Divulgação
do edital de licitação, Lei nº 14.133/2021 - ato
    formal, fase preparatória 97

Documento(s)
acesso irrestrito - atividades do TCU pela LEI
    nº 14.133/2021 153

Economicidade
atos de gestão - julgamento das contas anual e
    fiscalização 121
custo benefício pelo Tribunal de Contas -
    procedimento, licitação 146
princípio para atuação da fiscalização - controle
    nas contratações públicas 67
princípio, controle - variações custo benefício
    145

Edital
de licitação, divulgação pela Lei nº
    14.133/2021 - ato formal, fase preparatória
    97
ou contratos, análise pelo TCU - procedimento
    licitatório 106
publicados - Tribunal de Contas, fiscalização
    dos atos e contratos 105

Eficácia
princípio para atuação da fiscalização - controle
    nas contratações públicas 67

Eficiência
garantia da razoável duração do processo -
    competência nas licitações do TCU 57
princípios e regras - competência nas licitações
    do TCU 57

Entidade(s)
ou órgão, alta administração - responsabilidade
    pela governança das contratações 100
ou órgão, prazo do TCU - ilegalidade de
    despesa ou irregularidade de contas 159

Fase(s)
preparatória, ato formal - Lei nº 14.133/2021,
    divulgação do edital de licitação 97

Fiscal
do contrato, controle interno dar auxílio -
    prevenção de riscos na contratação 101

Fiscalização
atividade - controle externo, conceito 36
atuação para aplicação dos princípios - controle
    nas contratações públicas 66
competência do TCU - entidades da
    administração direta e indireta 43
contábil, financeira e orçamentária - Congresso
    Nacional e auxílio do TCU 38
controle - recursos públicos 19
critérios e parâmetros - controle nas
    contratações públicas 65
de controle - administração, dever de avaliar
    110
dos atos e contratos, competência do Tribunal
    de Contas - editais publicados 105
dos gastos públicos - controle, função exercida
    30
função - Tribunal de Contas, auditorias e
    inspeções 98
julgamento da contas anual - legalidade,
    legitimidade e economicidade dos atos de
    gestão 121
licitação e contratação, Lei nº 14.133/2021 -
    controle do TCU 96
limites - TCU, atos da Lei nº 14.133/2021 ... 96
procedimento - inspeção 114
TCU - classificação do controle 97
unidade técnica - regimento interno,
    procedimento do dano ao erário 153

Função

administração - tipos de controle 36
administrativa - contratação, licitação 32
administrativa - poderes, executivo, legislativo e
    judiciário 32
administrativa atípica do TCU - administrativa
    e jurisdicional 51
administrativa do TCU - competência
    discricionária 87
constitucional do TCU - validade dos atos
    administrativos 131
controle interno apoia o controle externo -
    orientação da autoridade pública 101
de controle - TCU circunstâncias de atuação da
    administração 142
de controle, TCU - da administração pública 41
divisão dos poderes - Constituição Federal 31
do controle, caráter pedagógico - controle nas
    contratações públicas 68
e competência do TCU - poderes instrumentais
    e finalidades 43
estatal do TCU - exercício difuso 45
estatal do Tribunal de Contas - administrativa e
    jurisdicional 48
exercida no controle - fiscalização dos gastos
    públicos 30
fiscalizadora - Tribunal de Contas, auditorias e
    inspeções 98
poder judiciário - conflitos de interesse 44

Gestão
administrativa - TCU, proteção ao erário
    público 144
administrativa, autonomia - juízo de
    conveniência e oportunidade 104
de risco e controle preventivo - controle nas
    contratações públicas 63
financeira, fiscal e patrimonial -
    responsabilidade do controle 119
pública, normas - TCU no exercício do
    controle pela LINDB 120
pública, normas para o gestor - processo de
    contratação pública 60

Gestor
público, abuso no exercício – apurado pelo
    Tribunal de Contas 150
TCU concede manifestação - adoção de
    procedimentos 154

Governança
das contratações, responsabilidade - órgão ou
    entidade, alta administração 100

Ilegalidade
de despesa ou irregularidade de contas - prazo
    do TCU para órgão ou entidade 159
de despesa, responsabilidade - TCU,
    manifestação dos gestores 155

Impedimento
ou suspeição, tribunal de Contas - exceções
    dilatórias, irregularidade da citação 192

Impessoalidade
princípios - legitimidade nas licitações e
    contratações 134
princípios e regras - competência nas licitações
    do TCU 57

Inabilitação
do responsável, tipos de sanção - Lei Orgânica
    do TCU 182

Inidoneidade
declaração, tipos de sanção - Lei Orgânica do
    TCU 183

Instrução normativa
conceito - atos de natureza primária 89
público externo - regimento interno do TCU 88

Intimação
da administração do prazo razoável - sustação
    do ato 160

Irregularidade
abusos apurados - TCU, manifestação dos
    gestores 155
de contas ou ilegalidade de despesa - prazo do
    TCU para órgão ou entidade 159
para suspensão - inovação do prazo na Lei nº
    14.133/2021 para o Tribunal de Contas
    166
prevenir, corrigir - prazos para adoção das
    medidas 156

Irregularidade(s)
indícios, licitação e contratos - TCU, realizar
    diligências nos órgãos 153

Isonomia
princípio para atuação da fiscalização - controle
    nas contratações públicas 67

Julgados
do TCU, caráter abstrato-normativo - agentes
    públicos, vinculação 93

Julgamento
contas anual e fiscalização - legalidade,
    legitimidade e economicidade dos atos de
    gestão 121

Justificativa(s)

razões - multa, recusa pelo TCU 155
Legalidade
apreciação pelo judiciário - administração, limites da discricionariedade 35
atos de gestão - julgamento das contas anual e fiscalização..121
dos atos, controle - regime jurídico das contratações públicas, Lei nº 14.133/2021 61
parâmetros, regime jurídico - controle das licitações e contratações -........................126
princípio - atividade administrativa 33
princípios e regras - competência nas licitações do TCU...57
Legitimidade
atos de gestão - julgamento das contas anual e fiscalização..121
controle - aspecto formal e material.............134
dos preços para prévia para licitação - licitante e agente da licitação..................................150
licitações e contratações - princípios da moralidade, impessoalidade, razoabilidade e supremacia do interesse público.............134
parâmetro de divergência - TCU, atuação ...138
Lei nº 8.112/1990
princípio da hierarquia - ordenamento jurídico do servidor 84
Lei nº 9.784/1999
aplicabilidade - natureza da atividade do órgão 80
regula o processo administrativo - administração pública federal..................79
Lei nº 14.133/2021
atos do TCU - limites de fiscalização 96
atuação do TCU - fiscalização na contratação pública 123
-controle posterior - contrato finalizado.......119
divulgação do edital de licitação - ato formal, fase preparatória...97
fiscalização da licitação e contratação - controle do TCU...96
inovação do prazo para o Tribunal de Contas - mérito de irregularidade para suspensão 165
previsão de atuação do órgãos de controle - norma das contratações públicas em vigor 62
regência, atos administrativos - atuação discricionária..144
regime jurídico das contratações públicas - controle da legalidade dos atos................61

Lei nº 8.666/1993
e Lei nº 14.133/2021 - regime de transição das contratações públicas...............................62
Lei orgânica
e Constituição Federal, previsão - TCU para apreciação e julgamento das contas........120
e normas subsidiárias - processo conduzido pelo Tribunal de Contas 71
e regimento interno do Tribunal de Contas - organização administrativa e judiciária.....72
TCU - licitações e contratos, poder regulamentar...85
TCU - tipos de sanção 180
Licitação
competência do TCU - normas jurídicas 56
controle exercido - provocação por pessoa física ou jurídica, ou Tribunal de Contas........111
controle pelo TCU - regime jurídico - CF, art. 37, XXI..55
e contratação - critérios de conveniência e oportunidade, escolha do administrador 141
e contratação, fiscalização pela Lei nº 14.133/2021 - controle do TCU..............96
e contratações - normas infralegais, segurança jurídica 83
e contratações pelo controle - regime jurídico, parâmetros da legalidade 125
e contratações, controle preventivo pelo Tribunal de Contas - procedimentos ilegais 109
e contratações, legitimidade - princípios da moralidade, impessoalidade, razoabilidade e supremacia do interesse público.............134
e contratos, indícios de irregularidades - TCU, realizar diligências nos órgãos................153
e contratos, poder regulamentar - TCU, lei orgânica..85
e contratos, TCU - auditoria por análise global 114
edital divulgado pela Lei nº 14.133/2021 - ato formal, fase preparatória 97
estabelecido em lei - regulamentação de processos interno 83
exercício da função administrativa 32
legitimidade dos preços - licitante e agente da licitação...150
normas - TCU legislar privativamente 92
procedimento - economicidade, custo benefício pelo Tribunal de Contas 146

procedimento - editais ou contratos, análise pelo TCU...106
procedimento - suspensão cautelar, Tribunal de Contas...165
procedimento, apreciação do Tribunal de Contas - transparência e competitividade 132
processo pelo agente público - contratação pela administração pública 96

Licitante
condenado, tipos de sanção - Lei Orgânica do TCU...184
contratado, pessoa física ou jurídica, provocação - Tribunal de Contas pode agir de ofício 98

Licitante(s)
e agente da licitação e - legitimidade de preços para prévia para licitação........................150

Limite(s)
de fiscalização - TCU, atos da Lei nº 14.133/2021...96
máximo e critérios - multa em caso de dano 181

LINDB .... v. também Normas do Direito Brasileiro
adoção nos processos - TCU, responsabilidade financeira, dolo e culpa............................60
aplicação de normas - Tribunal de Contas, orientação para reincidências em condutas irregulares...109
controle nas contratações públicas - inovação da lei de licitação.......................................62
critérios e parâmetros de fiscalização - controle nas contratações públicas..........................65
fiscalização, atuação para aplicação dos princípios - controle nas contratações públicas..66
julgamento e análise dos atos administrativos - processo de controle................................59
norma legal - processo de controle................58
processo do controle externo x processo de controle..71
ressarcimento ao erário - TCU, controle repressivo 154
segurança jurídica - decisões no CPC 78
TCU no exercício do controle - normas sobre gestão pública..119

Magistrado
término das funções - prestação de contas, concepção histórica....................................20

Medida
cautelar ou oitiva do órgão - grave lesão ao erário..161
cautelar, sustação do ato - manifestação do órgão, providências 162

Medida cautelar
do TCU - afastamento do responsável ou indisponibilidade de bens 173
grave lesão ao erário - TCU, manifestação dos gestores..155
legitimidade ativa - assegurar a eficácia da decisão...173
ressarcimento ao erário - indisponibilidade de bens...175
tribunal contra o particular 197

Militar(s) .... v. também reforma, pensão, ordenador de despesa, agente público

Modelo(s)
de minutas - controle interno dar auxílio à administração pública 101

Moralidade
princípios - legitimidade nas licitações e contratações...134
princípios e regras - competência nas licitações do TCU...57

Multa
e ressarcimento - responsabilidade do órgão, perda do prazo do TCU 164
e sanção aos particulares - Tribunal de Contas, poder sancionador 201
em caso de dano - fixou critério e limite máximo 181
recusa pelo TCU - razões de justificativa......155
tipos de sanção - Lei Orgânica do TCU........180

Norma(s)
das contratações públicas em vigor - Lei nº 14.133/2021, previsão de atuação do órgãos de controle......................................62
de conteúdo, regime de transição - processo de contratação pública..................................61
de licitações - TCU legislar privativamente....92
gestão pública para o gestor - processo de contratação pública..................................60
infralegais, ordenamento jurídico - controle das contratações públicas 82
infralegais, secundárias - não gera direitos e nem obrigações 81
infralegais, segurança jurídica - licitações e contratações...83

infralegais, TCU - ordenamento jurídico na licitação..83
jurídicas, processo licitatório - controle pelo TCU...126
sobre gestão pública - TCU no exercício do controle pela LINDB..............................120
subsidiárias e lei orgânica - processo conduzido pelo Tribunal de Contas 71

Órgão(s)
alerta e recomendação ao servidor - ampla defesa e contraditório.............................133
autônomos da União - tripartite, divisão de poderes..27
de controle, fiscalizar e orientar - controle nas contratações públicas..............................68
de controle, ordenamento jurídico - surgimento no Brasil 21
de controle, orientação - súmulas do TCU, garantia da uniformidade 93
de controle, previsão de atuação na Lei nº 14.133/2021 - norma das contratações públicas em vigor 62
efetividade - sanção aplicada pelo TCU 189
independente, criação do tribunal de contas - exame das contas públicas 23
manifestação, controle preventivo - TCU, impropriedades formais 158
manifestação, providências - medida cautelar, sustação do ato...163
oitiva ou medida cautelar - grave lesão ao erário 161
ou entidade, alta administração - responsabilidade pela governança das contratações..100
ou entidade, prazo do TCU - ilegalidade de despesa ou irregularidade de contas 159
responsabilidade, perda do prazo do TCU - multa e ressarcimento 163
TCU para apurar diligências - licitação e contratos, indícios de irregularidades 153

Pagamento(s)
ordem cronológica - justifica alteração..........101

Parâmetro(s)
e critérios de fiscalização - controle nas contratações públicas 65

Pensão
Lei nº 9.784/1999 - inaplicabilidade 81

Pesquisa(s)
de preços, processo - Administração, agente público 150

Pessoa física
ou jurídica, licitante, contratado, provocação - Tribunal de Contas pode agir de ofício....98
ou jurídica, ou Tribunal de Contas por provocação - controle exercido na licitação 111

Pessoa jurídica
ou física, licitante, contratado, provocação - Tribunal de Contas pode agir de ofício....98
ou física, ou Tribunal de Contas por provocação - controle exercido na licitação 111

Planejamento
e execução do orçamento - contabilidade, trabalho de auditoria..............................113

Prazo(s)
adoção das medidas - prevenir, corrigir irregularidade...156
análise da ilegalidade - TCU, manifestação dos gestores...154
compatível, inovação pelo TCU - implementação de medidas 156
do afastamento do responsável pelo TCU - responsabilidade solidária 174
do TCU, perda, responsabilidade do órgão - multa e ressarcimento 164
inovação da Lei nº 14.133/2021 para o Tribunal de Contas - mérito de irregularidade para suspensão 165
razoável, administração intimada - sustação do ato..160
TCU do para órgão ou entidade - ilegalidade de despesa ou irregularidade de contas ..159

Preço(s)
legitimidade para prévia para licitação - licitante e agente da licitação..................150
processo para realização de pesquisa - Administração, agente público...............150
sobrepreço, superfaturamento - irregularidade, dano à administração 149

Prestação de contas
concepção histórica - magistrados, término das funções...20

Princípio(s)
controle nas contratações públicas - inovação da lei de licitação..62
da economicidade, controle - variações custo benefício...145

da hierarquia, Lei nº 8.112/1990 - ordenamento jurídico do servidor 84
da moralidade, impessoalidade, razoabilidade e supremacia do interesse público - legitimidade nas licitações e contratações 134
da reserva de competência - atribuição exclusiva do Congresso Nacional 90
devido processo legal, do contraditório e ampla defesa - competência nas licitações do TCU 57
e regras, garantia de zelo pelo estado - competência nas licitações do TCU 57
eficácia, economicidade, razoabilidade, isonomia e transparência - atuação da fiscalização - controle nas contratações públicas 67
gerais - processo de contratação pública.........60
legalidade - atividade administrativa 33
legalidade, impessoalidade, moralidade, publicidade e eficiência - competência nas licitações do TCU 57
supremacia do interesse público - controle da legitimidade..135

Procedimento(s)
adoção - TCU, manifestação dos gestores 154
controle nas contratações públicas - inovação da lei de licitação 62
dano ao erário, regimento interno - fiscalização, unidade técnica...153
de fiscalização - inspeção..............................114
especial, TCE - apurar contas de prejuízo ao erário...122
ilegais - licitações e contratações, controle preventivo pelo Tribunal de Contas.......109
licitação - economicidade, custo benefício pelo Tribunal de Contas 146
licitatório - editais ou contratos, análise pelo TCU...106
licitatório - suspensão cautelar, Tribunal de Contas..165
licitatório, apreciação do Tribunal de Contas - transparência e competitividade.............132
licitatório, controle - ato administrativo, recurso 111

Processo
administrativo - TCE para identificação do responsável..122

administrativo, regulado pela Lei nº 9.784/1999 - administração pública federal 79
adoção da LINDB - TCU, responsabilidade financeira, dolo e culpa............................60
benefícios indevidos e prejuízos anormais - processo de contratação pública...............61
conclusão e arquivamento - TCE, responsabilidade exclusiva de terceiro 196
conduzido pelo Tribunal de Contas - lei orgânica e normas subsidiárias 71
controle de contratação pública - principais comandos...60
controle externo - contraditório e ampla defesa 70
controle nas contratações públicas pelo TCU 69
de controle - LINDB, julgamento e análise dos atos administrativos.................................59
de licitação pelo agente público - contratação pela administração pública.......................96
e atividades, riscos - controle preventivo, vantagem..99
eficiência n garantia razoável de duração - competência nas licitações do TCU 57
licitatório, norma jurídicas - controle pelo TCU...126
para realização de pesquisa de preços - Administração, agente público................150

Publicação
edital - Tribunal de Contas, fiscalização dos atos e contratos 105

Publicidade
princípios e regras - competência nas licitações do TCU..57

Razoabilidade
princípio para atuação da fiscalização - controle nas contratações públicas.........................67
princípios - legitimidade nas licitações e contratações..134

Recurso(s)
ato administrativo - controle no procedimento licitatório...111
de tecnologia da informação - controle nas contratações públicas................................64
públicos - prestação de contas anual 121

Reforma
Lei nº 9.784/1999 - inaplicabilidade 81

Regime

de transição das contratações públicas - Lei nº 8.666/1993 e Lei nº 14.133/2021............62
jurídico das contratações públicas - exercício do controle....................53
jurídico das contratações públicas, Lei nº 14.133/2021 - controle da legalidade dos atos....................61
jurídico, controle das licitações pelo TCU - CF, art. 37, XXI....................55

Regimento interno
atuação do TCU - manifestações por meio de acórdãos....................91
do TCU - instruções normativas, público externo....................88
do TCU - objetivo da denúncia, representação....................116
e lei orgânica do Tribunal de Contas - organização administrativa e judiciária.....72
elaborado pelo TCU - natureza jurídica.........74
procedimento do dano ao erário - fiscalização, unidade técnica....................153
Tribunal de Contas - ritos processuais...........75

Regra(s)
e princípios, garantia de zelo pelo estado - competência nas licitações do TCU.........57

Representação
objetivo da denúncia - regimento interno do TCU....................116

Requisito(s)
da lei, discricionariedade - atos praticados pela administração....................138

Reserva de competência
princípio - atribuição exclusiva do Congresso Nacional....................90

Responsabilidade
controle - gestão financeira, fiscal e patrimonial....................119
controle preventivo - controle interno..........100
do órgão, perda do prazo do TCU - multa e ressarcimento....................163
exclusiva de terceiro, TCE - conclusão do processo e arquivamento....................196
financeira, dolo e culpa, TCU - adoção da LINDB nos processos....................60
identificação para TCE - processo administrativo....................122
ilegalidade de despesa - TCU, manifestação dos gestores....................155

pela governança das contratações - órgão ou entidade, alta administração....................100
solidária - prazo do afastamento do responsável pelo TCU....................174

Ressarcimento
ao erário, LINDB - TCU, controle repressivo 154
ao erário, medida cautelar - indisponibilidade de bens....................175
ao erário, TCE - desvio de irregularidades ...122
dever - dano e prejuízo....................195
do débito - TCU, manifestação dos gestores 155
particular sem vínculo com Administração - prestar contas....................191

Restrição
declaração de inidoneidade, tipos de sanção - Lei Orgânica do TCU....................183

Risco(s)
na contratação, prevenção - fiscal do contrato, controle interno dar auxílio....................101

Sanção
aplicação pelo TCU - apuração dos fatos e identificação da autoria....................180
aplicadas pelo TCU - efetividade do órgão ..189
obrigação de reparar o dano - competência nas licitações do TCU....................57
tipos - Lei Orgânica do TCU....................180
tipos, restrição com a declaração de inidoneidade - Lei Orgânica do TCU 183

Sanção e multa aos particulares - Tribunal de Contas, poder sancionador....................201

Servidor
alerta e recomendação do órgão - ampla defesa e contraditório....................133
gestão de risco e controle preventivo - controle nas contratações públicas....................64
ordenamento jurídico - Lei nº 8.112/1990, princípio da hierarquia....................84

Sobrepreço
superfaturamento - irregularidade, dano à administração....................149

Súmulas
do TCU, garantia da uniformidade - orientação dos órgãos de controle....................93

Superfaturamento
sobrepreço - irregularidade, dano à administração....................150

Supremacia do interesse público

princípios - controle da legitimidade 135
princípios - legitimidade nas licitações e
contratações..134
Suspeição
ou impedimento, tribunal de Contas - exceções
dilatórias, irregularidade da citação........192
Suspensão
cautelar, Tribunal de Contas - procedimento
licitatório..165
do contrato por ilegalidade, Tribunal de
Contas - comunicação ao Congresso
Nacional..168
mérito de irregularidade - inovação do prazo na
Lei nº 14.133/2021 para o Tribunal de
Contas..166
**TCE..............v. também Tomada de Contas
Especial**
identificação do responsável - processo
administrativo 122
montante do débito - indisponibilidade de
bens..177
procedimento especial - apurar contas de
prejuízo ao erário 122
responsabilidade exclusiva de terceiro -
conclusão do processo e arquivamento ..196
ressarcimento ao erário - desvio de
irregularidades...122
ressarcimento do dano - administração
esgotamento das medidas administrativas
....123
**TCU ....v. também Tribunal de Contas da
União**
análise dos editais ou contratos - procedimento
licitatório...106
aplicação de normas de licitações - legislar
privativamente..92
apreciação e julgamento das contas - previsão
na Constituição Federal e Lei Orgânica .120
atividades pela LEI nº 14.133/2021 - acesso
irrestrito aos documentos.........................153
atos da Lei nº 14.133/2021 - limite de
fiscalização..96
atuação - atos ilegais ou irregulares 157
atuação - oportunidade, materialidade,
relevância e risco 119
atuação - parâmetro da legitimidade,
divergência 138
atuação pela Lei nº 14.133/2021 - fiscalização
na contratação pública............................123

atuação prevista no regimento interno -
manifestações por meio de acórdãos 91
auxiliando o Congresso Nacional - fiscalização
contábil, financeira e orçamentária..........38
circunstâncias de atuação da administração -
função de controle..................................142
competência - jurisdição especial 50
competência de fiscalização - entidades da
administração direta e indireta.................43
competência nas licitações - normas jurídicas 56
competência privativa - disciplinado pela
constituição Federal 87
controle - licitação e contratação, fiscalização
pela Lei nº 14.133/2021...........................96
controle - normas jurídicas do processo
licitatório..126
controle nas contratações públicas - por
processo..69
controle preventivo - condutas ilegais...........110
controle prévio - contratação pública............102
controle repressivo - ressarcimento ao erário,
LINDB..154
decisões acatadas - ônus decorrente 92
desempenho e competência - auditorias e
inspeções..112
dever de capacitação - controle nas
contratações públicas 68
elaboração de regimento interno - natureza
jurídica..74
fiscalização - classificação do controle............97
função administrativa - competência
discricionária..87
função constitucional - validade dos atos
administrativos.......................................131
função de controle - da administração pública
....41
função e competência - poderes instrumentais e
finalidades..43
impropriedades formais - controle preventivo,
manifestação do órgão............................158
inovação, prazo compatível - implementação de
medidas 156
integração do CEIS, tipos de sanção - Lei
Orgânica do TCU 184
julgados, caráter abstrato-normativo - agentes
públicos, vinculação 93
julgar contas - prejuízo ao erário 43
jurisdição em todo território 43
lei orgânica - licitações e contratos, poder
regulamentar 85
Lei Orgânica - tipos de sanção 180

licitações e contratos - auditoria por análise global.........114
manifestação dos gestores - adoção de procedimentos.........154
medida cautelar, ressarcimento ao erário - indisponibilidade de bens.........176
motivar entendimento divergente - subsidiariamente o CPC.........92
no exercício do controle pela LINDB - normas sobre gestão pública.........119
normas infralegais - ordenamento jurídico na licitação.........83
órgão de assessoramento - função desempenhada.........38
personalidade jurídica - compõem a administração pública direta.........39
prazo do afastamento do responsável - responsabilidade solidária.........174
prazo para órgão ou entidade - ilegalidade de despesa ou irregularidade de contas.........159
proteção ao erário público - gestão administrativa.........144
realizar diligências nos órgãos - licitação e contratos, indícios de irregularidades.........153
recusa gera multa - razões de justificativa.........155
regimento interno - instruções normativas, público externo.........88
regimento interno - objetivo da denúncia, representação.........116
responsabilidade do órgão, perda do prazo - multa e ressarcimento.........163
responsabilidade financeira, dolo e culpa - adoção da LINDB nos processos.........60
sanção aplicada - efetividade do órgão.........189
sanção, aplicação pelo - apuração dos fatos e identificação da autoria.........180
súmulas, garantia da uniformidade - orientação dos órgãos de controle.........93

Transparência
e competitividade - procedimento licitatório, apreciação do Tribunal de Contas.........132
princípio para atuação da fiscalização - controle nas contratações públicas.........67

Tribunal de Contas
agir de ofício - provocação do licitante contratado, pessoa física ou jurídica.........98
apreciação do procedimento licitatório - transparência e competitividade.........132
apurar abusos no exercício - gestores públicos.........150

auditorias e inspeções - função fiscalizadora..98
capacitação para desempenho das funções - controle nas contratações públicas.........67
competência - processar e julgar de ofício.........69
controle preventivo nas licitações e contratações - procedimentos ilegais.........109
CPC - aplicação subsidiária e supletiva.........76
criação - exame das contas públicas.........23
economicidade, custo benefício - procedimento, licitação.........146
fiscalização dos atos e contratos - editais publicados.........105
função estatal - administrativa e jurisdicional 48
impedimento ou suspeição - exceções dilatórias, irregularidade da citação.........192
instrumento de análise - irregularidade ou ilegalidade.........118
lei orgânica e regimento interno - organização administrativa e judiciária.........72
natureza quase jurisdicional.........47
orientação para reincidências em condutas irregulares - LINDB, aplicação de normas.........109
ou pessoa física ou jurídica por provocação - controle exercido na licitação.........111
para exercer seus poderes - dano na contratação pública.........123
poder sancionador - multa e sanção aos particulares.........201
processo conduzido - lei orgânica e normas subsidiárias.........71
regimento interno - obrigações que interfiram na rotina dos órgãos.........75
regimento interno - ritos processuais.........75
regimento interno - vedada a imposição de normas.........75
suspensão cautelar - procedimento licitatório.........165
suspensão do contrato por ilegalidade - comunicação ao Congresso Nacional.........168

Tripartite
divisão de poderes - órgãos autônomos da União.........27

União
órgãos autônomos - tripartite, divisão de poderes.........27

Vantagem(ns)
controle preventivo - riscos em atividades e processos.........99

REFERÊNCIAS

ABBOUD, Georges. Discricionariedade administrativa e judicial: o ato administrativo e a decisão judicial. São Paulo, Revista dos Tribunais, 2014.

ALEJARRA, Luís Eduardo Oliveira. A criação do Tribunal de Contas na história constitucional brasileira. Jus.com.br, abr. 2014. Disponível em: <https://jus.com.br/artigos/27898/a-criacao-do-tribunal-de-contas-na-historiaconstitucional-brasileira>. Acesso em: 18 abr. 2021.

ALENCAR, Walton. O dano causado ao erário por particular e o instituto da tomada de contas especial. Publicado na Revista do TCU em 1998-07-01 Edição n. 77 (1998). Disponível em: <https://revista.tcu.gov.br/ojs/index.php/RTCU/article/view/1249/1301>Acesso em: 30 out. 2021.

ALVES, Francisco Sérgio Maia. Controle corretivo de contratos de obras públicas efetuado pelo TCU e pelo Congresso Nacional: marco jurídico e análise empírica de sua eficácia. 2016. 201 f. Dissertação (Mestrado em Direito) - Instituto CEUB de Pesquisa e Desenvolvimento, Centro Universitário de Brasília, Brasília, 2016.

AMARAL, Diogo Freitas do. Curso de Direito Administrativo. 5ª ed. Portugal: Almedina, 2015.

_____. Curso de Direito Administrativo. 16ª ed. RJ: Forense, 2017.

AMORIM, Victor Aguiar Jardim de. Administração Pública e o realismo jurídico: o direito é aquilo que o TCU diz que é em matéria de licitações e contratos?. Revista Jus Navigandi, ISSN 1518-4862, Teresina, ano 23, n. 5616, 16 nov. 2018. Disponível em: <https://jus.com.br/artigos/68009>. Acesso em: 21 jul. 2021.

ARAGÃO, Alexandre dos Santos. Curso de Direito Administrativo. Rio de Janeiro: Forense, 2012.

ARAÚJO, Marcos Valério. Tribunal de Contas: o controle de governo democrático – histórico e perspectivas. Brasília: TCU, 1993.

ARAUJO, Thiago Cardoso; FERREIRA, Fernando; TEIXEIRA, Daniella Felix. O poder geral de cautela do TCU e a nova lei de licitações. Migalhas, 18 mai. 2021. Disponível em: <https://www.migalhas.com.br/depeso/345640/o-poder-geral-de-cautela-do-tcu-e-a-nova-lei-de-licitacoes>. Acesso em: 21 out. 2021.

ARISTÓTELES. A Política. Trad. Roberto Leal Ferreira, São Paulo: Martins Fontes, 2002.

ASSI, M. Controles internos e cultura organizacional: como consolidar a confiança na gestão dos negócios. 2. ed. São Paulo: Saint Paul, 2014.

AVILA, Humberto. O que é devido processo legal? Revista de Processo. São Paulo, ano 33, v. 163, p. 51-59, set. 2008.

BANDEIRA DE MELLO, Celso Antônio. Curso de direito administrativo. 34ª ed. São Paulo: Malheiros, 2019.

_____. Função controlada do Tribunal de Contas. Revista de direito público, v. 25, n. 99, p. 160-166, jul./set. 1991.

_____. Funções do Tribunal de Contas. Revista de Direito Público, Brasília, DF, v. 17, n. 72, p. 133-150, 1984.

_____. Discricionariedade e controle jurisdicional. São Paulo: Malheiros, 1992.

_____. O conteúdo do regime jurídico-administrativo e seu valor metodológico. Revista de Direito Público, São Paulo, Revista dos Tribunais, v. 2, p. 48, 1967.

_____. O enquadramento constitucional do Tribunal de Contas. In: FREITAS, Ney José de (Org.). Tribunais de Contas: Aspectos polêmicos: estudos em homenagem ao Conselheiro João Féder. Belo Horizonte: Fórum, 2009. p. 63-72.

_____. O Tribunal de Contas e sua jurisdição. Revista do Tribunal de Contas do Município de São Paulo, v. 12, n. 38, p. 20-28, ago. 1983.

BARBOSA, Antonio Beclaute Costa. A legitimidade do gasto governamental no Brasil as condições de possibilidade do controle externo pelo Tribunal de Contas da União após a Constituição Federal de 1988. São Paulo: Editora Edgard Blücher Ltda., 2020.

BARROS, Lucivaldo Vasconcelos. TCU: Presença na história nacional. In: Brasil. Tribunal de Contas da União. Prêmio Serzedello Corrêa 1998: Monografias Vencedoras. Brasília: TCU, Instituto Serzedello Corrêa, 1999, p. 221-280.

BARROSO, Luís Roberto. Interpretação e aplicação das normas da Constituição. São Paulo: Editora Saraiva, 7ª edição, 2009.

_____. Temas de direito constitucional. 2ª edição. Rio de Janeiro: Renovar, 2006. t. I.

_____. Tribunais de Contas: algumas incompetências. Revista de Direito Administrativo 203, p. 131-140.

BARROSO, Luís Roberto. A constitucionalização do direito e suas repercussões no âmbito administrativo. In: ARAGÃO, Alexandre Santos de; MARQUES NETO, Floriano de Azevedo (Coord.). Direito administrativo e seus novos paradigmas. Belo Horizonte: Fórum, 2012, p. 31-63.

BARROSO, Luís Roberto. O controle de constitucionalidade no direito brasileiro. 7ª edição. Rio de Janeiro: Saraiva, 2016.

BATISTA JÚNIOR, Onofre Alves; CAMPOS, Sarah. A Administração Pública consensual na modernidade líquida. Fórum Administrativo – FA, Belo Horizonte, ano 14, nº 155, jan. 2014, p. 38. Disponível em: http://www.bidforum.com.br/PDI0006.aspx?pdiCntd=98989. Acesso em: 30 set. 2021.

BINENBOJM, Gustavo. Uma teoria do direito administrativo: direitos fundamentais, democracia e constitucionalização. 3ª edição. Rio de Janeiro: Renovar, 2014.

BONAVIDES, Paulo. Do Estado liberal ao Estado social. 5ª edição. Belo Horizonte: Del Rey, 1993.

BRASIL. Constituição da República Federativa do Brasil de 1988. Disponível em:< http://www.planalto.gov.br/ccivil_03/constituicao/constitui%C3%A7ao.htm>. Acesso em: 4 ago. 2021.

BRASIL. Lei nº 8.443 de 16 de junho de 1992. Lei Orgânica do Tribunal de Contas da União. Brasília, DF: Presidência da República. Disponível em:

<http://www.planalto.gov.br/ccivil_03/leis/L8443.htm>. Acesso em 25 de abril de 2021.

BRASIL. Lei nº 13.655, de 2018. Inclui no Decreto-Lei nº 4.657, de 4 de setembro de 1942 (Lei de Introdução às Normas do Direito Brasileiro), disposições sobre segurança jurídica e eficiência na criação e na aplicação do direito público.

BRITTO, Carlos Ayres. O regime constitucional dos Tribunais de Contas. In: FÓRUM BRASILEIRO DE CONTROLE DA ADMINISTRAÇÃO PÚBLICA, 9ª edição., Rio de Janeiro, 22-23 ago. 2013.

_____. O papel do novo Tribunal de Contas. I Encontro Técnico dos Tribunais de Contas – Norte e Nordeste do Brasil. João Pessoa, PB. Ano 2010.

_____. Distinção entre 'Controle Social do Poder' e 'Participação Popular'. Revista de Direito Administrativo. Rio de Janeiro: Renovar, n. 189, p. 115, 1992.

BUGARIN, Bento José. O controle Externo no Brasil: evolução, características e perspectivas. Revista do TCU, Brasília, DF, v. 31, n. 86, 2000. Disponível em https://revista.tcu.gov.br/ojs/index.php/RTCU/article/view/954/1018. Acesso em: 29 mar. 2021.

BUGARIN, Paulo Soares. O princípio constitucional da eficiência: um enfoque doutrinário multidisciplinar. Revista do TCU, Brasília, DF, v. 32, n. 87, 2001. Disponível em https://bit.ly/324kkpw. Acesso em: 14 jun. 2019.

_____. O princípio constitucional da economicidade na jurisprudência do Tribunal de Contas da União. 2ª ed. Belo Horizonte: Fórum, 2011.

CABRAL, Flávio Garcia. Medidas cautelares administrativas: regime jurídico da cautelaridade administrativa. Belo Horizonte: Fórum, 2021.

CALDAS FURTADO, J. R. Processo e eficácia das decisões do tribunal de contas. Revista Controle, Fortaleza, v. XII, n. 1, junho 2014. Disponível em: <http://www.tce.ce.gov.br/component/jdownloads/viewcategory/356-revista-controle-volume-xii-n-1-junho-2014?limitstart=0>. Acesso em: 12 ago. 2021.

CAMARGO, B. H. F. Abordagem constitucional dos tribunais de contas: uma análise acerca da evolução de suas competências para alcance da avaliação qualitativa. Revista Controle - Doutrina E Artigos, 18(1), 2020, 342-376.

CAMMAROSANO, Márcio. Ainda há sentindo em se falar em regime jurídico administrativo? In MOTTA, Fabrício Macedo; GABARDO, Emerson. Crise e Reformas Legislativas na agenda do Direito Administrativo. Belo Horizonte: 1ª Ed. Fórum, 2018. p.141-151.

_____. O Princípio Constitucional da Moralidade Administrativa. Belo Horizonte: Fórum, 2006.

CANOTILHO, José Joaquim Gomes. Direito constitucional e teoria da Constituição. 7ª edição. Coimbra: Almedina, 2003.

CASARA, Rubens. Processo Penal do Espetáculo. Disponível em: http://www.justificando.com/2015/02/14/processo-penal-espetaculo/. Acesso em: 28 mar. 2019.

CARVALHO FILHO, José dos Santos. Manual de Direito Administrativo. 29ª ed. São Paulo: Editora Atlas, 2015.

CASTARDO, Hamilton Fernando. Programa de Pós-graduação em Direito da Universidade Metodista de Piracicaba – UNIMEP como exigência parcial dos requisitos para obtenção do título de Mestre em Direito, Área de Concentração em Direito Constitucional, jun. 2007. Disponível em: http://www.dominiopublico.gov.br/download/teste/arqs/cp031580.pdf Acesso em 31.08.2021

CASTRO, Carlos Roberto Siqueira. A atuação do Tribunal de Contas em face da separação de Poderes do Estado. Revista de Direito Constitucional e Internacional. a. 8, n. 31, p. 57-73, abr./jun. 2000.

CAVALCANTI, Themístocles Brandão. O Tribunal de Contas - Órgão Constitucional - Funções Próprias e Funções Delegadas. Revista de Direito Administrativo, Rio de Janeiro, n. 109, p1-10, jul./set. 1972.

CAVALCANTI, Themístocles. O Tribunal de Contas e sua competência constitucional. Revista de Direito Administrativo, n. 3, 1946.

CIRNE LIMA, Ruy. A Jurisdição do Tribunal de Contas. Anais do III Congresso dos Tribunais de Contas do Brasil, 1978.

CIRNE LIMA, Ruy. Princípios de direito administrativo. 7ª edição. São Paulo: Malheiros, 2007.

CLÈVE, Clèmerson Merlin. Atividade legislativa do poder executivo. 2ª. ed. rev. São Paulo: Editora Revista dos Tribunais, 2000.

COSTA, Luís Bernardo Dias. O tribunal de contas no estado contemporâneo. 2005. Dissertação (mestrado em Direito Econômico e Social). Pontifícia Universidade Católica, Curitiba, 2005. Disponível em: <http://www.biblioteca.pucpr.br/tede/tde_busca/arquivo.php?codArquivo=248> Acesso em: 18 abr. 2021.

CRETELLA JUNIOR, José. Comentários à Constituição de 1988. 2. ed. Rio de Janeiro: Forense Universitária, 1993, p. 3033-3034. v. 6.

_____. Manual de Direito Administrativo. 7ª ed. RJ: Forense, 2000, p. 17.

_____. Natureza das decisões do Tribunal de Contas. Revista dos Tribunais. a. 77, v. 631, p. 14-23, maio 1988.p.14.

DANTAS, Bruno. O risco de 'infantilizar' a gestão pública. Jornal O Globo. Disponível em: https://oglobo.globo.com/opiniao/o-risco-de-infantilizar-gestao-publica-22258401. Acesso em: 28 março. 2021.

DAL POZZO, Gabriela Tomaselli Bresser Pereira. As funções do Tribunal de Contas e o Estado de Direito. Belo Horizonte: Fórum, 2010.

DALLARI, Dalmo de Abreu. Elementos da teoria Geral do Estado. 32ª ed. Saraiva. 2013.

DE CARVALHO, Rachel Campos Pereira. A cautelaridade nos tribunais de contas. Revista TCE/MG | abr. | maio | jun. 2012 | DOUTRINA Pag. 53 a 68.

DI PIETRO, Maria Sylvia. Discricionariedade administrativa na Constituição de 1988. São Paulo: Atlas, 1991.

_____. O papel dos Tribunais de Contas no controle dos contratos administrativos. Interesse Público, Belo Horizonte, ano 15, n. 82, nov./dez. 2013. Disponível em: https://www.editoraforum.com.br/noticias/o-papel-dos-tribunais-de-contas-no-controle-dos-contratos-administrativos/. Acesso em 22 set. 2021.

_____. Direito Administrativo. 33ª ed. São Paulo: Atlas, 2020, p. 229.

_____. Coisa Julgada- Aplicabilidade a decisões do Tribunal de Contas da União. Revista do Tribunal de Contas da União, out./dez. 1996.

_____. Da constitucionalização do direito administrativo: reflexos sobre o princípio da legalidade e a discricionariedade administrativa. Atualidades Jurídicas – Revista do Conselho Federal da Ordem dos Advogados do Brasil, Belo Horizonte, ano 2, n. 2, jan./jun. 2012. Disponível em: <http://www.bidforum.com.br/bid/PDI0006.aspx?pdiCntd=80131>. Acesso em: 16 mai. 2021.

DUTRA, Pedro; Reis, Thiago. O soberano da Regulação: o TCU e a Infraestrutura. Editora Singular São Paulo, 2020.

FAGUNDES, Miguel Seabra. O controle dos atos administrativos pelo poder judiciário. 5ª ed. Rio de Janeiro: Forense, 1979.

_____. Os Tribunais de Contas da Estrutura Constitucional Brasileira. In: Revista do Tribunal de Contas da União. Brasília, v. 10, n. 20, dezembro de RIDB, 1979.

_____. O Poder Geral de Cautela dos Tribunais de Contas nas Licitações e nos Contratos Administrativos Eduardo Fortunato Bim Interesse Público - IP Belo Horizonte, ano 8, n. 36, mar. / abr. 2006.

_____. Conceito de mérito no Direito Administrativo. Revista de Direito Administrativo, Rio de Janeiro, v. 23, p. 1-16, dez. 1951. ISSN 2238-5177. Disponível em: <http://bibliotecadigital.fgv.br/ojs/index.php/rda/article/view/11830/10758>. Acesso em: 10 set. 2021.

FERREIRA JÚNIOR, Adircélio de Moraes. O bom controle público e as cortes de Contas como Tribunais da boa governança. 2015. Dissertação (Pós-graduação Strictu Sensu em Direito). Programa de Pós-graduação da Universidade Federal de Santa Catarina. Florianópolis, 2015.

FIGUEIREDO, Lucia Valle. Curso de direito administrativo. 6ª ed. São Paulo: Malheiros, 2006.

FREITAS, Juarez. A interpretação sistemática do direito. Imprensa: São Paulo, Malheiros, 2010.

FURTADO, Lucas Rocha. Curso de direito administrativo. Belo Horizonte: Fórum, 2013.

GARCIA, Gilson Piqueras. Tribunais de contas, controle preventivo, controle social e jurimetria: um estudo sobre as representações para suspensão de licitações. Rev. Controle, Fortaleza, v. 19, n. 1, p. 160-193, jan./jun. 2021.

GHISI, Adhemar Paladini. O Tribunal de Contas e o sistema de controle interno. Conferência realizada em Maputo, 1997.

GIAMUNDO NETO, Giuseppe. As garantias do processo no Tribunal de Contas da União. São Paulo: Revista dos Tribunais, 2019.

GUERRA, Evandro Martins; PAULA, Denise Mariano de. A função jurisdicional dos Tribunais de Contas. In: Fórum Administrativo – FA. Belo Horizonte, ano 13, n. 143, janeiro de 2013.

GUERRA, Evandro Martins. O sistema tribunal de contas: principais apontamentos. Fórum de Contratação e Gestão Pública FCGP, Belo Horizonte, ano 1, n. 6, jun. 2002.

GUEDES, Francisco Augusto Zardo. Infrações e Sanções em Licitações e Contratos Administrativos. São Paulo: Thompson Reuters Revista dos Tribunais, 2014.

GIL, A. L.; ARIMA, C. H; NAKAMURA, W. T. Gestão: controle interno, risco e auditoria. São Paulo: Saraiva, 2013.

GLOCK, J. O. Sistema de controle interno na administração pública: orientação técnica para a estruturação e operacionalização de controles internos preventivos, baseados em avaliação simplificada de riscos. 2ª. ed. Curitiba: Juruá, 2015.

GROSSMAN, Luís Osvaldo; LOBO, Ana Paula. Compras públicas são 12% do PIB e tecnologia ocupa fatia cada vez maior. Convergência Digital, 19 jun. 2020. Disponível em: <https://www.convergenciadigital.com.br/cgi/cgilua.exe/sys/start.htm?UserActiveTemplate=site&infoid=53981&sid=10&tpl=printerview>. Acesso em: 12 mar. 2021.

GUERRA, Evandro Martins. O sistema tribunal de contas: principais apontamentos. Fórum de Contratação e Gestão Pública FCGP, Belo Horizonte, ano 1, n. 6, jun. 2002.

GUERRA, Sérgio; PALMA, Juliana Bonacorsi de. Art. 26 da LINDB: novo regime jurídico de negociação com a administração pública. Revista de Direito Administrativo [recurso eletrônico], Belo Horizonte, v. 277, n. esp., out. 2018.

GUIMARÃES, Patrícia Borba Vilar, FREITAS, Marcyo Keveny de Lima Freitas. A constitucionalização do direito administrativo brasileiro sob uma visão neoconstitucionalista. Revista Digital Constituição e Garantia de Direitos. Periódico semestral vinculado ao Programa de Pós-Graduação em Direito / Centro de Ciências Sociais Aplicadas da Universidade Federal do Rio Grande do Norte (UFRN), Natal, Brasil. vol. 11, nº 2, 2019, p. 282.

GUIMARÃES, Edgar. Os Tribunais de Contas e o controle das licitações. Migalhas, 4 ago. 2006. Disponível em: <https://www.migalhas.com.br/depeso/28342/os-tribunais-de-contas-e-o-controle-das-licitacoes>. Acesso em: 20 ago. 2021.

GRAU, Eros Roberto. Tribunal de Contas – Decisão – Eficácia. Revista de Direito Administrativo, v. 210, out./dez. 1997.

HABERMAS, Jürgen. Teoría de la acción comunicativa, I: Racionalidad de la acción y racionalización social. Traduzido por Manuel Jiménez Redondo. Madrid: Taurus Humanidades, 1987.

HART, Herbert. O conceito de Direito. Tradução de Antônio de Oliveira Sette-Câmara. São Paulo: Martins Fontes, 2009.

HEINEN, Juliano. Precedente administrativo ou jurisprudência administrativa: a força normativa do art. 30 da Lei de Introdução às Normas do Direito Brasileiro. Revista da Faculdade de Direito – UFPR. Curitiba, v. 66, n. 1, p. 149-167, jan./abr. 2021.

HELLER, Gabriel. Controle externo e separação de poderes na constituição de 1988: Fundamentos e eficácia jurídica das determinações e recomendações do Tribunal de Contas. 2019. 180 f. Dissertação (Mestrado em Direito). Centro Universitário de Brasília – UNICEUB, Brasília, 2019.

JACOBY FERNANDES, Jorge Ulisses. Limites à revisibilidade judicial das decisões dos Tribunais de Contas. Revista do Tribunal de Contas do Estado de Minas Gerais, v. 27, n. 2, p. 69, abr./jun. 1998.

_____. Os limites do poder fiscalizador do Tribunal de Contas do Estado. Brasília a. 36 n. 142 abr./jun. 1999.

_____. Tribunais de Contas Do Brasil: Jurisdição e Competência. 4. ed. Belo Horizonte: Ed. Fórum, 2016.

_____. Tomada de Contas Especial: Processo e Procedimento nos Tribunais de Contas e na Administração Pública. 4 ed. Belo Horizonte: Fórum, 2017.

_____. (2015). Principais argumentos de defesa nos tribunais de contas. Revista Da Faculdade De Direito De São Bernardo Do Campo, 9. Recuperado de https://revistas.direitosbc.br/index.php/fdsbc/article/view/453.

JORDÃO, Eduardo. A intervenção do TCU sobre editais de licitação não publicados – controlador ou administrador? Revista Brasileira de Direito Público – RBDP, Belo Horizonte, ano 12, n. 47, out./dez. 2014.

_____. Controle judicial de uma administração pública complexa – a experiência estrangeira na adaptação da intensidade do controle. São Paulo: Malheiros; SBDP, 2016.

_____. Quanto e qual poder de cautela para o TCU? Disponível em: https://sbdp.org.br/wp/wp-content/uploads/2020/01/02.01.20-Quanto-e-qual-poder-de-cautela-para-o-TCU_-JOTA-Info.pdf. Acesso em 1 de nov. 2021.

JUSTEN FILHO, Marçal. Comentários à Lei de Licitações e Contratações Administrativas. 1ª edição. São Paulo: Thomson Reuters, 2021.

_____. Curso de direito administrativo. 13. ed. rev., atual e ampl. São Paulo: Editora Revista dos Tribunais, 2018.

KANIA, Cláudio Augusto. Relevo constitucional dos tribunais de contas no Brasil. Rio de Janeiro: Lumen Juris, 2020.

KELSEN, Hans. Teoria Pura do Direito. São Paulo: Martins Fontes, 1987.

KELSEN, Hans. Teoria Pura do Direito. Traduzido por João Baptista Machado. 6ª ed. São Paulo: Martins Fontes, 1998.

KELSEN, Hans. Teoria Pura do Direito. Tradução de João Baptista Machado, 6ª edição, São Paulo: Martins Fontes, 1999.

LENZA, Pedro. Direito Constitucional Esquematizado, 24. ed. São Paulo: Saraiva Educação, 2020, versão digital.

LIMA, L. H. Controle externo: teoria e jurisprudência para os Tribunais de Contas. São Paulo: Método, 2018.

LIMA, Luiz Henrique. A singularidade do processo de controle externo nos Tribunais de Contas: similaridades e distinções com os processos civil e penal. Revista Técnica do Tribunal de Contas de Mato Grosso, v. 1, pp. 169-179, 2017.

LIMA, Luiz Henrique. Controle externo: Teoria e Jurisprudência para os Tribunais de Contas. 6ª ed. Rio de Janeiro: Forense. São Paulo: Método, 2015.

LIMA, Paulo Antonio Fiuza. O processo no Tribunal de Contas da União – comparações com o processo civil – independência e autonomia do órgão para o levantamento de provas em busca da verdade material. In: SOUZA JÚNIOR, José Geraldo (Org.). Sociedade democrática, direito público e controle externo. Brasília: TCU, Universidade de Brasília, 2006.

LIMA NETO, R. L. O momento de atuação do controle interno no âmbito do Poder Executivo Federal: Reflexões acerca das propostas do Anteprojeto de Lei Orgânica da Administração Pública Federal e entes de colaboração. In: BRAGA, M. V. A. (Coord.). Controle interno: estudos e reflexões. Belo Horizonte: Fórum, 2013. p. 151-167.

LOCKE, John. Dois Tratados sobre o Governo. Tradução de Júlio Fischer. São Paulo: Martins Fontes, 2005.

LOCKE, John. Segundo Tratado do Governo Civil. 1ª ed. São Paulo: Edipro, 2014.

MACEDO, Alessandro Prazeres. A nova Lei de Licitações e o capítulo "controle das contratações" na perspectiva dos Tribunais de Contas. Jus.com.br, mai. 2021. Disponível em: <https://jus.com.br/artigos/90469/a-nova-lei-de-licitacoes-e-o-capitulo-controle-das-contratacoes-na-perspectiva-dos-tribunais-de-contas>. Acesso em: 25 jul. 2021.

MAGALHÃES, José Luiz Quadros de. A teoria da separação de poderes e a divisão das funções autônomas no Estado contemporâneo – o Tribunal de Contas como integrantes de um poder autônomo de fiscalização. Revista do Tribunal de Contas do Estado de Minas Gerais, v. 71, n. 2, ano XXVII, abr./mai./jun. 2009.

MARANHÃO, Jarbas. Tribunal de Contas e Poder Judiciário. Revista de Informação Legislativa. Brasília, ano 27, n. 107, p. 163, jul./set. 1990.

MARQUES NETO, Floriano de Azevedo. Os grandes desafios do controle da Administração Pública. In: MODESTO, Paulo (Coord.). Nova organização administrativa brasileira. Belo Horizonte: Fórum, 2009.

_____. Art. 23 da LINDB – O equilíbrio entre mudança e previsibilidade na hermenêutica jurídica. In: Revista de Direito Administrativo, Rio de Janeiro, p. 93.112, nov. 2018.

_____. FREITAS, Rafael Véras de. Comentários à Lei nº 13.655/2018 (Lei de Segurança para a Inovação Pública). Belo Horizonte: Fórum, 2019.

_____. Os sete impasses do controle da administração pública no Brasil. In: PEREZ, Marcos Augusto; SOUZA, Rodrigo Pagani de (coord.). Controle da administração pública. Belo Horizonte: Fórum, 2017.

_____. PALMA, Juliana, MORENO, Maís (Org.). Observatório do Controle da Administração Pública: Relatório de pesquisa bianual – O Controle das Agências Reguladoras pelo Tribunal de Contas da União. São Paulo: Universidade de São Paulo, 2019.

MARTINS, Ricardo Marcondes. Efeitos dos vícios do ato administrativo. São Paulo: Malheiros, Caps. 1, 2 e 3.

_____. Proporcionalidade e boa administração. Revista Internacional de Direito Público (RIDP), Belo Horizonte, ano 2, n. 2, p. 09-33, jan.-jun. 2017.

_____. Teoria dos princípios e função jurisdicional. Revista de Investigações Constitucionais. Universidade Federal do Paraná, mai./ago. 2018.

MEDAUAR, Odete. A processualidade no direito administrativo. 2ª edição. São Paulo: Revista dos Tribunais, 2008.

_____. Controle da Administração Pública. São Paulo: Revista dos Tribunais, 1993.

_____. Direito administrativo moderno. 10ª edição. São Paulo: RT, 2006.

MEIRELLES, Hely Lopes. Direito administrativo brasileiro. 44ª ed. São Paulo: Malheiros, 2020.

MELLO, Oswaldo Aranha, Bandeira de. Tribunais de contas: natureza, alcance e efeitos de suas funções. Revista de direito público, v. 18, n. 73, p. 181-192, jan./mar. 1985.

MELO, Paulo Sergio Ferreira. A natureza jurídica das decisões dos Tribunais de Contas. Portal Âmbito Jurídico, 1 jun. 2011.

MIOLA, Cezar. Tribunal de Contas: Controle para a Cidadania. Revista do Tribunal de Contas do Estado do Rio Grande do Sul. Porto Alegre, v. 14, n. 25, p. 203-227, 2. sem. 1996.

MORAES, Alexandre de. Direito Constitucional. 24ª. ed. São Paulo: Atlas, 2009.

MOREIRA, Egon B. Crescimento econômico, discricionariedade e o princípio da deferência. Direito do Estado, 12 mai. 2016. Disponível em: <http://www.direitodoestado.com.br/colunistas/egonbockmann-moreira/crescimento-economico-discricionariedade-e-o-principio-dadeferencia>. Acesso em: 21 nov. 2020.

_____. O novo Código de Processo Civil e sua aplicação no processo administrativo. RDA – Revista de Direito Administrativo, Rio de Janeiro, v. 273, p. 313-334, set./dez. 2016.

_____. O parlamento e a sociedade como destinatários do trabalho dos Tribunais de Contas. In: SOUSA, Alfredo José de et al. O novo Tribunal de Contas: órgão protetor dos direitos fundamentais. Belo Horizonte: Fórum, 2003.

_____. Curso de direito administrativo. 16ª ed. RJ: Forense, 2017.

MOREIRA NETO, Diogo de Figueiredo. Funções essenciais à justiça e contra-poderes. Revista da Revista da AGU. Ano X – Número 27 - Brasília-DF, jan./mar. 2011.

_____. O parlamento e a sociedade como destinatários do trabalho dos Tribunais de Contas. In: SOUSA, Alfredo José de et al. O novo Tribunal de Contas: órgão protetor dos direitos fundamentais. Belo Horizonte: Fórum, 2003.

_____. Curso de direito administrativo. 16ª ed. RJ: Forense, 2017, p. 20.

OTERO, Paulo. O conceito e fundamento da hierarquia administrativa. Coimbra: Coimbra Editora, 1992, Cap. II, elementos da hierarquia administrativa, p. 79 a 215.

OSÓRIO, Fábio Medina. Direito Administrativo Sancionador, 7ª ed. São Paulo: RT, 2019, p. 99.

PALMA, Juliana. A proposta de lei da segurança jurídica na gestão e do controle público e as pesquisas acadêmicas. Sociedade Brasileira de Direito Público, 2018. Disponível em:

<http://www.sbdp.org.br/wp/wpcontent/uploads/2019/06/LINDB.pdf>. Acesso em: 16 mai. 2021.

PAREDES, L P. M. A evolução dos controles internos com uma ferramenta de gestão na Administração Pública. In: BRAGA, M. V. A. (Coord.). Controle interno: estudos e reflexões. Belo Horizonte: Fórum, 2013, p. 13-22.

PEIXE, Severo. Finanças públicas – controladoria governamental. Curitiba: Juruá, 2005.

PELEGRINI, Márcia. A consensualidade como medida alternativa para o exercício da competência punitiva dos Tribunais de Contas. In: OLIVEIRA, José Roberto Pimenta. *Direito Administrativo Sancionador – estudos em homenagem ao Professor Emérito da PUCSP Celso Antônio Bandeira de Mello*. São Paulo: Malheiros, 2019, p. 412 e seguintes.

_____. A competência sancionatória do Tribunal de Contas no exercício da função controladora – contornos constitucionais, São Paulo, 2008. PUC-SP (tese de doutorado). p. 147-150.

PONTES DE MIRANDA, Francísco Cavalcanti. Comentários à Constituição de 1946. V. II. Rio de Janeiro: Henrique Cahen Ed, 1947.

REIS, Thiago; DUTRA, Pedro. O Soberano da Regulação: O TCU e a infraestrutura. Editora Singular, 2020.

ROSILHO: André. Tribunal de Contas da União: competências, jurisdição e instrumentos de controle. São Paulo: Editora Quartier Latin do Brasil, 2019.

_____. Controle da Administração Pública pelo Tribunal de Contas da União. 2016. Tese (Doutorado) – Faculdade de Direito, Universidade de São Paulo, São Paulo, 2016.

_____. Poder Regulamentar do TCU e o Acordo de Leniência da Lei Anticorrupção. Direito do Estado, n. 133, 2016. Disponível em: <http://www.direitodoestado.com.br/colunistas/Andre-Rosilho/poder-regulamentar-do-tcu-e-o-acordode-leniencia-da-lei-anticorrupcao>. Acesso em: 02 dez. 2020.

_____. Simplificação do controle pelo Tribunal de Contas da União. Jota, 6 mai. 2020. Disponível em: <https://sbdp.org.br/wp/wp-content/uploads/2020/05/Andr%C3%A90605.pdf>. Acesso em: 5 nov. 2021.

RUSSELL, Bertrand. A autoridade e o indivíduo. São Paulo: Editora Nacional, 1956.

SALDANHA, Nelson. Filosofia do direito. Rio de Janeiro: Ronovar, 1998

SALLES, Alexandre Aroeira. O processo nos Tribunais de Contas: contraditório, ampla defesa e a necessária reforma da Lei Orgânica do TCU. Belo Horizonte: Ed. Fórum, 2018.

SARQUIS, Alexandre Manir Figueiredo; CESTARI, Renata Constante. Direito processual de contas: manual de boas práticas processuais de contas. Revista do Tribunal de Contas do Município do Rio de Janeiro, Rio de Janeiro, v. 55, p. 44-49, ago. 2013. Disponível em:

<http://www.tcm.rj.gov.br/Noticias/10777/Revista_TCMRJ_55.pdf>. Acesso em: 05 abr. 2021.

SCAPIN, Romano. A expedição de provimentos provisórios pelos Tribunais de Contas: das "medidas cautelares" à técnica antecipatória no controle externo brasileiro. Belo Horizonte: Fórum, 2019.

SERRANO, Antônio Carlos Alves Pinto. O Direito Administrativo Sancionador e a Individualização da Conduta nas Decisões dos Tribunais de Contas. Dissertação (Mestrado) - PUC-SP. São Paulo, 2019.

SILVA, De Plácido e. Vocabulário Jurídico. 16ª ed. Rio de Janeiro: Forense, 1999.

SILVA, José Afonso da. Curso de Direito Constitucional Positivo. 43ª ed. São Paulo: Malheiros, 2020, p. 770-771.

SIMÕES, Edson. Tribunal de Contas: controle externo das contas públicas. São Paulo: Saraiva, 2014.

SIQUEIRA, Bernardo Rocha. O Tribunal de Contas da União de hoje e de ontem. In Prêmio Serzedello Corrêa, 1998: monografias vencedoras. Brasília: Instituto Serzedello Corrêa, 1999.

SOUSA, Francisco Arlem de Queiroz. Direito Administrativo do medo: o controle administrativo da gestão pública no Brasil. 2021. 193 f. Dissertação (Mestrado em Direito) - Faculdade de Direito, Universidade Federal do Ceará, Fortaleza, 2021.

SOUSA JUNIOR, J. G. Sociedade democrática, direito público e controle externo. Brasília, DF: Tribunal de Contas da União, 2006.

SOUZA, Luciano Brandão Alves de. A Constituição de 1988 e o Tribunal de Contas da União. Revista de Informação Legislativa. Brasília, a. 26, n. 102, abr./jun. 1989.

SPECK, Bruno Wilhelm. Inovação e Rotina no Tribunal de Contas da União: o papel da instituição superior de controle financeiro no sistema político-administrativo do Brasil. São Paulo: Fundação Konrad-Adenauer-Stiftung, 2000.

STRECK, Lenio Luiz; ABBOUD, Georges. O que é isto – o precedente judicial e as súmulas vinculantes? Porto Alegre: Livraria do Advogado Editora, 2013.

SUNDFELD, Carlos Ari; ROSILHO, André (Org.). Tribunal de Contas da União no direito e na realidade. São Paulo: Almedina, 2020.

SUNDFELD, Carlos Ari (Org.). Contratações públicas e seu controle. São Paulo: Malheiros, 2013.

SUNDFELD, Carlos Ari; CAMPOS, Rodrigo Pinto de. O Tribunal de Contas e os preços dos contratos administrativos. Revista Síntese Responsabilidade Pública, São Paulo: IOB, ano 1, n. 04, p. 9-14, ago./set., 2011.

TÁCITO, Caio. O abuso de poder administrativo no Brasil. In: TÁCITO, Caio. Temas de direito público: estudos e pareceres, v. 1. Rio de Janeiro: Renovar, 1997.

TALAMINI, Eduardo. A (in)disponibilidade do interesse público: consequências processuais (composições em juízo, prerrogativas processuais, arbitragem e ação monitória). Revista de Processo, v. 128, p. 59-78, out. 2005.

THOMPSON FLORES, Carlos Eduardo. O tribunal de contas e o poder judiciário. R. Dir. Adm., Rio de Janeiro, 238, out/dez. 2004, p. 265-281.

TOGNETTI, Eduardo. Os limites do poder discricionário da Administração Pública na imposição de sanções administrativas: análise das sanções aplicáveis pelo Banco Central do Brasil. 2012. Dissertação (Mestrado em Direito) – Faculdade de Direito, Universidade de São Paulo, São Paulo, 2012.

TORRES, Ricardo Lobo. Uma Avaliação das Tendências Contemporâneas do Direito Administrativo. Obra em homenagem a Eduardo García de Enterría. Rio de Janeiro: Renovar, 2003.

TORRES, Ronny Charles Lopes de. Leis de licitações públicas comentadas. 12ª edição. Imprenta: Salvador, JusPODIVM, 2021.

VERNALHA, Guimarães Fernando. O Direito Administrativo do Medo: a crise da ineficiência pelo controle. Revista Direito do Estado, edição 71, ano 2016. Disponível em: http://www.direitodoestado.com.br/colunistas/fernando-vernalha-guimaraes/o-direito-administrativo-do-medo-a-crise-da-ineficiencia-pelo-controle.

VIANA, Ismar. Fundamentos do processo de controle externo. Rio de Janeiro: Lumen Juris, 2019.

VIVES, Francesc Vallès. El control externo del gasto público: configuración y garantia constitucional. Madrid: Centro de Estudios Políticos y Constitucionales, 2003.

WAMBIER, Teresa Arruda Alvim. et al. Primeiros Comentários a novo Código de Processo Civil: artigo por artigo. São Paulo: Revista dos Tribunais, 2015.

ZYMLER, Benjamin. Direito administrativo e controle. Belo Horizonte: Fórum, 2013.

_____. O Processo no TCU e a Responsabilização dos Gestores. Disponível em: http://www.enamat.jus.br/wp-content/uploads/2013/05/CFC5AdmTRT2013_O-processo-no-TCU-e-a-responsabiliza%c3%a7%c3%a3o-dos-gestores-BenjaminZymler.pdf. Acesso em: 02 mar. 2021.

_____. O controle externo das concessões e das parcerias público-privadas. 2ª. ed. Belo Horizonte: Fórum, 2008.

Esta obra foi composta em fonte *Goudy Old Style*, corpo 12,5.
Miolo em papel *Offset* 75g e capa Supremo 300g.
Impresso em Belo Horizonte/MG.